"十四五"国家重点出版物出版规划项目

国家出版基金项目
NATIONAL PUBLICATION FOUNDATION

中国区域协调发展研究丛书

范恒山 主编

长江经济带发展

高国力 刘保奎 等 著

辽宁人民出版社

© 高国力 等　2023

图书在版编目（CIP）数据

长江经济带发展 / 高国力等著 . —沈阳：辽宁人民出版社，2023.11

（中国区域协调发展研究丛书 / 范恒山主编）

ISBN 978-7-205-10980-6

Ⅰ . ①长… Ⅱ . ①高… Ⅲ . ①长江经济带—区域经济发展—研究 Ⅳ . ① F127.5

中国国家版本馆 CIP 数据核字（2023）第 226265 号

出版发行：辽宁人民出版社

地址：沈阳市和平区十一纬路 25 号　邮编：110003

电话：024-23284321（邮　购）　024-23284324（发行部）

传真：024-23284191（发行部）　024-23284304（办公室）

http://www.lnpph.com.cn

印　　刷：辽宁新华印务有限公司

幅面尺寸：170mm×240mm

印　　张：17.75

字　　数：265 千字

出版时间：2023 年 11 月第 1 版

印刷时间：2023 年 11 月第 1 次印刷

策划编辑：郭　健

责任编辑：张婷婷　郭　健

封面设计：胡小蝶

版式设计：留白文化

责任校对：吴艳杰

书　　号：ISBN 978-7-205-10980-6

定　　价：90.00 元

中国区域协调发展研究丛书
编委会

主 任
范恒山

成 员
（按姓氏笔画排序）

史育龙　许　欣　孙久文　肖金成　迟福林

陈文玲　金凤君　周建平　周毅仁　高国力

总　序

　　区域发展不平衡是世界许多国家尤其是大国共同面对的棘手难题，事关国家发展质量、民族繁荣富强、社会和谐安定。鉴此，各国都把促进区域协调发展作为治理国家的一项重大任务，从实际出发采取措施缩小地区发展差距、化解突出矛盾。

　　我国幅员辽阔、人口众多，各地区自然资源禀赋与经济社会发展条件差别之大世界上少有，区域发展不平衡是基本国情。新中国成立以来，党和国家始终把缩小地区发展差距、实现区域协调发展摆在重要位置，因应不同时期的发展环境，采取适宜而有力的战略与政策加以推动，取得了积极的成效。新中国成立初期，将统筹沿海和内地工业平衡发展作为指导方针，为内地经济加快发展从而促进区域协调发展奠定了坚实基础；中共十一届三中全会以后，实施东部沿海率先发展战略，为快速提升我国综合实力和国际竞争力提供了强劲驱动力。"九五"时期开始，全面实施区域协调发展战略，以分类指导为方针解决各大区域板块面临的突出问题，遏制了地区差距在一个时期不断拉大的势头。党的十八大以来，协调发展成为治国理政的核心理念，以区域重大战略为引领、以重大区域问题为抓手，多管齐下促进区域协调发展，区域经济布局和国土空间体系呈现崭新面貌。在新中国七十多年发展的辉煌史册中，促进区域协调发展成为最亮丽、最动人的篇章之一。围绕发挥地区比较优势、缩小城乡区域发展和收入分配差距，促进人的全面发展并最终实现全体人民共同富裕这个核心任务，中国从自身实际出发开拓进取，推出了一系列创新性举措，形成了一大批独特的成果，也积累了众多的富有价值的宝贵经验，成为大国解决区域发展不平衡问题的一个典范，为推动全人类更加公平、更可持续的发展做出了重要贡献。中国的探索，不仅造就了波澜壮阔、撼人肺腑的伟大实践，也形成了具有自身特色的区域协调发展的理论体系。

我国已经开启全面建设社会主义现代化国家的新征程。促进区域协调发展既是推进中国式现代化的重要内容，也是实现中国式现代化的重要支撑。缩小不合理的两极差距，实现区域间发展的动态平衡，有利于推动经济高质量发展，有利于增进全体人民幸福美好生活，有利于实现国家的长治久安。我国促进区域协调发展取得了长足的进步，但面临的任务依然繁重，一些积存的症疾需要进一步化解，一些新生的难题需要积极应对。我们需要认真总结以往的成功做法，适应新的形势要求，坚持目标导向和问题导向的有机统一，继续开拓创新，把促进区域协调发展推向一个新高度，努力构建优势互补、高质量发展的区域经济布局和国土空间体系。

顺应新时代推进现代化建设、促进区域协调发展的要求，中国区域协调发展研究丛书出版面世。本套丛书共10册，分别是《中国促进区域协调发展的理论与实践》《四大区域板块高质量发展》《区域发展重大战略功能平台建设》《京津冀协同发展》《长江经济带发展》《粤港澳大湾区高质量发展》《长江三角洲区域一体化发展》《黄河流域生态保护和高质量发展》《成渝地区双城经济圈建设》《高水平开放的海南自由贸易港》，既有关于区域协调发展的整体分析，又有对于重大战略实施、重点领域推进的具体研究，各具特色，又浑然一体，共同形成了一幅全景式展示中国促进区域协调发展理论、政策与操作的图画。从目前看，可以说是我国第一套较为系统全面论述促进区域协调发展的丛书。担纲撰写的均是经济、区域领域的著名或资深专家，这一定程度地保障了本丛书的权威性。

本丛书付梓面世凝聚了各方面的心血。中央财办副主任、国家发展改革委原副主任杨荫凯同志首倡丛书的撰写，并全程给予了积极有力的推动和指导；国家发展改革委地区振兴司、地区经济司、国土地区所等提供了重要的支撑保障条件，各位作者凝心聚力进行了高水平的创作，在此谨致谢忱。

期待本丛书能为加快中国式现代化建设，特别是为促进新时代区域协调发展提供有益的帮助，同时也能为从事区域经济工作的理论研究者、政策制定者和实践探索者提供良好的借鉴。让我们共同努力，各尽所能，一道开创现代化进程中区域经济发展的新辉煌。

2023 年 10 月

前　言

长江是中华民族的母亲河，水资源总量约占全国的 35%，不仅哺育沿江 4 亿人民，还通过"南水北调"惠泽华北广大地区。长江流域山水林田湖草浑然一体，具有强大的涵养水源、繁育生物、释氧固碳、净化环境功能，是我国重要的生态安全屏障，更是子孙后代生生不息、永续发展的重要支撑。长江经济带覆盖沿江 11 省市，横跨我国东中西三大板块，具有横贯东西、承接南北、通江达海的独特优势，人口规模和经济总量占据全国"半壁江山"，是我国经济重心所在、活力所在。推动长江经济带发展，是以习近平同志为核心的党中央作出的重大决策，是关系国家发展全局的重大战略，对实现第二个百年奋斗目标、实现中华民族伟大复兴的中国梦具有重要意义。

2016 年 1 月以来，习近平总书记先后在重庆、武汉、南京、南昌四次召开座谈会并发表重要讲话，为推动长江经济带发展把脉定向、谋篇布局、立下规矩、划定红线，四次座谈会扭住长江经济带发展的根本问题，经历了立规矩、讲方法，绘蓝图、划重点的演进脉络，体现出在思维方法上的一脉相承和工作方式上的一以贯之、层层递进。习近平总书记强调："推动长江经济带发展必须坚持生态优先、绿色发展的战略定位""坚持共抓大保护、不搞大开发""正确把握五个关系""使长江经济带成为我国生态优先绿色发展主战场、畅通国内国际双循环主动脉、引领经济高质量发展主力军"，总书记的这些重要讲话为新时代深入推动长江经济带高质量发展提供了根本遵循。

经过七年多的实践，推动长江经济带发展取得历史性成效。污染治理"4+1"工程大力实施，重点支流保护修复深入推进，山水林田湖草协同治理持续强化，解决了一批生态环境治理难题，十年禁渔效果初步显现，水生生物资源逐步恢复。《中华人民共和国长江保护法》正式实施，绿色发展试点示范形成不少有效经验做法，长江经济带发展"1+N"规划政策体系基本建立，负面清单管控执行有力。与此同时，经济发展质量和效益不断提升，对全国经济发展的支撑引领作用进一步凸显，长江经济带经济总量占全国的比重从 2015 年的 45.1% 提高到 2022 年的 46.3%，在全国地区生产总值十强城市中占到了 7 席。黄金水道功能进一步发挥，长三角、长江中游、成渝等城市群带动作用更加强劲，创新驱动发展活力持续加强，省际协商合作进一步深化。

为了让业内同行和社会各界更好理解这一重大战略实施的战略意蕴、主要内涵、定位目标、历史成效和推进重点，更好地挖掘、阐述这一区域重大战略的理论价值和历史贡献，国家发展和改革委员会国土开发与地区经济研究所课题组特撰写本书。

本书结构上共包含七章。第一章对我国推动长江沿江开发的历史进行了回顾。第二章着重介绍了党的十八大以来推动长江经济带发展背景、主要考虑和重大意义。第三章回顾了推动长江经济带发展战略实施以来在各领域采取的主要举措、取得的主要成效及存在的问题。第四章提出了今后一个时期推动长江经济带发展面临形势、总体思路和发展目标。第五章从生态环保、综合交通、产业创新、城乡区域、对外开放、文化传承等方面提出了今后一个时期推动长江经济带发展的重点任务。第六章提出推动长江经济带同长三角区域一体化、成渝地区双城经济圈、长江中游城市群、"一带一路"建设等战略和政策融合发展的重点方向。第七章基于推动长江经济带发展实践经验，提出了构建中国特色流域经济学的初步构想。

高国力负责总体设计、统稿，刘保奎协助统稿并撰写有关章节，参加撰写的还有郭叶波、王继源、刘峥延、张舰、金田林。本书撰写过程中得到了中国宏观经济研究院相关专家的指导和帮助，在此表示感谢。本书的出版过程中，丛书编委会的专家给出了很好的意见，在此特别表示感谢。

由于时间和能力等原因，本书内容和观点上可能还有很多不足，也请读者和同行批评指正、理解包容。

作者

2023 年 10 月

目 录

第一章
我国推动沿江开发开放的历史回顾

长江是中华民族的母亲河，是中华民族文化发源的摇篮，是中华民族永续发展的重要支撑。早在远古时期，人们就在长江流域依山傍水而居，不断地用劳动创造了可歌可泣的开发历史和光辉灿烂的长江文明，到南宋时期全面完成了全国经济文化中心的南移，近代部分沿江城市在开放中开始迅速崛起，新中国成立后长江流域各方面发展更是发生了日新月异的变化。

第一节　长江的自然环境基础

一、长江的发源地和流域面积

长江是我国第一大河，世界第三大河。长江发源于青藏高原的唐古拉山主峰各拉丹冬雪山西南侧，流经青海、西藏、云南、四川、重庆、湖北、湖南、江西、安徽、江苏、上海等 11 个省（区、市），在崇明、长兴、横沙三岛附近注入东海。干流全长 6300 余千米，比黄河长 800 余千米，在世界大河中长度仅次于非洲的尼罗河和南美洲的亚马孙河，居世界第三位。支流共有2232 条，展延至贵州、甘肃、陕西、河南、浙江、广西、广东、福建等 8 个省（自治区），其中，一级支流有雅砻江、岷江、嘉陵江、乌江、湘江、沅江、汉江、赣江，汉江为最长的支流，岷江为径流量最大的支流，嘉陵江为流域面积最大的支流。

长江流域面积约 180 万平方千米，约占我国国土面积的 18.8%。其中，干流宜昌以上为上游，长 4504 千米，流域面积 100 万平方千米；宜昌至湖口为中游，长 955 千米，流域面积 68 万平方千米；湖口以下为下游，长 938 千米，流域面积 12 万平方千米[①]。长江流域湖泊众多，水面超过 1 平方千米的湖泊就有 84 个，其中，鄱阳湖、洞庭湖、太湖、洪泽湖、巢湖并称为我国五大淡水湖。

二、长江流域的阶梯型地形、发达水系与水文特征

长江流经青藏高原、横断山脉、云贵高原、四川盆地、江南丘陵、长江中下游平原，流域呈多级阶梯型地形，地貌类型以山地丘陵为主，山地和高原占 60%，丘陵和盆地占 25%，平原和水面仅占 15%。在长江源地，以沱沱河为最长，出各拉丹冬雪山后，由南向北穿过祖尔肯乌拉山，与当曲汇合后称为通天河，穿行于青藏高原之上。自青海玉树直门达以下至四川宜宾一段，称为金沙江，奔流于横断山脉峡谷地带，出虎跳峡后穿过云贵高原北部，汇聚了雅砻江等支流后，进入四川盆地，在宜宾附近又有岷江汇入。自宜宾以下始称为长江，其中，流经四川盆地一段又称为川江，穿行于山地丘陵之间。过万县后，山势渐高，从奉节以东进入世界著名的长江三峡。出三峡后，自宜宾以下进入中游冲积平原，其中荆江河段为地上河。中游支流众多，虽有洞庭湖、鄱阳湖等在发挥调蓄作用，但因地势低洼，在汛期极易酿成洪涝灾害。湖口以下的下游，湖泊港汊众多，汇入的支流较少较小，有部分淮河之水纳入长江，自镇江以下进入长江三角洲地区[②]。

---

① 水利部长江水利委员会. 长江流域［DB/OL］. 长江水利网 http://www.cjw.gov.cn/zjzx/lypgk/zjly/.

② 赵济. 中国自然地理［M］. 北京：高等教育出版社，2004.

长江是我国水量最丰富的河流。第一，径流量大。根据水利部第二次水资源统计数据，长江年径流量达 9857 亿立方米，约占全国的 36%，居全国各大江河之首、世界之第三，单位国土面积水资源量为全国平均值的 2 倍。第二，径流主要来自中、上游[①]。宜昌以上的上游地区集水面积和径流量分别占全流域的 56%、48.8%，宜昌以下的中游地区则占全流域集水面积和径流量的 38.7%、51.4%[②]。第三，径流变动较小。近百年来，长江流域径流没有呈现明显趋势性变化，仅 20 世纪 90 年代以来年径流表现出了微弱增加趋势[③]。相对其他河流而言，长江的径流年内分配比较均衡、年际变化较小，更有利于水资源开发利用。长江与我国其他主要河流基本情况比较见表 1-1-1。

表 1-1-1　长江与我国其他主要河流基本情况比较

名称	流域面积（平方千米）	河长（千米）	年径流量（亿立方米）
长江	1782715	6300	9857
黄河	752773	5464	592
松花江	561222	2308	818
辽河	221097	1390	137
珠江	442527	2214	3381
海河	265511	1090	163
淮河	268957	1000	595

数据来源：《中国统计年鉴 2021》。

注：本表数据由水利部提供，为 2002 年至 2005 年进行的第二次水资源评价数据。

①②赵济.中国自然地理［M］.北京：高等教育出版社，2004.

③秦年秀，姜彤，许崇育.长江流域径流趋势变化及突变分析［J］.长江流域资源与环境，2005（5）：589–594.

三、长江流域的多样化气候与生态系统

长江流域（除河源区外）基本属亚热带气候区，气候温暖，雨量丰沛，但由于幅员辽阔、地形多变，拥有多种气候类型，常发生洪涝、干旱等气象灾害。长江流域的年平均气温，在空间分布上表现为东高西低、南高北低，中下游地区高于上游地区，江南高于江北，江源地区为全流域气温最低的地区；在时间变化上表现为1991年以来全流域呈现升温趋势，其中，长江流域中下游地区和金沙江流域是升温幅度最大的地区[①]。长江流域的多年平均年降水量为1127毫米，属降水丰沛地区，从空间分布看，自东南向西北年降水量逐渐减少，其中，鄱阳湖水系大部分地区年降水量多于1600毫米，而长江源头是低值区；从时间变化看，1960—2005年，汉江流域、岷江—嘉陵江源区、乌江流域南部年降水量呈减少趋势，而洞庭湖—鄱阳湖地区、鄱阳湖流域南部、太湖流域、金沙江流域中部、云南地区年降水量呈增加趋势[②]。长江流域气候东西差异较大，其中，江源地区严寒干燥，属典型的高原气候，气温低、气压低、日照长、四季如冬；金沙江地区干湿分明，具有"立体气候"特征，山顶白雪皑皑，山下四季如春；昆明周边地区则是四季如春；四川盆地温和湿润，冬无严寒，夏无酷暑；长江中下游地区四季分明，冬冷夏热[③]。长江流域干旱、洪涝等气象灾害频繁，据统计，自950年至1999年，洪涝型、干旱型年份分别占31.62%、28.95%，而正常年份仅占39.43%[④][⑤]（表1-1-2）。

---

① 曾小凡，翟建青，苏布达，等.长江流域年平均气温的时空变化特征［J］.长江流域资源与环境，2009，18（5）：427-431.

② 曾小凡，翟建青，姜彤，等.长江流域年降水量的空间特征和演变规律分析［J］.河海大学学报（自然科学版），2008，36（6）：727-732.

③ 石铭鼎，栾临滨，等.长江［M］.上海：上海教育出版社，1989.

④ 国家科学技术委员会.中国科学技术蓝皮书第5号：气候［M］.北京：科学技术文献出版社，1990.

⑤ 黄忠恕.长江流域历史水旱灾害分析［J］.人民长江，2003（2）：1-3.

表1-1-2　千年来长江流域每50年旱涝灾害频次（单位：次）

年份	洪涝型	正常型	干旱型	年份	洪涝型	正常型	干旱型
950—999	19	24	7	1550—1599	23	15	12
1000—1049	17	21	12	1600—1649	10	26	14
1050—1099	16	21	13	1650—1699	18	16	16
1100—1149	10	20	20	1700—1749	19	19	12
1150—1199	13	19	18	1750—1799	19	17	14
1200—1249	12	18	20	1800—1849	16	20	14
1250—1299	19	19	12	1850—1899	12	21	17
1300—1349	20	20	10	1900—1949	14	17	19
1350—1399	13	29	8	1950—1999	16	16	18
1400—1449	19	17	14	共计	332	414	304
1450—1499	14	23	13	平均	15.81	19.71	14.48
1500—1549	13	16	21	百分率	31.62	39.43	28.95

数据来源：国家科学技术委员会.中国科学技术蓝皮书第5号：气候［M］.北京：科学技术文献出版社，1990；黄忠恕.长江流域历史水旱灾害分析［J］.人民长江，2003（2）：1-3.

长江流域生态系统类型多样，格局复杂，是我国重要的生态安全屏障区。其中，森林、农田、草地和灌丛生态系统面积分别为60.9万、44.5万、28.7万、25.5万平方千米，四类生态系统占流域总面积的89.6%；湿地和城镇生态系统分别为7.2万、6.5万平方千米，共占流域总面积的7.7%[1]。长江流域物种资源丰富，是我国重要的生物基因宝库，是具有全球重大意义的生物多样性优先保护区域，其中，珍稀濒危植物占全国总数的39.7%，淡水鱼类占全国总数的33%。长江流域拥有国家级自然保护区93个，国家级水产种质资源保护区253个，国家级森林公园255个，国家级地质公园54个，分别占全国的30.7%、51.0%、28.9%、29.3%，此外，还有世界文化和自然遗产地15

---

[1] 孔令桥，张路，郑华，等.长江流域生态系统格局演变及驱动力［J］.生态学报，2018，38（3）：741-749.

处、国家级风景名胜区 75 处。

四、长江流域丰裕的资源禀赋

长江流域是我国战略水源地和"黄金水道"。长江流域水资源总量多年平均值达 9956 亿立方米，每年供水量超过 2000 亿立方米，不仅可为长江流域经济社会发展提供有力保障，而且通过南水北调、引汉济渭、引江济淮、滇中引水等工程建设每年向流域外净调出水量 100 多亿立方米，对优化全国水资源空间配置、保障供水安全具有重要意义。长江水系庞大，航运资源丰富，3600 多条通航河流的通航里程总计超过 7.1 万千米，占全国内河通航总里程的 56%，成为密切联系我国东部、中部、西部地区的重要纽带。

长江流域是世界最大的清洁能源走廊。水力资源理论蕴藏量达 30.05 万兆瓦，年发电量 2.67 万亿千瓦时，约占全国的 40%；技术可开发装机容量 28.1 万兆瓦，年发电量 1.30 万亿千瓦时，分别占全国的 47% 和 48%。溯长江而上，三峡、向家坝、溪洛渡、白鹤滩、乌东德等 5 座水电站跻身世界前十二大水电站榜单。此外，风能、太阳能、生物能、地热能等十分丰富。2021 年三峡集团可再生能源年发电量超 3400 亿千瓦时，可替代标准煤约 1 亿吨，减排二氧化碳约 2.8 亿吨。

长江流域的矿产资源储量在全国占有重要地位。拥有矿产资源 110 多种，储量占全国比重 50% 以上的约有 30 种，其中钒、钛、汞、铷、铯、磷、芒硝、硅石等矿产储量占全国的 80% 以上，铜、钨、锑、铋、锰、铊等矿产储量占全国的 50% 以上，铁、铝、硫、金、银等矿产储量占全国的 30% 以上。

长江流域是我国重要的农业生产基地。目前，拥有耕地面积 4.62 亿亩（1 亩 =0.0667 公顷），粮食产量占全国的 32.5%，其中，四川盆地素有"天府之国"的嘉誉，湖南、湖北历来有"两湖熟，天下足"的美称，汉中地区号称"小江南"，苏皖平原也以"江淮稻粱肥"闻名[1]，长江三角洲平原曾是"富

---

[1] 长江流域规划办公室《长江水利史略》编写组 . 长江水利史略 [M] . 北京：水利电力出版社，1979.

甲天下"的著名粮仓。长江流域林业发展在我国具有一定地位，森林覆盖率达41.3%，其中，金沙江流域和岷江、大渡河、嘉陵江上游是我国西南林区的重要组成部分。长江流域西部的青藏高原是我国重要的牧区，四川、湖南、云南等省份生猪产量位居全国前列。长江干支流纵横交错，湖泊、水库、塘堰众多，鱼类的品种、产量均居全国首位，占全国产量的60%以上。

长江流域的自然和人文景观资源富甲全国。既拥有峨眉山、九寨沟、三峡、张家界、武当山、庐山、黄山、九华山、洞庭湖、鄱阳湖、太湖、巢湖等全国著名的风景名胜，也拥有昆明、丽江、成都、宜宾、重庆、宜昌、荆州、襄阳、武汉、岳阳、长沙、南昌、九江、安庆、南京、扬州、镇江、泰州、苏州、无锡、常州、上海等国家级历史文化名城。

第二节　长江流域从远古到近代的历史变迁

一、远古至北宋长江流域的文明起源与开发

长江流域气候湿润，水源充足，物产丰富，是人类理想的繁衍生息之地。长江流域和黄河流域一样，都是中华民族文化的摇篮。长江流域文明的起源，可以追溯至旧石器时代[1]。考古学家和古人类学家认为，距今300万年以前，长江上游的云南元谋和禄丰地区是人类起源的重要地方[2]。据考古资料记载，在旧石器时代，就有云南元谋人、四川资阳人、湖北郧县人、安徽和县人、南京汤山人等古人类生活在长江流域，他们依山傍水而居，学会了使用火，不断改进石器制作技术，从事采集和渔猎活动[3]。这些最早的土著居民人

[1] 丁光勋.长江文明的起源与开发［M］.上海：格致出版社，2011.

[2] 叶书宗.长江文化与中华民族［M］.上海：上海书店出版社，1996.

[3] 叶书宗.长江文明史［M］.上海：上海教育出版社，2001.

数不多、寿命不长，但拉开了人类开发利用长江流域自然资源的序幕[1]。在新石器时代，长江上游孕育了白羊村、大墩子、石寨山、礼州等文化，中游有彭头山、大溪、屈家岭、石家河、仙人洞、山背等文化，下游则有河姆渡、马家浜、崧泽、良渚、北阴阳、薛家岗等文化。长江流域不仅具有新石器时代发明磨制石器、发明制陶工艺、发明农耕技术、开发饲养业等普遍要素，而且具有精良的手工业，木作、竹器、纺织等行业都领先于同时代的黄河流域[2]。夏商周三代，随着中原地区人口的不断南迁，长江流域吸纳了黄河流域部分文明成果，有研究表明长江上、中、下游文明的形成均有夏商文化参与[3]。但由于远离政治中心、中央政府重视不够，长江流域的开发进程变得相对缓慢。到春秋战国时，长江流域先后出现了巴、蜀、楚、吴、越等与北方诸侯抗衡的政权，历经经济军事的勃兴与顿挫后，其文化在总体上已难以与中原文化相提并论。到秦和西汉时期，长江流域无论是经济文化，还是政治军事，都明显落后于以黄河流域为主的中原地区[4]。

自秦汉到唐宋，黄河流域向长江流域的人口大迁移成为中国移民交响曲的主旋律[5]。这不仅深刻改变了长江流域的人口状况，而且使其经济、文化发展速度超过黄河流域，逐渐朝着成为中国人口、经济、文化重心的方向演变。公元前1世纪前后，气候由暖转寒，黄河流域的农业生产受到一定影响，而长江流域的气候却变得相当适宜，从而获得了一次意外的机遇[6]。此外，中原战乱频仍，而长江流域相对安宁，也是长江流域实现人口持续迁入和稳定增长的重要原因。秦王朝在统一六国过程中，就开始实施将人口迁入四川、云南、贵州的战略。西汉王朝通过设立郡县、建设道路、迁入人口等方式加强了对长江上游地区的管理与开发。公元2年，长江流域总人口达1448万人，其中，安徽、四川、江苏均超过300万人。公元140年，长江流域人口

①⑤张国雄.长江人口发展史论［M］.武汉：湖北教育出版社，2006.

②叶书宗.长江文明史［M］.上海：上海教育出版社，2001.

③李伯谦.长江流域文明的进程［J］.考古与文物，1997（4）：12-18，84.

④⑥上海炎黄文化研究会.长江流域经济文化初探［M］.上海：上海人民出版社，1999.

增长到 1915 万人。东汉末年至三国时期，中原大地兵祸连年，大量人口南迁到长江上游蜀国和下游吴国。公元 3 世纪初，西晋内乱和少数民族入主中原，引发了"永嘉南迁"高潮，大量人口迁到长江上、中、下游。公元 752 年，长江流域总人口达 2398 万人。公元 755 年爆发的安史之乱和延续到五代十国（907—960）的内乱外患，再次引发了跨流域人口南迁高潮。到北宋末期的 1102 年，长江流域人口已达 4257 万人，比黄河流域总人口多 49.5%；人口密度达 22.89 人／平方千米，高于黄河流域的 20.22 人／平方千米。西汉至北宋长江流域人口数量、规模及密度比较见表 1-2-1、表 1-2-2。

表 1-2-1　西汉至北宋长江流域人口数量（单位：人）

西汉（2 年）		东汉（140 年）		唐朝（752 年）		北宋（1102 年）	
省别	人口数	省别	人口数	省别	人口数	省别	人口数
安徽	3680692	四川	5043040	四川	6281211	江西	8560898
四川	3295352	安徽	3036290	浙江	4529315	四川	7736849
江苏	3083220	湖南	2314289	江苏	3106340	浙江	6255099
湖北	1468051	江苏	2224300	安徽	2863396	安徽	5023351
云南	951238	湖北	1779291	江西	1639257	湖南	4947770
浙江	736604	江西	1748906	湖北	1366668	江苏	4461071
湖南	528071	云南	1697146	云南	1241500	湖北	3359925
江西	369965	浙江	809687	湖南	1173471	云南	870000
青海	146048	青海	207337	西藏	800000	西藏	600000
贵州	117990	贵州	155440	贵州	557913	贵州	570000
西藏	100000	西藏	130000	青海	421410	青海	190000
合计	14477231	合计	19145726	合计	23980481	合计	42574963

数据来源：张国雄 . 长江人口发展史论［M］. 武汉：湖北教育出版社，2006；赵文林 . 中国人口史［M］. 北京：人民出版社，1988.

注：重庆市人口已被统计在四川省内。

表1-2-2 西汉至北宋长江流域人口规模及密度比较

		长江流域	黄河流域	岭南三省	东北三省
人口数量 （人）	西汉（2年）	14477231	41166870	697933	1052039
	东汉（140年）	19145726	27887881	1942402	979877
	唐朝（752年）	23980481	31741709	2481819	1003548
	北宋（1102年）	42574960	28412187	8304861	1767000
人口比重 （%）	西汉（2年）	25.80	71.17	1.21	1.82
	东汉（140年）	39.12	55.11	3.84	1.93
	唐朝（752年）	41.35	52.84	4.14	1.67
	北宋（1102年）	53.29	34.47	10.09	2.15
人口密度 （人/平方千米）	西汉（2年）	7.61	28.67	1.14	2.12
	东汉（140年）	8.71	19.38	3.00	1.92
	唐朝（752年）	12.29	22.00	4.31	1.64
	北宋（1102年）	22.89	20.22	17.97	3.16

数据来源：同表1-2-1。

随着人口和劳动力的持续增加，长江流域的水利事业和城市建设不断发展①。《尚书》《山海经》《史记》等古代典籍对原始社会长江治水均有简略记述，大禹治水、开明治蜀等传说广为流传。春秋战国时期，劳动人民开始利用长江天然航道，修建水利工程。公元前597年左右，楚相孙叔敖主持修建了中国最早的大型水利工程——芍陂。公元前486年，吴王夫差开凿了著名的邗沟（淮扬运河），它是长江流域最早出现的人工运河之一，是南北大运河的开端。公元前250年左右，李冰任秦国蜀郡守在四川灌县主持修建了都江堰，至今仍在发挥其防洪、航运、灌溉等作用。公元前219年，秦始皇为统一中国，命人在广西兴安开始修建连接湘江和漓江的灵渠。汉代，长江流

---

① 长江流域规划办公室《长江水利史略》编写组.长江水利史略［M］.北京：水利电力出版社，1979.

域的水利工程主要有滇池的灌溉，都江堰灌区的扩建，嘉陵江上游西汉水域的航道整治，汉江流域的南阳、蛮河、汉中等灌区，沟通汉江与渭水支流的"褒斜道"工程，以及长江下游的渠堰和人工运河。三国、两晋、南北朝时期，长江中游的湘江、沅江、汉江、赣江部分地区和下游的安徽沿江一带、镇江地区和太湖周围得到进一步开发，杨夏水道等人工运河被开凿，造船业和航运业开始兴起，六朝古都建康、江汉重镇襄阳、商业港埠荆州等城市快速发展，自此南方经济开始逐渐追赶北方。隋、唐、北宋时期，长江流域水利事业蓬勃发展，航运四通八达，为全国经济中心进一步南移奠定了良好的物质基础。隋代，建成了沟通江、淮、河、海四大水系的大运河。唐代，长江干支流船只络绎不绝，既有水道同首都长安相通，又可与海外贸易发达的广州相通。北宋建都开封，非常重视联系长江和黄河的汴河漕运设施建设，加强发展长江中上游的航运和汉江航运，运河重要港口扬州和长江各水道口上的京口、芜湖、蕲口、鄂州、荆州等成为繁荣的商业都市。

　　长江流域的土地开发和农业生产源远流长。早在新石器时代，长江流域的先民就已种植五谷粮食作物[①]。商周时期，长江流域由于远离中原地区，人口稀少，经济发展相对滞后，被称为"蛮夷之地"。春秋战国时期，长江中游楚国疆域不断扩大，农业生产由于铁器应用、兴修水利、量入为赋政策而获得大发展，冶铜技术、丝绸业、刺绣工艺等手工业较发达；下游吴越二国相继兴起，与楚一样重商，本末之途并开，农工商之业并运；上游巴蜀二国土地肥美，有江水沃野、山林竹木蔬食果实之饶[②]。秦初并天下，分天下为三十六郡，在长江流域设蜀郡、巴郡、黔中郡、砀郡、汉中郡、南郡、泗水郡、九江郡、衡山郡、长沙郡、巫郡、会稽郡等 12 郡，为长江流域发展生产创造了条件。汉王朝则有计划组织向长江流域的蜀地、吴越地区移民，实施"约法省禁""招抚流亡"等政策，农业生产得到恢复发展，民间工商业

---

① 丁光勋.长江文明的起源与开发［M］.上海：格致出版社，2011.
② 万绳楠，等.中国长江流域开发史［M］.合肥：黄山书社，1997.

也已重振。秦汉时期六畜饲养和渔业养殖业也较发达。三国、两晋、南北朝时期，北方政局动荡，战乱频繁，社会经济一再遭受严重破坏，而南方相对安定，东吴、东晋、宋、齐、梁、陈相继建都建康（今南京），长江中下游地区在农业生产、水运交通、商业都市等方面都有较大的发展[1]。隋、唐、宋时期，随着北方人民陆续南移，长江流域人口急剧增加，熟地渐感不足，农民开始大规模开垦荒地，沿江与湖区垦田面积迅速扩大，畲田、梯田和塘堰灌溉得到发展，长江流域在全国的经济地位不断上升。到北宋熙宁十年，南方地区的商税和户数均已超过北方地区，但户均商税仍小于北方[2]（表1-2-3）。

表1-2-3　北宋熙宁十年（1077）南北方商税情况

地区	商税（贯）	户数（户）	户均（文）
北方	3633392	5676606	640
南方	4114751	10893868	377
全国	7748143	16570474	467

数据来源：程民生.北宋商税统计及简析［J］.河北大学学报（哲学社会科学版），1988（3）：14-26.

二、南宋至清末长江流域不断强化其全国人口经济重心地位

北宋末年，黄河流域再度陷于战乱，此后二百多年间，其人口、社会经济衰退趋势十分明显，而长江流域的人口、经济、文化就以绝对优势超过黄河流域[3]。至北宋后期，全国经济重心南移已接近完成，至南宋则全面实现了重心南移[4]，南方经济发展水平完全超过北方，可以说是南方的全盛时代[5]。

① 长江流域规划办公室《长江水利史略》编写组.长江水利史略［M］.北京：水利电力出版社，1979.

② 程民生.北宋商税统计及简析［J］.河北大学学报（哲学社会科学版），1988（3）：14-26.

③ 朱海滨.长江流域上的中华文明［J］.人民论坛，2019（1）：139-141.

④ 郑学檬，陈衍德.中国古代经济重心南移的若干问题探讨［J］.农业考古，1991（3）：25-135.

⑤ 张家驹.两宋经济重心的南移［M］.武汉：湖北人民出版社，1957.

从人口看，南宋以来，长江流域的人口持续增多，占全国总人口的比重不断上升。历经"靖康之乱""宋金对峙""蒙元入侵"之后，北人南迁的规模将近 500 万，长江下游的浙江、江苏是主要的人口迁入地[①]。在蒙古入主中原之初，以至出现了中国人口分布南北比例 8∶2 的极点[②]。从北宋 1102 年到元朝 1290 年，长江流域人口净增长约 1000 万，达 5241 万人。到明朝 1491 年，长江流域人口为 5177 万人，占全国人口比重增至 57.18%。清朝，采取了冻结人头税、实行地丁合一等刺激人口增长政策，长江流域人口迎来了爆发式增长，到1850 年增至 2.5 亿人，占全国人口的比重增至 62.18%（表 1-2-4、表 1-2-5）。

表 1-2-4 北宋至清朝长江流域人口数量

北宋（1102 年）		元朝（1290 年）		明朝（1491 年）		清朝（1850 年）	
省别	人口数量（人）	省别	人口数量（人）	省别	人口数量（人）	省别	人口数量（人）
江西	8560898	江西	14414985	浙江	13633837	四川	44164000
四川	7736849	浙江	11615260	江西	11865229	江苏	44155000
浙江	6255099	江苏	8076185	江苏	9802405	安徽	37611000
安徽	5023351	湖南	7940245	安徽	3973370	湖北	33738000
湖南	4947770	安徽	4188487	湖南	3343450	浙江	30027000
江苏	4461071	湖北	2720284	四川	3279779	江西	24515000
湖北	3359925	四川	1233769	湖北	3219347	湖南	20614000
云南	870000	贵州	952840	青海	1048121	云南	7376000
西藏	600000	云南	568000	西藏	750000	贵州	5434000
贵州	570000	西藏	500000	云南	522212	西藏	1519353
青海	190000	青海	200000	贵州	335990	青海	1069837
合计	42574963	合计	52410055	合计	51773740	合计	250223190

数据来源：同表 1-2-1。

---

①张国雄.长江人口发展史论［M］.武汉：湖北教育出版社，2006.

②上海炎黄文化研究会.长江流域经济文化初探［M］.上海：上海人民出版社，1999.

表1-2-5　北宋至清朝长江流域人口规模及密度比较

		长江流域	黄河流域	岭南三省	东北三省
人口数量（人）	北宋（1102年）	42574960	28412187	8304861	1767000
	明朝（1491年）	51773740	24320678	10719470	4350000
	清朝（1850年）	250233190	123378957	55918163	3414455
人口比重（%）	北宋（1102年）	53.29	34.47	10.09	2.15
	明朝（1491年）	57.18	26.45	11.66	4.71
	清朝（1850年）	62.18	24.22	12.82	0.78
人口密度（人/平方千米）	北宋（1102年）	22.89	20.22	17.97	3.16
	明朝（1491年）	33.56	16.86	22.16	6.93
	清朝（1850年）	139.60	86.32	107.79	7.01

数据来源：同表1-2-1。

从经济文化看，南宋以来，长江流域在全国的经济地位和文化优势不断巩固。"靖康之乱"以后，北方的上中层人士大多迁到南方[①]，长江流域的经济文化实力持续增强。在工商业发展方面，南宋都城临安是当时国内最大的商业中心，都城及其属县的人口达到100万人，每天来往的船只不计其数，每年商税相当于北宋景祐年间全国商税总数的1/4。鄂州（今武昌）也是南宋著名的商业都会，引得"数路客旅兴贩，无不辐凑鄂"[②]。南宋时期，乡村草市等集市也发展较快。明朝初年，长江下游史无前例地成为全国的政治中心，尽管首都仍在北方，但南方的经济优势已经完全确立，南方负担了明清二代中央财政的绝大部分[③]。在明清之际，长江流域商品经济高度发展，民营手工业获得较大发展，家庭手工业商品率明显提高，商业资本活跃，商业金融信贷组织钱庄已经产生，商贸交通有了重大发展，出现了资本主义萌芽

①③上海炎黄文化研究会：长江流域经济文化初探［M］．上海：上海人民出版社，1999.
②叶书宗．长江文明史［M］．上海：上海教育出版社，2001.

并缓慢发展[1]。在粮食生产方面，宋朝以后，长江流域已成为我国最重要的粮食生产基地，"苏湖熟，天下足""两湖熟，天下足"等俗语广为流传。元朝时期农业生产受到严重破坏，大片农田变成牧场，水稻亩产下降。到明清时期，长江流域不仅开垦的耕地面积大大增加，而且粮食亩产也大大提高[2]（图1-2-1）。在冶铁方面，到元朝时，江浙、江西、湖广和云南四地岁课铁数（每年向中央政府缴纳的实物铁赋税）占到了全国的99%；而明朝官府产铁量前五名的省份除了广东以外，均位于长江流域。在陶瓷工业方面，宋元时期长江流域的龙泉窑和景德镇逐渐兴起，特别是景德镇代表了我国制瓷业的最高水平[3]。在文化学术方面，南宋以来，传统的中华文化，其精华悉数保存在以长江流域为主的南方地区[4]。"靖康之难"使宋王室偏安江南，中原人士扶携南渡几千万人，从此，南方学术文化迅猛发展，朱熹等理学家活跃于江南，浙东事功学派异军突起，白鹿洞、岳麓书院等沿江书院影响深远。从

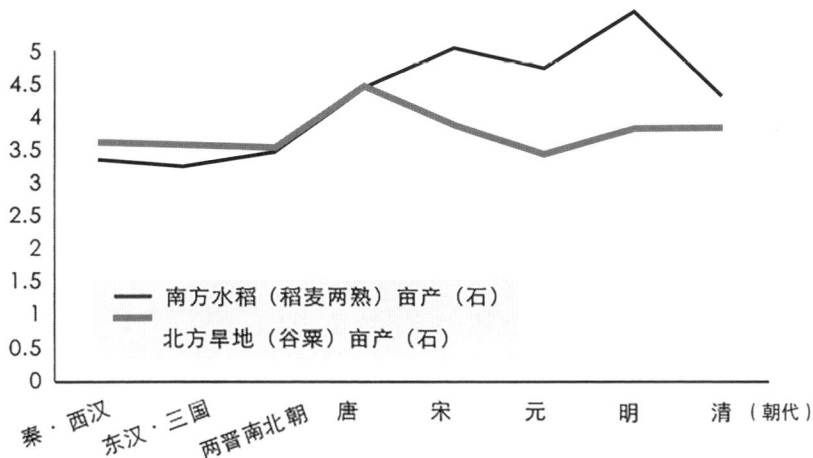

图 1-2-1　秦朝至清朝南北方粮食亩产变化

数据来源：吴慧.中国历代粮食亩产研究［M］.北京：农业出版社，1985.转引自滕磊.长江流域经济地位的历史变迁［J］.中国统计，2020（1）：50-51.

---

① 万绳楠，等.中国长江流域开发史［M］.合肥：黄山书社，1997.

②③滕磊.长江流域经济地位的历史变迁［J］.中国统计，2020（1）：50-51.

④朱海滨.长江流域上的中华文明［J］.人民论坛，2019（1）：139-141.

南宋直至近代，南方学术文化始终领导中国文化潮流所向，成为学术中心之所在①。

从水利看，南宋以来，长江流域兴建、加固了不少江河湖海等水利工程。一是在中下游航运与漕运建设方面，南宋迁都临安，漕运路线比北宋建都开封时更便捷。为解决南粮北运问题，元代曾系统地重修大运河，但河运始终不能畅通，后来不得不依靠海运来运输漕粮。明初，建都金陵（今南京），形成了以金陵为中心的发达的漕运网。朱棣迁都北京之后，江南漕粮北运成为一项重要经济制度。清代漕运弊病丛生，到晚清时期南北大运河已很难畅通。二是在堤防建设方面，明、清时期的长江水灾较为频繁，防洪排涝已成为治江的首要问题，长江中下游干支流堤防系统大部分形成于明清时期。三是中下游湖区治理方面，南宋时期，太湖水利治绩较多，实施了不少疏浚港浦、围田置闸等工程，后来屡次禁止新围田，实施废田还湖，但有的废了再修，一直延到元代。到了明、清之际，圩垸盲目围筑的弊病已很显著，治水工程主要在太湖、洞庭湖、鄱阳湖区。四是江浙海塘修建方面，宋代海塘工程比唐代更多，元代海塘工程较少但创用了"探海法"，明、清时期则是江浙海塘的大发展时期，重点在海宁、海盐、松江、宝山、太仓、常熟等地。五是滇池治理方面，元代滇池水利中最重要的工程，是元代初年创修的松花坝和海口工程；明代多用石材改建、增修滇池工程；清代康熙年间进行过几次修复，雍正七年至十年的工程规模最大且较有成效。

三、清末至民国时期长江流域的被迫通商与近代城市开放

在近代中国，长江流域是开放较早的地区。鸦片战争后，清政府与帝国主义列强签订了一系列不平等条约，外国资本主义势力由沿海沿江伸向内地，长江流域的开发治理也留下了半殖民地半封建社会的烙印。部分长江沿岸城市被迫采取开放通商政策，西方文明以长江及其支流为渠道，传入沿江

---

① 叶书宗. 长江文明史［M］. 上海：上海教育出版社，2001.

大中城市以至中小市镇[①]。

从人口看，近代长江人口保持总体稳定，但人口空间格局变化较大。1850—1936 年，长江流域总人口从 2.50 亿人下降到 2.38 亿人，占全国总人口的比重从 62.2% 下降到 52.9%。此期间，江西、安徽、浙江、湖北人口出现了较大幅度下降，分别下降 43.7%、39.8%、28.8%、24.2%；而贵州增长 127.8%、云南增长 62.2%、湖南增长 36.9%、四川增长 32.2%、青海增长 26.3%。从清代后期到民国时期，长江流域的社会生产力未能得到应有的发展，人口规模与经济发展严重不协调，人与自然关系的紧张状态有增无减[②]。1850—1936 年长江流域人口数量、规模及密度比较见表 1-2-6、表 1-2-7。

表 1-2-6 1850—1936 年长江流域人口数量

省别	1850 年人口（人）	1936 年人口（人）	人口净增长量（人）	人口增长率（%）
四川	44164000	58386000	14222000	32.2
江苏	44155000	40935269	−3219731	−7.3
湖南	20614000	28218900	7604900	36.9
湖北	33738000	25565700	−8172300	−24.2
安徽	37611000	22646957	−14964043	−39.8
浙江	30027000	21385000	−8642000	−28.8
江西	24515000	13800000	−10715000	−43.7
贵州	5434000	12380000	6946000	127.8
云南	7376000	11966300	4590300	62.2
西藏	1519353	1434300	−85053	−5.6
青海	1069837	1351300	281463	26.3
合计	250223190	238069726	−12153464	−4.9

数据来源：同表 1-2-1。

①上海炎黄文化研究会.长江流域经济文化初探［M］.上海：上海人民出版社，1999.
②张迪祥，孙平.长江流域人口与环境关系的历史变迁［J］.经济评论，1992（6）：5.

表 1-2-7　1850—1936 年长江流域人口规模及密度比较

		长江流域	黄河流域	岭南三省	东北三省
人口数量（人）	1850 年	250233190	123378957	55918163	3414455
	1936 年	238069726	134332805	51898500	30753016
人口比重（%）	1850 年	62.18	24.22	12.82	0.78
	1936 年	52.87	28.55	12.08	6.56
人口密度（人／平方千米）	1850 年	139.60	86.32	107.79	7.01
	1936 年	119.34	93.07	96.65	50.93

数据来源：同表 1-2-1。

从水利建设看，西方列强开始介入长江治理，水利事业仍然落后。在治水机构设置方面，1901 年清政府根据《辛丑条约》在上海成立了修治黄浦河道局，但实权一直被掌握在列强手中，1905 年改组为善后养工局，辛亥革命后改组为上海浚浦局。1935 年南京国民政府成立了扬子江水利委员会，1947 年改组为长江水利工程总局。这些治水机构运作后，引进了一些水文、测量、勘探、港口建设和土木建筑等新技术，1908 年筹建了我国第一个水电站螳螂川水电站，1935 年开工了吴淞江虞姬墩裁弯工程，先后修建了汉中灌区的灌溉渠、江船闸白闸、华阳闸和金水闸等闸坝工程。在航运方面，近代长江已由单一的木帆船运输进入与机动轮船运输并进的新时期，航道整治、港口设备、船舶制造和货运量都超过了历代的水平。但由于水政腐败、列强干预，长江得不到有效治理，流域内连年发生洪、涝、旱和血吸虫病四大灾害，广大劳动人民长期处于水深火热之中。这一时期，革命先辈们开始了长江治理的理论探索和光辉实践。1919 年，孙中山在《实业计划》中提出了改造长江的计划[1]，主要包括长江中下游干支流的航道整治和港口建设两个部分，为今后的长江开发建设描绘了大致的轮廓。中央苏区和洪湖苏区的人民

---

[1] Sun Y. The International Development of China [M] . New York: G. P. Putnam's Sons, 1922.

在中国共产党的领导下，修建了大量水圳、水陂、水库等设施，为发展农业生产、保障军需民食、支援革命战争奠定了坚实基础。

从沿江开放看，长江是开启中国近代化进程的起跑线，部分近代沿江城市在被迫开放中开始加速崛起。1840 年，鸦片战争爆发，英国用军舰和大炮打开了中国东南沿海的大门，便迅速进入长江口。恩格斯在《英人对华的新远征》中指出，英国的目的在于侵入横贯中国中部的大河长江，夺取这条重要水道会置北京于死地，并逼迫清帝立即媾和[①]。此后，美、法、俄、德、日等帝国主义势力相继侵入沿江地带，中外条约、章程中涉及长江权益的多达二三十处，上海、镇江、南京、九江、汉口、芜湖、宜昌、沙市、重庆、苏州、杭州、岳阳、万县、长沙等沿江重要港口先后被迫开放作为通商口岸，安庆、湖口、武穴、裕溪口等市镇也作为外轮停泊、上下客货的码头。鸦片战争后，长江沿岸城市在饱受凌辱、掠夺的同时，开始了其近代化进程[②]。重庆 1891 年海关开关后，实施了开辟新市区、改造旧城区的工程，商业经济进一步繁荣发展，社会新风气和先进思想加速形成，抗战爆发后重庆一度成为中国大后方的政治、经济、文艺中心。武汉开埠后，在湖广总督张之洞主持下，近代工商业、文化教育事业加速发展，到 1906 年成为仅次于上海的中国第二大近代工商业中心。九江开埠后出现了近代工业，成为最先响应辛亥革命之战略要地、第二次讨伐袁世凯的策源地、反外国侵略斗争的英雄城市。芜湖开埠后，在传统手工业遭受严重破坏的同时，近代工商业开始诞生，米市兴盛长达半个世纪，十里长街复兴，近代教育文艺事业也有了新的发展。南京自 19 世纪 60 年代起成为中国近代化的发祥地之一，引进了西方先进科学技术和新式工业，设立了金陵机械制造局、金陵官电厂、洋火局、金陵造船厂，下关开为商埠后形成新市区，民国时期南京几度成为首都。上海在 1842 年正式开埠后，进出口贸易值在十余年间就上升至全国贸易总值的

① 马克思恩格斯全集：第 12 卷［M］. 北京：人民出版社，1962.
② 叶书宗. 长江文化与中华民族［M］. 上海：上海书店出版社，1996.

一半，取代广州成为全国对外贸易中心，而外贸的发展促进了交通运输、电信、金融、工业、商业的近代化，进而使上海成为近代中国经济社会政治深刻变革的前沿和大舞台。

第三节　1949年至1978年的长江流域发展

一、人口和经济的恢复与波动发展

新中国成立以后，长江流域的人口得到快速恢复和高速增长。1952年，长江流域11省市的总人口为2.68亿人，1958年人口首次突破3.0亿人，1968年突破3.5亿人，1973年突破4.0亿人，1978年达4.38亿人。除1960年、1961年、1971年等个别年份出现人口负增长外，其他年份均为正增长，大多数年份人口增长速度高达2%—3%，但1965—1978年人口增长速度逐年下降。长江流域人口增长趋势与全国总体趋势基本相同，占全国总人口的比重也基本保持稳定，以1965年为界所占比重呈现先降后升趋势（图1-3-1）。

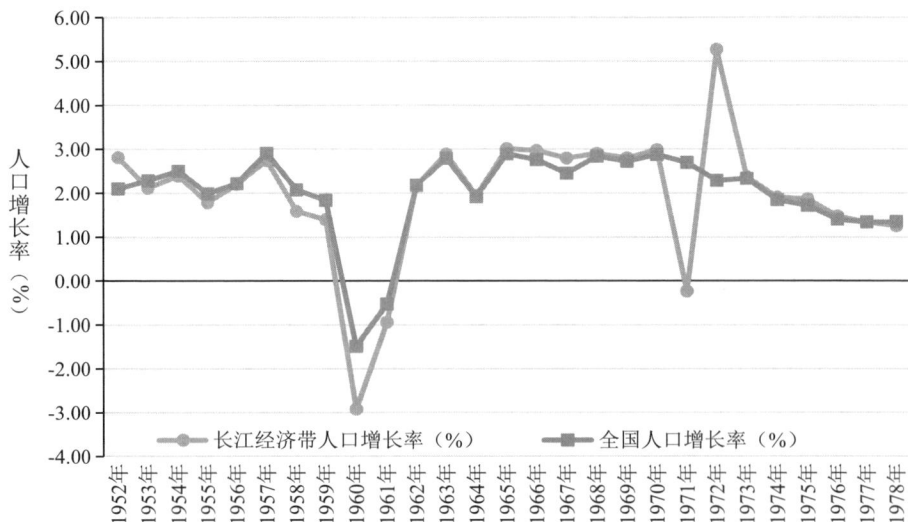

图1-3-1　1952—1978年长江经济带总人口增长率

1952—1978 年，长江流域中，人口总量最多的四个省份分别是四川省、江苏省、湖南省、安徽省，1978 年分别达 7072 万人、5834 万人、5166 万人、4713 万人。在此期间，人口增长最快的四个省市是江西省、上海市、云南省、贵州省，分别增长 92.2%、91.8%、82.4%、80.3%，而全国和长江流域仅分别增长 67.5%、63.7%。分省总人口数及其比较见表 1-3-1。

表 1-3-1　1952—1978 年长江流域分省总人口数及其比较（单位：万人、%）

	1952 年	1955 年	1960 年	1965 年	1970 年	1975 年	1978 年
中国	57482	61465	66207	72538	82992	92420	96259
上海市	573	623	1056	1094	1073	1077	1098
江苏省	3739	3984	4246	4624	5252	5636	5834
浙江省	2213	2387	2620	2957	3316	3614	3751
安徽省	2966	3201	3043	3286	3940	4492	4713
江西省	1656	1763	2010	2210	2585	2969	3183
湖北省	2751	2912	3152	3505	4027	4408	4575
湖南省	3271	3473	3569	3901	4481	4991	5166
重庆市	1777	1858	1884	1975	2290	2593	2636
四川省	4629	4883	4784	5162	6052	6875	7072
贵州省	1490	1587	1643	1821	2180	2531	2686
云南省	1695	1806	1895	2160	2503	2884	3091
长江流域	26759	28476	29901	32694	37698	42070	43806
占全国比重	46.6	46.3	45.2	45.1	45.4	45.5	45.5

数据来源：根据《新中国六十年统计资料汇编》计算整理。

新中国成立之初，长江流域经济基础较薄弱，百废待兴。1952 年，长江流域地区生产总值为 266.47 亿元，占全国的比重为 39.2%。此后，长江流域经济发展进入快车道，1960 年地区生产总值达 643.59 亿元，占全国的比重达 44.2%。1961—1965 年，长江流域经济发展速度明显下降，1965 年地区生产总值仅为 660.92 亿元。在"文化大革命"期间，长江流域经济增长速度也低于全国平均水平。"文化大革命"结束后，长江流域的经济得到了快速恢复和发展，1978 年地区生产总值突破 1500 亿元，占全国的比重上升到 41.5%（表 1-3-2）。

表 1-3-2 1952—1978 年长江流域分省地区生产总值及其比较（单位：亿元、%）

	1952 年	1955 年	1960 年	1965 年	1970 年	1975 年	1978 年
中国	679.00	910.80	1457.50	1717.20	2261.30	3013.10	3645.20
上海市	36.66	53.64	158.39	113.55	156.67	204.12	272.81
江苏省	48.41	58.96	86.80	95.10	129.23	184.16	249.24
浙江省	24.53	30.53	47.25	55.67	69.17	84.23	123.72
安徽省	22.90	37.10	59.80	52.70	71.80	97.10	114.10
江西省	18.86	21.86	36.83	42.98	58.37	68.12	87.00
湖北省	24.51	34.05	63.61	72.43	88.15	120.10	151.00
湖南省	27.81	35.83	64.07	65.32	93.05	118.40	146.99
重庆市	17.85	23.02	37.90	36.98	38.18	50.44	67.32
四川省	24.61	36.71	40.57	68.16	89.96	116.99	184.61
贵州省	8.55	11.61	22.94	24.41	28.36	31.10	46.62
云南省	11.78	18.34	25.43	33.62	38.52	54.29	69.05
长江流域	266.47	361.65	643.59	660.92	861.46	1129.05	1512.46
占全国比重	39.2	39.7	44.2	38.5	38.1	37.5	41.5

数据来源：根据《新中国六十年统计资料汇编》计算整理。

从人均发展水平看，1952—1978 年，长江流域的地区发展差距很大。上海市的人均地区生产总值明显高于其他省份，与人均地区生产总值最低的省份的比值从 1952 年的 8.11 倍扩大到 1960 年的 17.69 倍，1965 年缩小到 8.02 倍，但 1978 年又扩大到 14.20 倍。1978 年，人均地区生产总值最高的四个省市为上海市、江苏省、湖北省、浙江省，分别达 2485 元、430 元、332 元、331元；而贵州省、云南省、安徽省仅有 175 元、226 元、244 元。1952—1978年，人均地区生产总值增长最快的是上海市、四川省、湖北省、湖南省，人均地区生产总值分别实现名义增长 3.78 倍、2.92 倍、1.68 倍、1.33 倍。具体见表 1-3-3。

表 1-3-3   1952—1978 年长江流域分省人均地区生产总值及其比较

（单位：元、%）

	1952 年	1955 年	1960 年	1965 年	1970 年	1975 年	1978 年
中国	119	150	218	240	276	329	381
上海市	430	569	1521	1042	1446	1898	2485
江苏省	131	150	203	208	249	329	430
浙江省	112	130	181	191	211	235	331
安徽省	78	117	185	163	186	218	244
江西省	114	125	185	197	229	233	276
湖北省	90	118	201	209	222	274	332
湖南省	86	104	176	170	211	239	286
重庆市	102	123	188	184	164	190	269
四川省	53	74	86	130	146	169	261
贵州省	58	74	135	136	132	124	175
云南省	70	103	134	158	156	190	226
长江流域	102	129	209	208	235	273	350
占全国比重	86.0	86.2	95.8	86.8	85.3	83.1	91.8
极大值 / 极小值	8.11	7.69	17.69	8.02	10.95	15.31	14.20

数据来源：根据《新中国六十年统计资料汇编》计算整理。

二、水利水电事业的快速进步

新中国成立后，立即加强了对长江的统一管理和系统规划。1949 年 11 月，中央人民政府水利部提出要组织流域性的水利机构。1950 年 2 月，长江水利委员会在武汉正式成立，自此长江有了统一的流域管理机构。1954 年洪水发生后，中央确定加速长江治理开发，并立即组织制定长江流域规划。1955 年开始全面展开长江流域规划工作，长江水利委员会经国务院批准改建为长江流域规划办公室，简称"长办"。1957 年，流域规划工作基本完成。1958 年 4 月，中央政治局正式批准了《中共中央关于三峡水利枢纽和长江流域规划的意见》，这是有史以来第一次出现的长江规划建设的宏图。规划提出了"统一规划，全面发展，适当分工，分期进行"的原则，提出要处理好"远景与近期，干流与支流，上中下游，大中小型，防洪、发电、航运与灌溉，水电与火电，发电与用电"等七大关系。1959 年，长江流域规划办公室正式提出了《长江流域综合利用规划要点报告》，明确以三峡水利枢纽作为长江流域综合利用规划的主体，并提出五大开发计划：（1）以防洪、发电为主的水利枢纽开发计划；（2）以灌溉、水土保持为主的水利化计划；（3）以防洪、除涝为主的平原湖泊区综合利用计划；（4）以航运为主的干流航道整治与南北运河计划；（5）向相邻流域的引水计划。这个报告是长江"多目标开发"的蓝本，经补充修订后形成了《长江流域综合利用规划简要报告》，在国务院 1990 年 9 月审议批准后，具有了法规效力。目前，长江流域已建、在建的水利工程，都是按规划实施完善的。

新中国成立后，兴建了一批重大防洪工程和大型水利枢纽工程，为三峡工程积累了经验。1950 年下半年，毛泽东主席同意兴建荆江分洪工程，1951 年周恩来总理正式批准兴建，1952 年 4 月 5 日开工、6 月 20 日全部完工，这个工程为战胜 1954 年洪水作出了重要贡献。1953 年 2 月，毛泽东视察长江，提出了三峡工程和南水北调工程两大构想，奠定了长江流域开发史上最宏伟工程的蓝图。1956 年，杜家台分洪工程建成。1968 年，丹江口控制性大型水利枢纽工程投入运用。1970 年 12 月，毛泽东亲笔批示同意兴建葛洲坝工程，1970 年 12 月底开工，1981 年 7 月第一台机组发电。

新中国成立后，诸多沉睡的大江小河被唤醒，水电开发进程加快。20 世纪 50 年代，主要开发利用当时经济比较发达的中下游地区支流上的水能资源，兴建了一批中小型水电站。1958 年以后，开工兴建了一批大型水电站，如安徽的陈村、花凉亭，江西的柘林、洪门、江口，湖北的丹江口、白莲河、陆水、富水，湖南的柘溪、双牌、水府庙等水电站，其中最大的是丹江口水电站，总装机 90 万千瓦。20 世纪 60 年代，为满足"三线"建设用电需求，加大了长江上游地区的水能开发力度，主要有四川的龚嘴、映秀湾、磨房沟、渔子溪，贵州的猫跳河部分梯级，陕西的石门，湖南的欧阳海，湖北的黄龙滩，甘肃的碧口等水电站，其中最大的是龚嘴电站，总装机 70 万千瓦。20 世纪 70 年代特别是 80 年代以后，长江上中下游水电建设全面展开，开工兴建的大型电站较多，除干流上的葛洲坝水电站外，还有支流上的乌江渡、万安、凤滩、东江、二滩、铜街子、宝珠寺、东风、隔河岩、江垭、高坝洲等，其中葛洲坝、隔河岩、二滩等装机容量均超过 100 万千瓦。

三、长江航运及交通发展

1949 年，长江重新回到人民的怀抱，开始了人民航运新时代。1949—1952 年为恢复和创立时期，1949 年长江航运分别由华东、中南、西南三大区分段接管，1951 年成立长江区航务局，1952 年在航务局基础上成立了长江航运管理局（简称"长航"），对长江航运进行统一管理。到 1952 年底，长江航运基本得到恢复，客运量完成 410 万人次，货运量完成 429 万次。1953—1957 年为迅速发展时期，全面学习苏联内河航运管理经验，加强工厂建设、港湾改革和航道整治，长航运力从 17 万吨提升到 46.7 万吨，沿江六省省航运力从 4.9 万吨提高到 13.4 万吨。1958—1960 年为大下放时期，长航把 16 个港务局、部分工厂和船舶下放给沿江六省，造成船、港、厂脱节，但在"大跃进"年代职工热情高涨，长航货运量从 1424 万吨增长到 2325.4 万吨。1961—

1966 年为试办"托拉斯"阶段，为解决长航与各省航抢货源、争航线的矛盾，长航被国务院列为十二大"托拉斯"试点企业之一，运价大幅降低，但地方发展航运的积极性明显受挫。"文化大革命"时期，长江航运系统自 1968 年 2 月至 1974 年 3 月实行全线军事管制，到 1976 年长航的货运量徘徊在 2500 万吨左右。到 1978 年，长航全线完成建设投资 25.4 亿元，完成客运量 2326 万人、货运量 4273.3 万吨、吞吐量 8171.5 万吨，分别比 1949 年增长 15 倍、22.4 倍和 18.5 倍[①]。

1949—1978 年，长江流域省市的交通基础设施得到明显改善。铁路建设方面，浙江省铁路里程从 390 千米增至 779 千米，增长了 0.99 倍；江西省从 729 千米增至 1184 千米，增长了 0.62 倍；湖北省从 342 千米增至 1440 千米，增长了 3.21 倍；湖南省从 950 千米增至 2065 千米，增长了 1.17 倍；四川省从 68 千米增至 2866 千米，增长了 41.2 倍；云南省从 656 千米增至 1705 千米，增长了 1.60 倍。公路建设方面，1949—1979 年，重庆市、湖南省、湖北省、云南省、贵州、安徽省公路里程都增长了 10 倍以上。跨江大桥建设方面，新中国成立后，国家对长江大桥修建十分重视。1957 年，在苏联专家的帮助指导下建成通车了中国第一座长江大桥——武汉长江大桥。1968 年，第一座由中国独立自主建造的长江大桥——南京长江大桥建成通车。

四、生态环境恶化与保护治理

新中国成立后，长江流域水土保持工作开始起步。国务院制定了"治理与预防兼顾；全面规划，因地制宜；全面开发，综合利用；集中治理，综合治理；依靠群众，小型为主"的方针，长江流域规划办公室先后于 1956 年、1961 年完成了第一部《长江流域水土保持规划》与《长江流域土壤侵蚀区划报告》，流域各省先后开展了不同形式的水土保持工作，取得一定成效。但长江流域的平原和水面仅占 15%，人多地少的矛盾日益突出，在一定时期内造

---

① 黄强，唐冠军，文德明，等 . 长江航运 60 年感怀［M］. 武汉：武汉出版社，2009.

成了较严重的生态破坏和环境污染问题。

一是持续毁林开荒，水土流失严重。清朝实施移民入川政策以来，长江上游地区人口暴增，平原、平坝、丘陵区的良田沃土已不能满足人口增加对粮食的需求，人们开始毁林开荒，坡耕地飞速扩展，原生植被进一步减退，形成"田尽而地，地尽而山"的景象，到1949年生态环境质量已下降到前所未有的状况[①]。此后在"以粮为纲"影响下，毁林开荒仍在持续。1957年，长江流域的森林覆盖率为22%，到1986年仅为10%，下降了12个百分点[②]，由此造成严重的水土流失。根据调查统计，1957—1986年，长江流域水土流失面积从36.38万平方千米扩大到73.94万平方千米，增长103%；水土流失面积占总面积的比重从20.2%增加到41.0%，提高了20.8个百分点。分水系看，长江上游的水土流失主要集中在金沙江下游，嘉陵江、沱江流域，乌江上游及川东鄂西的三峡库区；中游的水土流失主要集中在秦巴山地的汉江上游，湘鄂山地的沅江中游，澧水、清江中上游，江南红色丘陵区的湘江、资水中游和赣江中上游，大别山南麓的倒、举、巴、浠、蕲、皖诸水的中上游。分省看，云南、四川水土流失程度最高，1957—1986年，云南水土流失面积占比从43.3%提高到70.7%，四川占比则从16.1%提高到67.3%。具体见表1-3-4。

表1-3-4 长江流域森林覆盖率与水土流失面积变化

	1957年调查统计（%、平方千米）			1986年调查统计（%、平方千米）			1957—1986年变化（%、平方千米）		
	森林覆盖率	水土流失面积	占总面积之比	森林覆盖率	水土流失面积	占总面积之比	森林覆盖率	水土流失面积增长	水土流失比重提高
全流域	22	363800	20.2	10	739380	41.0	−12.0	103.2	20.8
云南	48	43198	43.3	24	70500	70.7	−24.0	63.2	27.4

---

① 朱汝兰.长江传［M］.石家庄：河北大学出版社，2001.

② 汪达汉.论长江流域生态环境的恶化与生态建设之策略［J］.环境科学动态，1992（2）：22-27.

续表

	1957 年调查统计（%、平方千米）			1986 年调查统计（%、平方千米）			1957—1986 年变化（%、平方千米）		
	森林覆盖率	水土流失面积	占总面积之比	森林覆盖率	水土流失面积	占总面积之比	森林覆盖率	水土流失面积增长	水土流失比重提高
贵州	24	12816	11.3	12	35300	31.3	-12.0	175.4	20.0
四川	20	93380	16.1	12	382000	67.3	-8.0	309.1	51.2
湖南	24	55880	27.6	16	56640	28.0	-8.0	1.4	0.4
湖北	24	50120	26.9	20	60100	30.0	-4.0	19.9	3.1
江西	20	11000	6.6	10	38360	23.0	-10.0	248.7	16.4
安徽	28	13686	21.3	13	19263	30.0	-15.0	40.7	8.7
江苏	16	1850	3.8	7	6100	12.3	-9.0	229.7	8.5

数据来源：汪达汉.论长江流域生态环境的恶化与生态建设之策略［J］.环境科学动态，1992（2）：22-27.

二是盲目围湖造田，湖泊急剧萎缩。在自然因素和人为因素的综合作用下，长江流域的洞庭湖等湖泊出现了急剧萎缩现象。从自然因素看，洞庭湖的萎缩主要是近百年来长江荆江段松滋、太平、藕池、调弦四口分流泥沙淤塞的产物，特别是 1852 年和 1873 年藕池、松滋两口的形成，使洞庭湖泥沙输入量急剧增加了 3 倍，藕池、松滋两口形成后不到四十年竟然淤出个南县来①。从人为因素看，1724 年到 1820 年，"两湖"人口增加了 11 倍，人均耕地从 18 余亩下降到不足 2 亩，人们迫于生计开始了围湖造田的与水争地进程。新中国成立前夕，仅湖南境内，1500 多亩湖区水陆面积，垸田占 500 多亩。新中国成立后，对洞庭湖区围垸做了大规模整治，修建了大量水利设施，提高了防洪抗灾能力，然而 20 世纪 50 年代洞庭湖区新围垦面积达 1432.7 平方千米，减去同期废垸还湖的 309.14 平方千米，实际净增垸田

①刘沛林.历史上人类活动对长江流域水灾的影响［J］.北京大学学报（哲学社会科学版），1998（6）：144-151.

1123.56 平方千米。据统计，清初洞庭湖面积达 6000 平方千米，1894 年缩小到 5400 平方千米，至新中国成立前夕缩小到 4350 平方千米，1954 年缩小到 3915 平方千米，1977 年缩小到 2740 平方千米[①]。太湖、鄱阳湖等地的围垦也有着类似的情形。

三是部分临近城市工矿区的水体受到污染。长江水量大，稀释自净能力较强，工业化之前，长江水质总体还是比较好的。但在工业化发展进程中，各方忽视了水源保护，大量未经处理的废水及其他废弃物直接排入水体，部分临近城市工矿区的江段岸边已受到不同程度的污染。据 1975 年有关部门调查，长江中下游主要经济鱼类，鱼汞的检出率达 100%，有的还检出了酚及有机氯等有毒物质。四川泸州江段曾发生船民饮用江水，造成砷急性中毒事故。据 50 多个支流湖泊 700 多个测站的监测分析资料表明，凡位于邻近城市工矿区的支流河段和湖泊，都已受到不同程度的污染[②]。

第四节　1979 年至 2012 年的沿江开发开放

一、"T"字形开发战略的提出与实践

在改革开放之初，国务院发展研究中心对我国国土开发格局提出了"一轴一线"战略构想，即"长江一轴"和"沿海一线"。1984 年 12 月，中国科学院陆大道基于点轴开发理论提出，在 2000 年以前，全国一级重点开发轴线是海岸带和长江沿岸，两大重点开发轴线构成"T"字形的宏观格局。对于沿海轴线，陆大道认为，下列建设应集中于海岸带内：（1）应在沿海地区有选择地建设大中型原材料工业、碱厂、化厂电站（火、核）等；（2）服务于

---

① 刘沛林.历史上人类活动对长江流域水灾的影响［J］.北京大学学报（哲学社会科学版），1998（6）：144-151.

② 王超俊.长江流域生态平衡面临的若干问题［J］.生态学杂志，1983（4）：34-37.

开放城市和大型港口、工业区的基础设施系统；（3）适宜在沿海地带发展的知识和技术密集型产业和引进的设备；（4）为出口和城市服务的农副产品基地，水产养殖场及相应的加工和服务系统；（5）全国各地区在沿海的商业、贸易、金融、经济技术交流方面的设施。对于长江沿岸轴线，陆大道认为，从长江口到四川渡口市附近，全长约3000千米，是我国又一个产业集中且有开发远景的发展轴线，开发要点包括：（1）整治长江中下游，开发长江航运，降低水运成本；（2）通过铁路、水运，由北方运入煤炭、原油、化工原料，从国外进口大宗原料如铁矿石等；（3）建设干支流水利枢纽工程，发挥防洪、发电、灌溉、航运等综合功能；（4）大的工业区、工业企业都应沿河布局，与港口、铁路、公路设施相协调[①]。在T字形的基础上，国内学者提出了"π"字形、半"非"字形、"开"字形、"TYIS"形、网状、"弗"字形、菱形、"弓箭"形、"目"字形等国土开发战略[②]，都对长江流域开发有相应论述。

"T"字形开发格局在我国的国土开发实践中产生了深远影响。自20世纪80年代后期开始，"T"字形空间战略在全国和各省（区、市）得到大规模实施，沿江和沿海开发在我国国土空间开发格局中一直占有重要地位。1987年完成的《全国国土总体规划纲要（草案）》明确以东部沿海地带和横贯东西的长江沿岸相结合的"T"字形结构为主发展轴线。1990年2月，《全国国土总体规划纲要》进一步表述为"2000年前后，我国生产力布局以沿海、沿长江、沿黄河为主发展轴线"。2013年1月，经国务院批准，国土资源部公布的《全国国土规划纲要（2011—2030年）》明确提出，到2020年形成以陇海、沿江和沿海、京哈—京广、包昆为主体的"两横三纵"城市化战略格局，到2030年基本形成以"四横四纵"轴带为主干的多中心网络型国土空间开发格局。

① 陆大道.我国区域开发的宏观战略［J］.地理学报，1987（2）：97-105.
② 杨开忠.改革开放以来中国区域发展的理论与实践［M］.北京：科学出版社，2010.

二、沿江城市开发开放与浦东开放崛起

在 20 世纪 80 年代中期，长江下游地区启动了沿海港口城市开放进程，也凝聚形成了长江联合开发和经济协作的共识。1984 年 5 月，中共中央、国务院批转《沿海部分城市座谈会纪要》，决定全部开放中国 14 个沿海港口城市，其中，连云港、南通、上海、宁波、温州等 5 座城市位于长江三角洲地区。1985 年 1 月，中共中央、国务院在北京召开长江三角洲、珠江三角洲和闽南金三角座谈会，提出了将这三个地区设立为沿海经济开放区的建议。1985 年 2 月，重庆、武汉、南京三市就"如何发挥中心城市作用，联合开发利用长江黄金水道"等问题达成共识。上海作为对内对外两个辐射扇面的接合部，还必须继续大力加强对内横向经济联合，这是促进上海经济振兴并和兄弟地区共同繁荣的一条重要途径。1985 年 12 月，上海、南京、武汉、重庆四市成立了长江沿岸中心城市经济协调会，由此拉开了长江经济协作的序幕①。

1990 年以后，我国对外开放的步伐逐步由沿海开放向沿江、内陆和沿边城市延伸。1990 年 6 月，中共中央、国务院正式批准上海市开发和开放浦东新区，实行经济特区的某些优惠政策②。1992 年 6 月，中共中央、国务院批准芜湖、九江、岳阳、武汉和重庆等 5 座城市为首批沿江开放城市。此后，相继开放了黄石、宜昌、万县、涪陵等长江沿岸城市，设立了三峡经济开放区，开放了张家港、南通、南京、镇江、高港、江阴、芜湖、九江、武汉、铜陵、马鞍山等 12 个长江重要港口，批准设立了重庆直辖市，批准合肥、南昌、长沙、成都、贵阳、昆明等长江流域省会为内陆开放城市。1992 年 10 月，党的十四大报告指出，以上海浦东开发开放为龙头，进一步开放长江沿岸城市，尽快把上海建成国际经济、金融、贸易中心城市之一，带动长江三角洲和整个长江流域地区的新飞跃。1995 年 9 月，中共十四届五中全会提出，

---

① 陈秀山，孙久文.中国区域经济问题研究［M］.北京：商务印书馆，2005.

② 魏后凯.现代区域经济学（修订版）［M］.北京：经济管理出版社，2011.

要突破行政区划界限，在已有经济布局的基础上，以中心城市和交通要道为依托，进一步形成以上海为龙头的长江三角洲及沿江地区经济带等若干跨省（区、市）的经济区域。1996 年 3 月，全国人大八届四次会议通过的《中华人民共和国国民经济和社会发展"九五"计划和 2010 年远景目标纲要》明确提出，以浦东开发开放、三峡建设为契机，依托沿江大中城市，逐步形成一条横贯东西、连接南北的综合型经济带。

在长江流域的城市开发开放中，最为引人瞩目的当数上海浦东新区的开放崛起。浦东原是一块尚未开发的处女地，自 1990 年实施开放以来，由于地理位置优越，有中国最大的经济中心上海作为依托，有富饶的长江流域作为发展腹地，有中国整个 80 年代改革积累的丰富经验可以借鉴，有良好的国际环境和机遇，国内外大量资金迅速涌入，各类金融贸易区、工业出口加工区、高科技园区和保税区如同雨后春笋般崛起[①]。随着开发开放的力度持续加大，浦东新区的地域范围逐渐扩大，从 1990 年的 520 平方千米扩展到 2012 年的 1373.82 平方千米，增长 1.64 倍。人口和社会就业吸纳能力持续增强，户籍人口从 1990 年的 133.94 万人增加到 2012 年的 281.12 万人，此外，还吸纳了大量外来人口，2012 年常住人口超过 526 万人，占上海市常住人口的 22.11%；2012 年吸纳全社会从业人员达到 297 万人，占上海市全社会从业人员的 26.63%。经济增长引擎作用不断增强，地区生产总值从 1990 年的 60.24 亿元增加到 2012 年的 6252.67 亿元，按不变价计算实际增长了 28.92 倍，占上海市地区生产总值的比重从 7.71% 上升到 30.40%。金融中心的地位更加凸显，金融业增加值从 1990 年的 3.07 亿元增加到 2012 年的 1190.87 亿元，占上海市金融业增加值的比重提升到 2012 年的 43.6%。科技实力不断提升，发明专利授权总量从 2004 年的 95 项增加到 2012 年的 2789 项，占上海市的比重提升到 24.5%。对外投资贸易大幅增加，外商直接投资实际到位资金从 1990 年的 0.34 亿美元增加到 72.86 亿美元，占上海市的比重从 7.34% 提高到

---

① 姚锡荣.浦东崛起与长江流域经济发展［M］.上海：上海科学技术出版社，1995.

31.81%；进出口总值从 1993 年的 25.92 亿美元增加到 2012 年的 2398.93 亿美元，2012 年占上海市的比重提高到 54.93%。具体见表 1-4-1。

表 1-4-1 1990—2012 年上海浦东新区经济和人口发展情况

年份	地区生产总值（亿元）	金融增加值（亿元）	发明专利授权总量（项）	进出口（亿美元）	外商直接投资合同金额（亿美元）	常住人口（万人）	户籍人口（万人）	全社会从业人员（人）
1990	60.24	3.07			0.34		133.94	
1991	71.54	4.46			1.01		137.34	
1992	101.49	6.96			13.53		140.67	
1993	164.00	16.40		25.92	17.57		143.73	1043985
1994	291.20	23.73		47.35	25.93		146.20	1049985
1995	414.65	28.59		71.96	32.56		148.63	1079744
1996	496.47	39.08		80.78	18.09		151.11	1039692
1997	608.22	69.10		99.01	18.00		153.40	981826
1998	704.27	101.31		119.82	27.90		156.18	963211
1999	801.36	138.35		153.65	10.73		160.08	983401
2000	923.51	159.88		254.86	28.84	240.23	164.87	1040411
2001	1087.53	170.12		297.83	20.02	247.56	168.45	1114514
2002	1244.00	166.04		368.98	26.68	255.11	172.82	1199864
2003	1510.32	183.48		581.33	28.75	262.89	176.69	1268717
2004	1850.13	218.13	95	808.07	32.24	270.91	180.90	1302723
2005	2365.84	259.61	329	894.75	56.54	279.19	184.81	1440763
2006	2725.82	333.77	375	1073.10	48.42	285.30	187.56	1467145
2007	3318.39	517.14	409	1280.52	49.49	305.35	191.16	1490809
2008	3780.23	620.94	841	1449.59	49.92	305.70	194.29	1507631
2009	4192.40	808.90	1557	1389.89	55.29	419.05	272.28	2009539

续表

年份	地区生产总值（亿元）	金融增加值（亿元）	发明专利授权总量（项）	进出口（亿美元）	外商直接投资合同金额（亿美元）	常住人口（万人）	户籍人口（万人）	全社会从业人员（人）
2010	4915.73	905.10	1503	1865.62	56.25	504.44	275.80	2351115
2011	5687.10	1090.33	2149	2260.00	65.97	517.50	278.53	2806796
2012	6252.67	1190.87	2789	2398.93	72.86	526.39	281.12	2970091

数据来源：根据《上海统计年鉴》（2020）、《上海浦东新区统计年鉴》（2020）计算整理。

三、三峡工程、南水北调等重大水利、航运设施建设

1978 年以来，长江经济带的交通水利等基础设施建设明显加快。1978—2013 年，长江经济带的高等级航道里程从 0.23 万千米增加到 0.67 万千米，铁路营业里程从 1.4 万千米增加到 2.96 万千米，公路通车里程从 35 万千米增加到 189.3 万千米，输油（气）管道里程从 0.06 万千米增加到 4.4 万千米，高铁、高速公路、城市轨道交通分别增至 0.4 万千米、3.2 万千米、1089 万千米，民用运输机场从 20 个增加到 74 个[①]。

1978 年以来，在长江流域实施了葛洲坝、三峡工程、南水北调等重大水利工程。葛洲坝工程属于三峡工程的一个重要组成部分。葛洲坝工程于 1970 年 12 月底开工，1981 年 7 月第一台机组发电，1988 年 27 台机组全部发电，1990 年 5 月大江船闸投入运行，葛洲坝最终建成，总装机 271.5 万千瓦，年发电量 157 亿千瓦时，1 号、2 号船闸是世界上最大规模的船闸之一。

三峡工程是一项跨世纪大工程。1979 年三峡水库选坝会议明确了三斗坪方案。1980 年 7 月，邓小平视察长江，听取汇报后指出不要轻率否定三峡工程。1982 年 11 月，邓小平在听取准备兴建三峡工程的汇报时果断表态：看准

---

① 周成虎，刘毅，王传胜. 长江经济带重大战略问题研究［M］. 北京：科学出版社，2019.

了就下决心,不要动摇。1984 年和 1989 年长江流域规划办公室两次编制《长江三峡水利枢纽可行性研究报告》,其间组织开展了大量的研究论证工作。1992 年 3 月,全国人大七届五次会议通过了兴建三峡工程的决议。1994 年 10 月,江泽民考察三峡工地时指出,既然已经下定决心要上这个工程,就要万众一心,不怕困难,艰苦奋斗,务求必胜。同年 12 月,三峡工程正式动工兴建。1997 年 10 月和 2002 年 10 月,胡锦涛考察了三峡工程[①]。2003 年 6 月三峡工程开始蓄水发电。2008 年 10 月右岸电站机组全部投产发电。2010 年 10 月,三峡工程成功蓄水至 175 米。2012 年 7 月,地下电站 6 台机组全部投产发电,装机容量达 2240 万千瓦,三峡水电站成为全世界最大的水力发电站和清洁能源生产基地。此后,三峡工程发挥了防洪、发电和航运等方面的良好作用。

南水北调工程也是一项跨世纪的重大工程。自 20 世纪 50 年代以来,历经了长期的勘测、规划和研究过程,分别在长江下游、中游、上游规划了三个调水区,形成了南水北调工程东线、中线、西线三条调水线路。1979 年 12 月,水利部正式成立南水北调规划办公室,统筹领导协调全国的南水北调工作。2002 年 12 月,国务院批复《南水北调工程总体规划》。其中,东线工程从长江下游扬州江都水利枢纽抽引长江水,经京杭大运河等出东平湖后,一路向北输水到天津,另一路向东经济南输水到烟台、威海,2013 年 11 月一期工程正式通水。中线工程起点位于汉江中上游丹江口水库,受水区域为河南、河北、北京和天津,2012 年 9 月,中线工程丹江口库区移民搬迁全面完成。西线工程在长江上游通天河、支流雅砻江和大渡河上游筑坝建库,调长江水入黄河上游,目前尚处于规划阶段。

1978 年以来,长江的航运事业有了较快发展。根据普查,1985 年长江水系共有港站 1168 个,总吞吐量已达 5.5 亿吨 / 年,其中吞吐量在 100 万吨以

---

①《中国长江三峡工程历史文献汇编》编委会. 中国长江三峡工程历史文献汇编(1918—1949)[M].
　北京:中国三峡出版社,2010.

上的重点港口有63个[①]。长江的水运货运量在全国占有重要地位，呈现先升后降、趋于稳定态势。1979年长江经济带的水运货运量占全国水运货运量的比重为71.3%，1986年上升至最高点76.2%，1990年下降到68.2%，此后比重基本保持稳定，2012年为65.1%。比较而言，长江经济带的公路货运量占全国公路货运量的比重从1979年的28.6%上升到2012年的40.3%，上升了11.7个百分点；长江经济带的铁路货运量占全国铁路货运量的比重从1979年的25.8%下降到2012年的16.8%，下降了9.0个百分点。从三大运输方式在长江经济带货运量中的地位看，公路运输一直处于主导地位，所占比重从1979年的44.0%提高到1990年的79.1%，此后保持基本稳定，2012年为78.3%；水运方式为长江经济带第二大货运方式，但所占比重从1979年的24.7%下降到1990年的9.9%，1999年以来水运货运量所占比重开始回升，到2012年上升至17.8%。显然，随着三峡水库的逐步建成，长江水运条件得到明显改善。具体见图1-4-1。

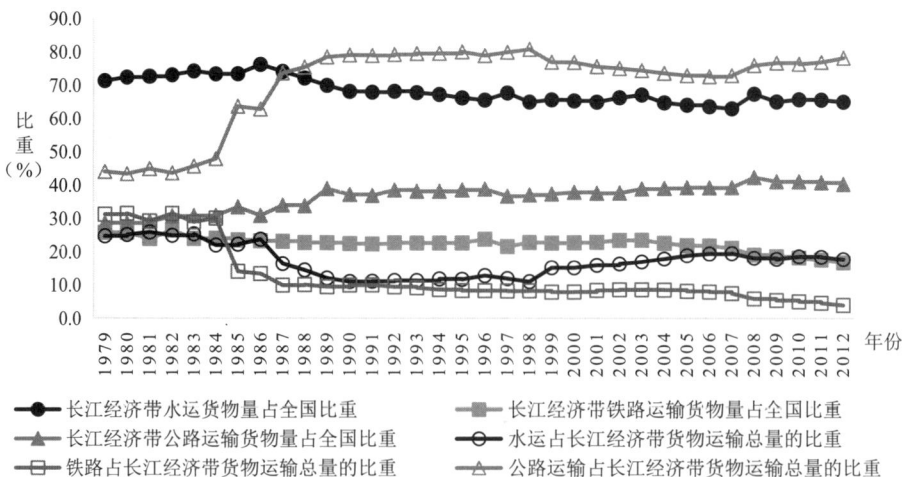

图1-4-1　1979—2012年长江经济带主要运输方式货运量占全国比重

数据来源：根据国家统计局数据库数据计算绘制。

---

① 孙尚清.长江开发开放［M］.北京：中国发展出版社，1996.

　　然而，随着重大水利工程的建设越来越多，长江流域产生了航运、水资源安全等新问题。在航运方面，长江航道受南京长江大桥净空限制，万吨级海轮只能到南京，制约航运的大运量潜能发挥。三峡工程以后，重庆港口吞吐量大增，对三峡水库船闸通过能力提出新挑战，2013 年三峡水库下行过闸船舶待闸率高达 80%，船舶平均在锚时间超过 40 小时，危险品船舶则更是超过 50 小时。在水资源安全方面，截至 2012 年，长江流域内已建成大中小水库 5.16 万座，累积总库容为 2996.57 亿立方米，如果包括蓄引提各项水利工程和农业生产、城乡生活用水，总量已超过 9600 亿立方米，已接近流域水资源总量。每年巨大的用水、蓄水、调水量，对维持河流正常的生态用水和航道用水产生巨大的不利影响，也不断加重水资源安全的危机态势[①]。

四、防洪抗洪、生态保护和环境治理

　　改革开放以来，国家在长江流域推进了一大批防洪抗洪工程设施和非工程设施。1979 年 7 月，国家农业委员会对长江流域规划办公室编制的《长江中游平原区防洪规划要点报告》组织讨论会，重点讨论了其中荆江防洪方案、主泓南移、"四水"洪道整治、维持洞庭湖自然水面等问题。1980 年 6 月，水利部召开长江中下游防洪座谈会，确定了长江干流堤防设计水位和重要的防洪工程措施。1984 年 3 月，国务院批准成立长江武汉河段河道整治工程技术委员会。1985 年 6 月，国务院批转水利电力部《关于黄河、长江、淮河、永定河防御特大洪水方案的报告》。1992 年 9 月，长江水利委员会编制完成《长江中下游蓄洪防洪工程规划》并上报水利部。1995 年 5 月，国务院批转了《关于加强长江近期防洪建设的若干意见》。2008 年 7 月，国务院批复了《长江流域防洪规划》。但是长江中下游的湖泊由于围垦和淤积不断萎缩，生态服务功能总体呈下降趋势。鄱阳湖和洞庭湖因围垦造成湖泊面积分别从 2005 年的 3583 平方千米、2740 平方千米下降到 2012 年的 2933 平方千米和

---

① 周成虎，刘毅，王传胜. 长江经济带重大战略问题研究［M］. 北京：科学出版社，2019.

2432 平方千米（表 1-4-2）。长期以来，湖泊湿地和江洲河滩的大规模垦殖，极大地削弱了其调蓄长江洪水的功能，减少了长江水系泥沙的沉淤空间，引发江湖洪水位的不断升高，加剧长江干流变迁和洪灾威胁[①]。太湖最高洪水位 1954 年为 4.65 米，1991 年为 4.79 米，1999 年抬高至 5.07 米。鄱阳湖最高洪水位 1950 年为 18.51 米，1970 年为 18.93 米，1990 年跃升至 20.10 米。1998 年洞庭湖口城陵矶站最高洪水位分别比 1954 年、1996 年高出 1.39 米和 0.63 米，为历史最高纪录，给湖南、湖北和江西三省造成直接经济损失 1089.81 亿元。

表 1-4-2　2005—2012 年长江中下游主要湖泊的面积和高程变化

湖泊	面积（平方千米）			湖面高程（米）		
	2005 年	2012 年	2005—2012 年平均每年变化	2005 年	2012 年	2005—2012 年平均每年变化
鄱阳湖	3583	2933	−92.9	21	21	0
洞庭湖	2740	2432	−44.0	33.5	33	−0.0294
太湖	2425	2425	0.0	3.1	3.1	0
洪泽湖	1960	1576.9	−54.7	12.3	12.3	0

数据来源：根据《中华人民共和国年鉴》（2006、2013）计算整理。

改革开放以来，长江流域加快推进生态工程、自然保护区建设和生态经济区建设，取得一定成效。在长江上游，国家实施了退耕还林工程、天然林保护工程、长江上游水土保持重点防治工程、长江防护林工程，使长江上游生态恶化趋势基本得到遏制。2001 年以来，长江上游植被盖度呈上升趋势。2005—2012 年，长江经济带国家级和省级自然保护区数量从 944 个增加到 1076 个；自然保护区面积从 1956.0 万公顷减少到 1851.3 万公顷，占全国自然保护区面积的比重从 13.06% 下降到 12.36%。在此期间，云南自然保护区数

---

① 姜加虎，黄群，孙占东.长江流域湖泊湿地生态环境状况分析［J］.生态环境，2006（2）：424-429.

量减少 39 个、自然保护区面积减少 137.1 万公顷，而江西和湖南分别增加了 35.8 万公顷、22.4 万公顷（表 1-4-3）。2009 年 12 月，国务院正式批复《鄱阳湖生态经济区规划》，范围包括南昌、景德镇、鹰潭 3 个市以及九江、新余、抚州、宜春、上饶、吉安市部分县（市、区），辖区面积 5.12 万平方千米，开启了探索生态与经济协调发展的新路子[①]。

表 1-4-3 2005—2012 年长江经济带自然保护区状况

	自然保护区数（个）		自然保护区面积（万公顷）		自然保护区占辖区面积比重（%）
	2005 年	2012 年	2005 年	2012 年	2012 年
上海	4	4	9.4	9.4	5.2
江苏	40	30	80.9	56.7	4.1
浙江	52	32	26.4	19.7	1.5
安徽	31	104	40.8	52.4	3.8
江西	128	200	90.2	126.0	7.6
湖北	62	65	102.9	95.5	5.1
湖南	91	129	106.1	128.5	6.1
重庆	49	57	88.8	85.0	10.3
四川	161	167	899.4	897.4	18.5
贵州	128	129	88.6	95.2	5.4
云南	198	159	422.5	285.4	7.5
长江经济带	944	1076	1956.0	1851.3	
全国	2349	2669	14994.9	14978.7	14.9
长江经济带占全国比重（%）	40.19	40.31	13.04	12.36	

数据来源：根据《中国环境统计年鉴》（2006、2013）和《中国统计年鉴》（2013）计算整理。

[①] 吴传清，黄磊，万庆，等.黄金水道——长江经济带［M］.重庆：重庆大学出版社，2018.

改革开放以来，国家尽管加强了对长江流域的环境治理工作，取得一定成效，但随着工业化和城镇化的快速推进，局部地区依然存在不同程度的水体污染、大气污染。从水体环境看，长江流域水质总体良好，稳中有进，但部分支流和城市污染严重。2012年长江160个国控断面中，Ⅰ—Ⅲ类、Ⅳ—Ⅴ类和劣Ⅴ类水质断面比例分别为86.2%、9.4%和4.4%，Ⅰ—Ⅲ类水质断面比例高于全国七大水系平均水平17.3个百分点，比2001年提高9.5个百分点。2012年长江干流的水质为优，支流水质为良好，其中干流Ⅰ—Ⅲ类水质断面比例高于支流15.4个百分点（表1-4-4）。长江主要支流中，螳螂川、乌江、涢水、府河和釜溪河为重度污染，外秦淮河和黄浦江为中度污染，普渡河、岷江、沱江、滁河、白河、唐河和唐白河为轻度污染。2012年国家重点治理的滇池为中度富营养化，太湖和巢湖为轻度富营养化。但城市层面，全国水资源污染最严重的城市几乎都集中在长江干流沿岸地区，包括上海、南京、南通、武汉、黄石、重庆、成都等城市[①]。从大气环境看，自20世纪90年代中期开始，长江下游的上海、江苏等地掀起了一股兴建化工园区的热潮，并随着时间推移蔓延至整个长江沿岸，长江中上游的污染物排放量增加更为明显，大气污染较严重[②]。2012年，全国酸雨分布区域主要集中在长江沿线及以南，主要包括浙江、江西、湖南、重庆的大部分地区，其中，长江中下游、成渝地区是我国酸雨分布最集中、降水酸度最低的地区。

表1-4-4 2001—2012年长江水系的水质状况及比较

	2001年水质断面占比（%）			2012年水质断面占比（%）		
	Ⅰ—Ⅲ类	Ⅳ—Ⅴ类	劣Ⅴ类	Ⅰ—Ⅲ类	Ⅳ—Ⅴ类	劣Ⅴ类
七大水系	29.5	26.5	44.0	68.9	20.9	10.2
长江水系	76.7	17.0	6.3	86.2	9.4	4.4
长江干流	97.6	2.4	0	97.6	2.4	0
长江支流	68.0			82.2	11.9	5.9

数据来源：根据《2001年中国环境状况公报》《2012年中国环境状况公报》计算整理。

---

①②周成虎，刘毅，王传胜.长江经济带重大战略问题研究［M］.北京：科学出版社，2019.

第二章

新时代党中央推动长江经济带发展的战略构想

习近平总书记站在历史和全局的高度，从中华民族长远利益出发，系统谋划了长江经济带发展的全局性、根本性、战略性重大举措，必须深入学习贯彻习近平总书记重要论述，完整准确全面理解中央推动长江经济带发展的重要考虑和总体要求。

第一节 关于长江经济带的重要论述

推动长江经济带发展是以习近平同志为核心的党中央作出的重大决策，是关系国家发展全局的重大战略。2013 年 7 月，习近平总书记在武汉调研时指出，"长江流域要加强合作，发挥内河航运作用，把全流域打造成黄金水道"。2014 年 12 月，习近平总书记作出重要批示，强调长江通道是我国国土空间开发最重要的东西轴线，在区域发展总体格局中具有重要战略地位，建设长江经济带要坚持"一盘棋"思想，理顺体制机制，加强统筹协调，更好发挥长江黄金水道作用，为全国统筹发展提供新的支撑。2016 年 1 月，习近平总书记在重庆召开推动长江经济带发展座谈会并发表重要讲话，全面深刻阐述了长江经济带发展战略的重大意义、推进思路和重点任务，强调推动长江经济带发展必须走生态优先、绿色发展之路，涉及长江的一切经济活动都要以不破坏生态环境为前提，共抓大保护、不搞大开发，共同努力把长江经济带建成生态更优美、交通更顺畅、经济更协调、市场更统一、机制更科学的黄金经济带。2018年和2020年，习近平总书记又在长江中游、下游沿线考察调研，主持召开座谈会，为长江经济带发展掌舵领航、把脉定向，立下规矩、划定红线，成为新时代深入推动长江经济带高质量发展的理论指导和根本遵循。

一、生态优先、绿色发展的战略定位和共抓大保护、不搞大开发的战略导向

2016年1月，习近平总书记在重庆调研期间召开推动长江经济带发展座谈会，强调长江是中华民族的母亲河，也是中华民族发展的重要支撑，推动长江经济带发展必须从中华民族长远利益考虑，走生态优先、绿色发展之路，使绿水青山产生巨大生态效益、经济效益、社会效益，使母亲河永葆生机活力。

习近平总书记高度肯定长江的战略地位，明确推动长江经济带发展是国家一项重大区域发展战略。习近平总书记强调，"长江、黄河都是中华民族的发源地，都是中华民族的摇篮"。长江流域以水为纽带，连接上下游、左右岸、干支流，形成经济社会大系统，今天仍然是连接丝绸之路经济带和21世纪海上丝绸之路的重要纽带。长江经济带是我国经济重心所在、活力所在，推动长江经济带发展是国家一项重大区域发展战略，必须尊重自然规律、经济规律、社会规律，坚持生态优先、绿色发展的战略定位。

习近平总书记高度重视长江拥有独特的生态系统及生态保护的重要性，明确要求共抓大保护，不搞大开发。习近平总书记强调，"长江拥有独特的生态系统，是我国重要的生态宝库"，要求当前和今后相当长一个时期，要把修复长江生态环境摆在压倒性位置，把实施重大生态修复工程作为推动长江经济带发展项目的优先选项，增强水源涵养、水土保持等生态功能。在生态环

境容量上过紧日子的前提下，依托长江水道，自觉推动绿色循环低碳发展，真正使黄金水道产生黄金效益。

习近平总书记高度重视长江经济带作为流域经济的整体性，要求推动长江经济带发展必须全面把握、统筹谋划。习近平强调，长江经济带发展涉及水、路、港、岸、产、城和生物、湿地、环境等多个方面，要增强系统思维，促进长江经济带实现上中下游协同发展、东中西部互动合作，把长江经济带建设成为我国生态文明建设的先行示范带、创新驱动带、协调发展带。要优化长江经济带城市群布局，坚持大中小结合、东中西联动，依托长三角、长江中游、成渝这三大城市群带动长江经济带发展。长江经济带发展规划纲要的基本原则见表2-1-1。

表2-1-1　长江经济带发展规划纲要的基本原则

基本原则	主要内容
江湖和谐、生态文明	建立健全最严格的生态环境保护和水资源管理制度，强化长江全流域生态修复，尊重自然规律及河流演变规律，协调处理好江河湖泊、上中下游、干流支流等关系，保护和改善流域生态服务功能。在保护生态的条件下推进发展，实现经济发展与资源环境相适应，走出一条绿色低碳循环发展的道路
改革引领、创新驱动	坚持制度创新、科技创新，推动重点领域和关键环节改革先行先试。健全技术创新市场导向机制，增强市场主体创新能力，促进创新资源综合集成。建设统一开放、竞争有序的现代市场体系，不搞"政策洼地"，不搞"拉郎配"
通道支撑、协同发展	充分发挥各地区比较优势，以沿江综合立体交通走廊为支撑，推动各类要素跨区域有序自由流动和优化配置。建立区域联动合作机制，促进产业分工协作和有序转移，防止低水平重复建设。陆海统筹、双向开放。深化向东开放，加快向西开放，统筹沿海内陆开放，扩大沿边开放。更好推动"引进来"和"走出去"相结合，更好利用国际国内两个市场、两种资源，构建开放型经济新体制，形成全方位开放新格局
统筹规划、整体联动	着眼长远发展，做好顶层设计，加强规划引导，既要有"快思维"、也要有"慢思维"，既要做加法、也要做减法，统筹推进各地区各领域改革和发展。统筹好、引导好、发挥好沿江各地积极性，形成统分结合、整体联动的工作机制

二、正确把握"五个关系"

2018 年 4 月，习近平总书记在武汉主持召开深入推动长江经济带发展座谈会并发表重要讲话，强调新形势下推动长江经济带发展，关键是要正确把握整体推进和重点突破、生态环境保护和经济发展、总体谋划和久久为功、破除旧动能和培育新动能、自身发展和协同发展等"五个关系"，加强改革创新、战略统筹、规划引导，使长江经济带成为引领我国经济高质量发展的生力军。

第一，正确把握整体推进和重点突破的关系，全面做好长江生态环境保护修复工作。习近平总书记强调，推动长江经济带发展，前提是坚持生态优先，把修复长江生态环境摆在压倒性位置，逐步解决长江生态环境透支问题，从生态系统整体性和长江流域系统性着眼，统筹山水林田湖草等生态要素，实施好生态修复和环境保护工程。要坚持整体推进，增强各项措施的关联性和耦合性，防止畸重畸轻、单兵突进、顾此失彼，坚持重点突破，在整体推进的基础上抓主要矛盾和矛盾的主要方面，采取有针对性的具体措施，努力做到全局和局部相配套、治本和治标相结合、渐进和突破相衔接，实现整体推进和重点突破相统一。

第二，正确把握生态环境保护和经济发展的关系，探索协同推进生态优先和绿色发展新路子。习近平总书记强调，推动长江经济带探索生态优先、绿色发展的新路子，关键是要处理好绿水青山和金山银山的关系。生态环境保护和经济发展不是矛盾对立的关系，而是辩证统一的关系，不能把生态环境保护和经济发展割裂开来，更不能对立起来，要坚决摒弃以牺牲环境为代价换取一时经济发展的做法，解决思想认识问题。发展经济不能对资源和生态环境竭泽而渔，生态环境保护也不是舍弃经济发展而缘木求鱼，要坚持在发展中保护、在保护中发展，实现经济社会发展与人口、资源、环境相协调，使绿水青山产生巨大生态效益、经济效益、社会效益。共抓大保护和生态优先讲的是生态环境保护问题，是前提；不搞大开发和绿色发展讲的是经济发展问题，是结果；共抓大保护、不搞大开发侧重当前和策略方法；生态优先、绿色发展强调未来和方向路径，彼此是辩证统一的。

第三，正确把握总体谋划和久久为功的关系，坚定不移将一张蓝图干到底。习近平总书记强调，推动长江经济带发展涉及经济社会发展各领域，是一个系统工程，不可能毕其功于一役。要做好顶层设计，要有"功成不必在我"的境界和"功成必定有我"的担当，一张蓝图干到底，以钉钉子精神，脚踏实地抓成效，积小胜为大胜。要对实现既定目标制定明确的时间表、路线图，稳扎稳打，分步推进。

第四，正确把握破除旧动能和培育新动能的关系，推动长江经济带建设现代化经济体系。习近平总书记要求，推动长江经济带高质量发展要以壮士断腕、刮骨疗伤的决心，积极稳妥腾退化解旧动能，破除无效供给，彻底摒弃以投资和要素投入为主导的老路，为新动能发展创造条件、留出空间，进而致力于培育发展先进产能，增加有效供给，加快形成新的产业集群，实现腾笼换鸟、凤凰涅槃。既要紧盯经济发展新阶段、科技发展新前沿，毫不动摇把培育发展新动能作为打造竞争新优势的重要抓手，又要坚定不移把破除旧动能作为增添发展新动能、厚植整体实力的重要内容，下大气力抓好落后产能淘汰关停，采取提高环保标准、加大执法力度等多种手段倒逼产业转型升级和高质量发展，着力实施创新驱动发展战略，积极打造新的经济增长极。

第五，正确把握自身发展和协同发展的关系，努力将长江经济带打造成为有机融合的高效经济体。长江经济带作为流域经济，涉及水、路、港、岸、产、城等多个方面，要运用系统论的方法，正确把握自身发展和协同发展的关系。长江经济带的各个地区、每个城市都应该也必须有推动自身发展的意愿，这无可厚非，但在各自发展过程中一定要从整体出发，树立"一盘棋"思想，把自身发展放到协同发展的大局之中，实现错位发展、协调发展、有机融合，形成整体合力。

三、长江经济带"五新三主"新战略使命

2020年11月，习近平总书记在江苏省南京市主持召开全面推动长江经济带发展座谈会并发表重要讲话，肯定五年来，沿江省市推进生态环境整治，促进经济社会发展全面绿色转型，力度之大、规模之广、影响之深，前所未有，长江经济带生态环境保护发生了转折性变化，经济社会发展取得历史性成就。习近平总书记要求长江经济带在践行新发展理念、构建新发展格局、推动高质量发展中发挥重要作用，推动长江经济带高质量发展，谱写生态优先绿色发展新篇章，打造区域协调发展新样板，构筑高水平对外开放新高地，塑造创新驱动发展新优势，绘就山水人城和谐相融新画卷，使长江经济带成为我国生态优先绿色发展主战场、畅通国内国际双循环主动脉、引领经济高质量发展主力军。

第二节　中央提出推动长江经济带发展的时代背景

一、直面突出问题，加强长江生态环境保护修复的紧迫要求

长江对于中华民族有着特殊的意义，是中华民族的摇篮，是中华民族的母亲河，更是中华民族永续发展的重要支撑。长江水系庞大，水资源总量约占全国的35%，不仅哺育沿江4亿人民，还通过南水北调惠泽华北广大地区。长江流域山水林田湖草浑然一体，具有强大的涵养水源、繁育生物、释氧固碳、净化环境功能，是我国重要的生态安全屏障，更是子孙后代生生不息、永续发展的重要支撑。千百年来，长江以水为纽带，连接上下游、左右岸、干支流，形成了经济社会大系统，滋养着中华儿女生生不息。然而，过去很长一段时间，长江"病"了，而且"病"得还不轻，洞庭湖、鄱阳湖频频干旱见底、部分水系严重断流、河湖生态功能退化、生物完整性指数到了最差

的"无鱼"等级；岸线、港口乱占滥用问题突出；部分区域土壤污染、水土流失、土地沙化、石漠化较为严重。同时，水污染形势严峻，重要湖库仍处于富营养化状态，30%的环境风险企业位于饮用水水源地周边5千米范围内、污染产业向中上游转移，跨区域违法倾倒危险废物呈多发态势。长江流域生态环境保护和经济发展的矛盾日益严重，发展的可持续性面临严峻挑战，再按照老路走下去必然是"山穷水尽"。习近平总书记对长江经济带发展多次明确指出，推动长江经济带发展，要从中华民族长远利益考虑，牢固树立和贯彻新发展理念，把修复长江生态环境摆在压倒性位置，在保护的前提下发展，实现经济发展与资源环境相适应，确保一江清水绵延后世、惠泽人民。长江经济带发展的基本思路就是生态优先、绿色发展，共抓大保护、不搞大开发，不是鼓励新一轮的大干快上。这是长江经济带战略区别于其他战略的最重要的要求，是制定规划的出发点和立足点。

二、树立"一盘棋"思想，解决沿江工业、港口岸线无序发展的必要举措

　　长江经济带是我国重要的生态安全屏障，也是沿江地区重要的水源地。但长期以来，长江沿岸重化工业高密度布局，是我国重化工产业的集聚区，"化工围江"问题突出，长江经济带分布有化工企业超过1.4万家，主要集中在一百多家省级以上化工园区和上千家市级园区中，化工园区遍布全流域，沿线化工产量和排放量约为全国的四成，长江干线港口危化品吞吐量已达1.7亿吨，生产和运输的危化品种类超过250种，特别是磷化工污染问题，从磷矿开采到磷化工企业加工直至化工废弃物生成，整个产业链条都成为长江污染隐忧。但由于地方政府担心整治力度过大影响财政收入，进而影响民生投入等，一直对化工企业监管有畏难情绪，造成长江支流及干流总磷污染日益严重。此外，长江岸线资源开发利用不合理，岸线资源利用粗放，港口布局零乱，码头布点分散，各地小码头建设泛滥，造成岸线资源的极大浪费。岸线资源无偿使用，导致岸线多占少用，长线短用，甚至一些不需要

岸线的厂矿企业也占用了长江岸线，造成宝贵的岸线资源布局和利用不合理。2018 年 4 月，习近平总书记在宜昌调研时强调，"要下决心把长江沿岸有污染的企业都搬出去，企业搬迁要做到人清、设备清、垃圾清、土地清，彻底根除长江污染隐患"。2016、2019 年长江经济带化工行业营业收入占全国比重见表 2-2-1。

表 2-2-1　长江经济带化工行业营业收入占全国比重（%）

	2016 年	2019 年
石油加工，炼焦、核燃料加工	22.8	20.2
化学原料及化学制品	49.6	50.6
医药制造	45.3	52.6
化学纤维制造	74.1	72.8
橡胶制品业	39.7	47.9
非金属矿物制品	40.7	50.0
黑色金属冶炼、压延及加工	38.1	35.4
有色金属冶炼、压延及加工	44.8	44.8
金属制品业	44.3	49.3
纺织业	48.0	57.1

数据来源：中国工业统计年鉴。

三、贯彻新发展理念，探索生态保护与经济发展相得益彰的有效路径

党的十八大以后，我国经济进入新常态，从高速增长阶段转向高质量发展阶段，生态环境与经济关系状况发生了全局性和根本性变化，以"五位一体"总体布局、"四个全面"战略布局和绿色发展理念为标志，我国对环境与经济规律的认识及其相互融合发展战略安排与实践发生了系统性飞跃。在

生态文明建设方面，污染治理力度之大、制度出台频度之密、监管执法尺度之严前所未有，生态环境保护发生了历史性、转折性、全局性变化。然而过去一个时期，沿江省市曾过度追求经济快速增长，忽视了环境容量有限性和生态承载脆弱性，导致生态环境严重透支。个别地方"共抓大保护、不搞大开发"的思想自觉和行动自觉还未形成，对长江大保护的重要性认识不够、重视不够，对长江生态环境保护的严峻形势认识不清，还存在以破坏牺牲生态环境为代价谋取经济利益的现象，少数地方惯性地想着继续铺摊子上项目、延续传统的粗放型增长方式，以牺牲环境来换取经济增长，甚至想方设法突破生态保护红线，特别是一些企业环保意识淡薄，只看重经济利益而忽视应尽的社会责任、环保责任，甚至为了经济利益不惜铤而走险，违法违规超标排污。习近平总书记强调，"保护生态环境和发展经济从根本上讲是有机统一、相辅相成的"。"共抓大保护、不搞大开发"，不是只讲环境、不求发展。恰恰相反，治理和保护长江，不仅要强调发展、重视发展，而且要走出一条生态优先、绿色发展的新路子。发展经济不能对资源和生态环境"竭泽而渔"，生态环境保护也不是舍弃经济发展而"缘木求鱼"，只有把握好生态环境保护和经济发展之间辩证统一的关系，充分认识"绿水青山就是金山银山"的深刻内涵，才能实现经济社会发展与人口、资源、环境相协调，激发出长江流域所蕴含的巨大生态效益、经济效益和社会效益。

四、挖掘巨大内需潜力，打造中国经济新支撑带的全局考量

长江经济带横跨我国东中西三大区域，是我国国土空间开发最重要的东西轴线，具有独特优势和巨大发展潜力。改革开放以来，长江经济带已发展成为我国综合实力最强、战略支撑作用最大的区域之一。目前我国经济最大难题之一就是区域发展不平衡，最大的潜力在于挖掘内需，近年来，沿江省市是我国经济发展最快的地区之一，上游的贵州、云南、四川、重庆，中游的江西、湖北、湖南，下游的安徽等省市，经济增速在全国名列前茅，后发优势不断释放，中上游地区腹地广阔，地区间基础设施通达性

提高，基本公共服务均等化，承接产业转移平台功能不断完善，产业不断加快梯度有序转移，中上游地区对长江经济带经济增长的贡献率明显提升，流域上下游发展差距逐步缩小，长江经济带区域协调发展的整体水平不断提升。依托黄金水道推动长江经济带发展，打造中国经济新支撑带，有利于促进经济增长空间从沿海向沿江内陆拓展，形成上中下游优势互补、协作互动格局，缩小东中西部地区发展差距；有利于挖掘中上游广阔腹地蕴含的巨大内需潜力，为中国经济提质增效升级、增添强大发展后劲。具体见图 2-2-1。

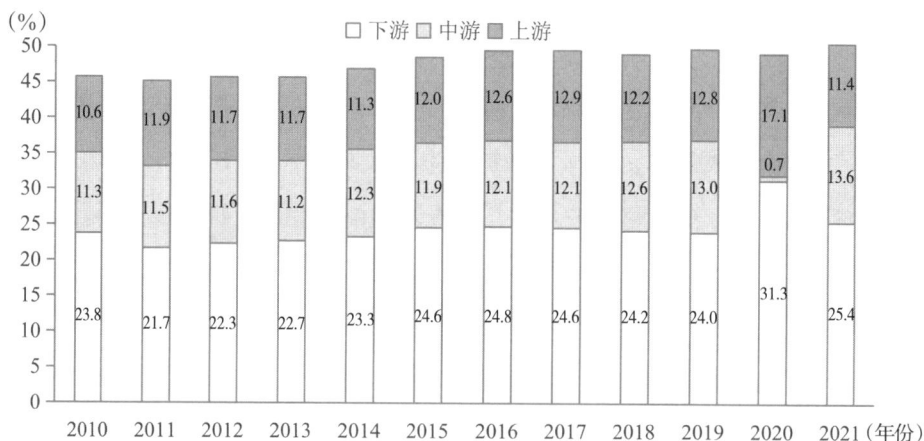

图 2-2-1　长江经济带上中下游对全国经济增长的贡献率

数据来源：国家统计局。

第三节　推动长江经济带发展的重大战略意义

一、畅通大国经济循环，构建内外互促新发展格局的战略性

大国经济的优势就是内部可循环，大江大河流域则是畅通大国经济循环的主动脉、拓展经济纵深的主骨架、促进对外开放的主通道。长江流域矿产

资源丰富，储量占全国比重50%以上的约有30种，其中钒、钛、汞、磷等矿产储量占全国的80%以上。长江流域是我国重要的粮食生产基地，耕地面积为4.62亿亩，粮食产量1.63亿吨，占全国粮食产量的32.5%。长江是世界上运量最大、通航最繁忙的内河航道，是海上丝绸之路与陆上丝绸之路的重要联结，在推动沿海与内陆地区空间优势互补、要素双向流动、市场深度融合、开放协同联动等方面具有不可替代的独特优势。推动长江经济带发展，有利于依托长江黄金水道，完善综合立体交通网络，优化提升海铁联运和江海联运功能，加强各种交通运输方式协调发展和有效衔接，提升智能化、绿色化、一体化发展水平，提高支撑畅通国内国际双循环的通道能力，推动长江经济带与共建"一带一路"的融合。有利于统筹沿海沿江沿边和内陆开放，增强长三角对中上游开放的带动作用，支持建设长江经济带上的"一带一路"战略支点，打造一批服务国内国际的战略链接点，构筑高水平对外开放新高地。

专栏 2-1　长江经济带发展目标

到2020年，生态环境明显改善，水资源得到有效保护和合理利用，河湖、湿地生态功能基本恢复，水质优良（达到或优于Ⅲ类）比例达到75%以上，森林覆盖率达到43%，生态环境保护体制机制进一步完善；长江黄金水道瓶颈制约有效疏畅、功能显著提升，基本建成衔接高效、安全便捷、绿色低碳的综合立体交通走廊；创新驱动取得重大进展，研究与试验发展经费投入强度达到2.5%以上，战略性新兴产业形成规模，培育形成一批世界级的企业和产业集群，参与国际竞争的能力显著增强；基本形成陆海统筹、双向开放，与"一带一路"建设深度融合的全方位对外开放新格局；发展的统筹度和整体性、协调性、可持续性进一步增强，基本建立以城市群为主体形态的城镇化战略格局，城镇化率达到60%以上，人民生活水平显著提升，现行标准下农村贫困人口实现脱贫；重点领域和关键环节改革取得重要进展，协调统一、运行高效的长江流域管理体制全面建立，统一开放的现代市场体系基本建立；经济发展质量和效益大幅提升，基本形成引领全国经济社会发展的战略支撑带。到2030年，水环境和水生态质量全面改善，生态系统功能显著增强，水脉畅通、功能完备的长江全流域黄金水道全面建成，创新型现代产业体系全面建立，上中下游一体化发展格局全面形成，生态环境更加美好、经济发展更具活力、人民生活更加殷实，在全国经济社会发展中发挥更加重要的示范引领和战略支撑作用。

二、面向共同富裕目标，破解流域发展不平衡不充分矛盾的必要性

　　大国内部差异大是普遍性规律，长江经济带横跨我国东中西部地区，发展不平衡不充分是基本特征。"十三五"时期，长江经济带和全国一道，取得了脱贫攻坚的伟大胜利，3000多万贫困人口全面脱贫，安徽、江西、湖北、湖南、重庆、四川、贵州、云南8省市共完成约600万建档立卡贫困人口的易地扶贫搬迁任务，约占全国60%，区域性整体贫困全面消除，为全国脱贫攻坚做出了重要贡献，全面建成小康社会取得伟大历史成果。从小康社会走向共同富裕，目标更高、要求更高，决不能允许贫富差距越来越大、穷者愈穷富者愈富，决不能在长江经济带内部出现一道不可逾越的鸿沟。必须要看到，长江经济带上中下游之间、大中小城市之间、城乡之间的发展差距还比较大（图2-3-1、图2-3-2）。如在重点区域方面，欠发达地区、革命老区、边境地区、生态退化地区、资源型地区、老工业城市等特殊类型地区振兴发展基础薄弱，赣南等原中央苏区和大别山、湘赣边、湘鄂渝黔、左右江等革命老区和云南等边境发展相对滞后。在重点人群方面，农业转移人口市民化不充分，进城落户农民权益还需要得到更好的依法保障，低收入人口就近就业，云南、贵州等易地扶贫搬迁群众的后续帮扶还需要加强。在先富帮后富机制方面，长三角对长江经济带的辐射带动作用有待增强，东西部协作和定点帮扶有待深化，三峡库区、丹江口库区等对口支援合作需要持续开展，省际交界地区合作还不充分，以城市群、都市圈为依托促进大中小城市和小城镇协调联动、特色化发展，推动上中下游地区有机融合的格局有待形成。推动长江经济带发展，深入践行以人民为中心的发展思想，有利于自觉主动缩小城乡差距、地区差距、不同群体收入差距，推动社会全面进步和人的全面发展，促进社会公平正义，形成以中等收入群体为主体的橄榄型社会结构，让发展成果更多更公平惠及全体人民，不断增强人民群众获得感、幸福感、安全感。

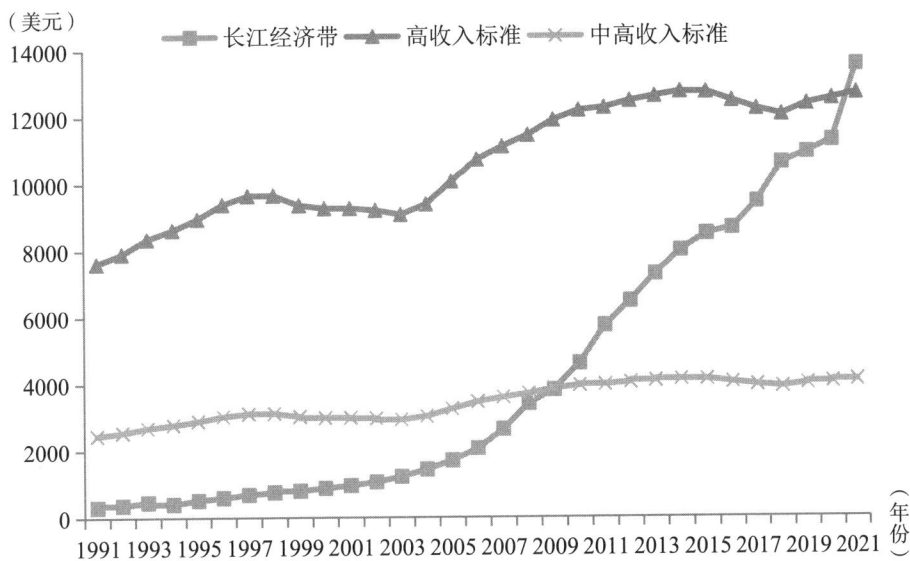

图 2-3-1　长江经济带人均地区生产总值

数据来源：国家统计局。

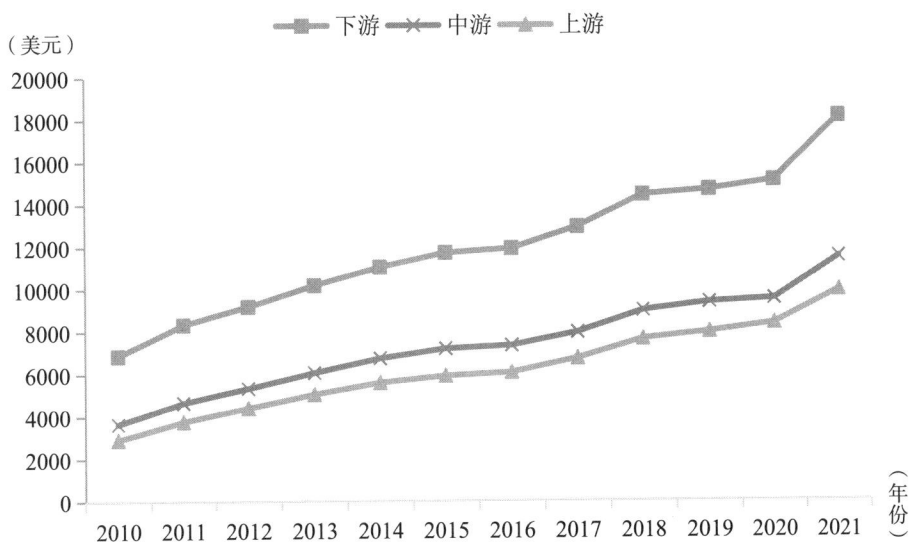

图 2-3-2　长江经济带上中下游人均地区生产总值

数据来源：国家统计局。

三、把握世界发展大势，引领绿色低碳发展的前瞻性

我国已经明确提出到 2030 年二氧化碳排放量达到峰值并实现稳中有降、到 2060 年碳中和目标顺利实现的宏伟目标。碳达峰、碳中和纳入经济社会发展全局以后，将推动能源绿色低碳发展和经济社会发展全面绿色转型，倒逼形成节约资源和保护环境的产业结构、生产方式、生活方式、空间格局。长江经济带是我国最具综合优势与发展潜力的产业带和经济带之一，近年来一手抓生态环境保护，一手抓经济高质量发展，通过质量变革、动力变革、效率变革，实现了生态环境保护和经济社会发展的双赢。长江流域是我国水能资源最为富集的地区，水力资源理论蕴藏量达 30.05 万兆瓦，技术可开发装机容量 28.1 万兆瓦，分别占全国的 40% 和 47%，流域各类水电站 2.4 万余座，是我国水电开发的主要基地。同时，流域内风能、太阳能、生物能、地热能等十分丰富，是我国新能源发展的重点地区。

第四节　长江经济带发展的重要地位

一、经济实力较强，是引领中国经济高质量发展的排头兵

长江全长 6300 千米，横贯我国东中西三大阶梯，是世界第三大河，长江流域涉及 19 个省、市、自治区，面积 180 万平方千米，占我国国土面积的 18.8%。长江经济带覆盖上海、江苏、浙江、安徽、江西、湖北、湖南、重庆、四川、云南、贵州等 11 个省市，横跨我国东中西三大板块，面积约 205 万平方千米，占全国的 21%，人口规模和经济总量占据全国"半壁江山"。从经济规模看，长江经济带在中国经济巨轮中具有"压舱石"作用，改革开放以来长江经济带的经济规模一直稳定在全国 40% 以上，且在 2000 年以后经济比重呈现不断上升趋势，2021 年，长江经济带 11 省市地区生产

总值达到 471580 亿元，占全国比重达到 47.7%，特别是工业增加值占比呈现持续上升态势。从发展速度看，长江经济带整体水平保持了稳定增长，且增速快于全国，对全国经济增长的贡献不断增强，2021 年达到 50%。从发展水平看，长江经济带人均地区生产总值在 2009 年达到世界银行中高收入经济体标准，2021 年达到 1.35 万美元，已经超过世界银行高收入经济体标准。从产业结构看，数字经济、电子信息、生物医药、航空航天等产业发展领跑全国，电子信息、装备制造等产业规模占全国比重均超过50%。长江经济带综合实力较强、发展潜力巨大，是具有全球影响力的内河经济带、东中西互动合作的协调发展带、沿海沿江沿边全面推进的对内对外开放带，事关国家安全、高效、可持续发展的全局，对构建沿海与中西部相互支撑、良性互动的新格局，促进产业有序转移衔接、优化升级和新型城镇集聚发展，形成强大发展新动力具有重大意义。具体见图 2-4-1、图 2-4-2。

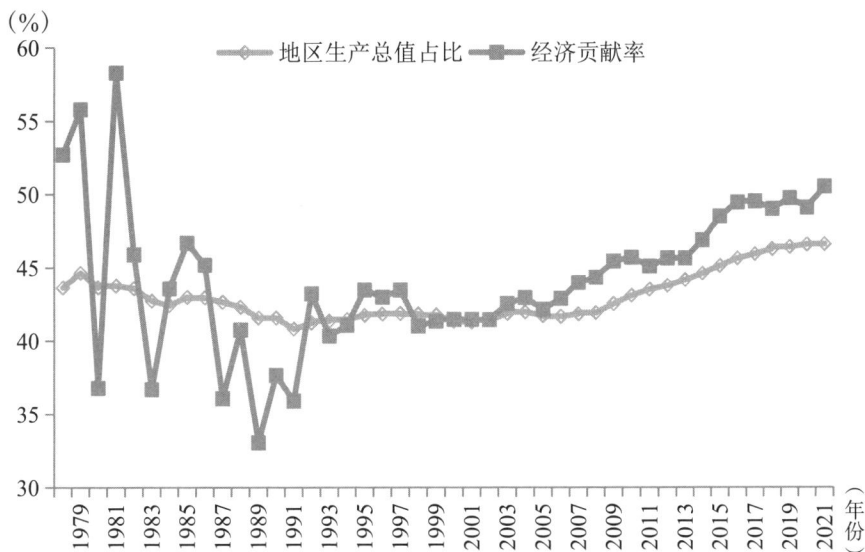

图 2-4-1　长江经济带对全国经济增长的贡献率

数据来源：国家统计局。

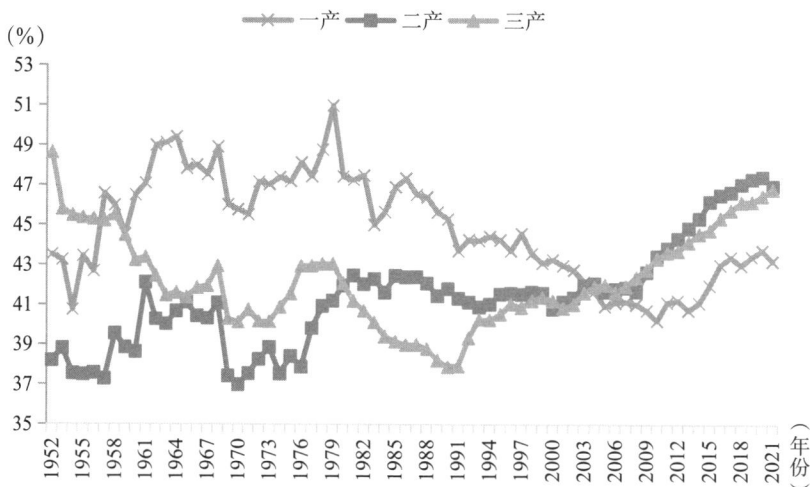

图 2-4-2　长江经济带三次产业增加值占全国比重

数据来源：国家统计局。

二、生态地位重要，是生态环境系统保护修复的创新示范带

水是生命之源，长江从唐古拉山脉发源，流经江汉平原、江南水乡，最后注入东海，地跨热带、亚热带和暖温带，地貌类型复杂，生态系统类型多，是我国重要的生态宝库和生物基因宝库，长江重点生态功能区是全国"三区四带"生态屏障的重要组成，直接关乎国家生态安全。从水资源看，长江是我国水量最丰富的河流，长江流域年均水资源总量 9960 亿立方米，约占全国水资源总量的 35%，居全国各大江河之首，为黄河的 20 倍。从生物多样性看，流域内动植物种类丰富，存在一些宝贵的珍稀水生生物，长江流域淡水鱼类占全国总数的 33%，珍稀濒危植物占全国总数的 39.7%，不仅有中华鲟、江豚、扬子鳄和大熊猫、金丝猴等珍稀动物，还有银杉、水杉、珙桐等珍稀植物，是我国珍稀濒危野生动植物集中分布区域，生物多样性居我国七大流域之首。从生态安全屏障看，流域森林覆盖率超过 40%，河湖、水库、湿地面积约占全国的 20%，分布有川西河谷森林生态系统、南方亚热带常绿阔叶林森林生态系统、长江中下游湿地生态系统等众多生态系统。推动长江经济带高质量发展，必须坚持共抓大保护、不搞大开发，统筹江河湖泊丰富多样的生态要素，构建江河关系和

谐、流域水质优良、生态流量充足、水土保持有效、生物种类多样的生态安全格局，使之成为实施生态环境系统保护修复的创新示范带。

三、创新要素密集，是培育新动能引领我国转型发展的创新驱动带

长江经济带科教资源富集，是我国创新驱动的重要策源地。从创新要素集聚程度看，长江经济带普通高等院校数量占全国的43%，长江沿线集聚了2个综合性国家科学中心、9个国家级自主创新示范区、90个国家级高新区、161个国家重点实验室、667个企业技术中心，占据了全国的"半壁江山"，拥有全国一半左右的两院院士和科技人员。从科技创新投入强度看，研发经费支出占全国的比重持续上升，从有统计的1998年的37.1%提高到2020年的47.9%，研发经费投入强度从0.52%提高到2.48%。从创新成果转化力度看，有效发明专利数占全国46.5%以上，涌现了高性能计算机、量子通信等一批具有国际影响力的重大创新成果，长江经济带对我国自主创新能力的提高起到了至关重要的作用，是培育新动能引领我国转型发展的创新驱动带。具体见图2-4-3、图2-4-4。

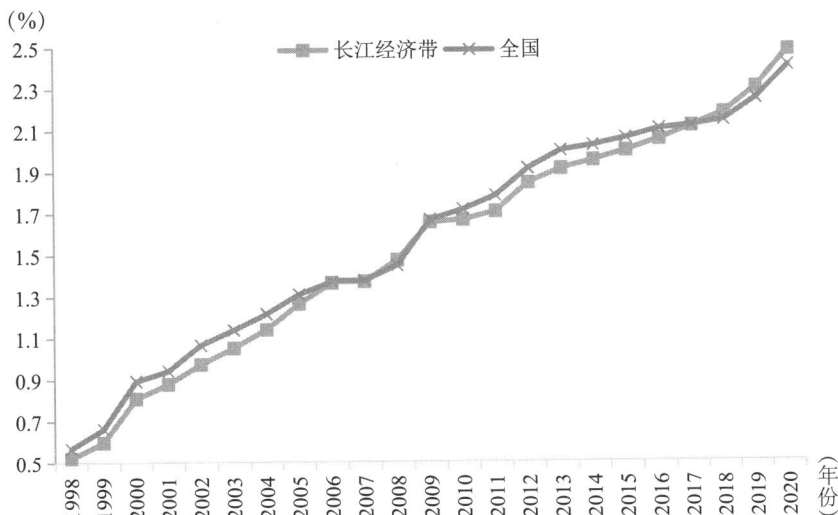

图2-4-3　长江经济带研发经费投入强度

数据来源：国家统计局。

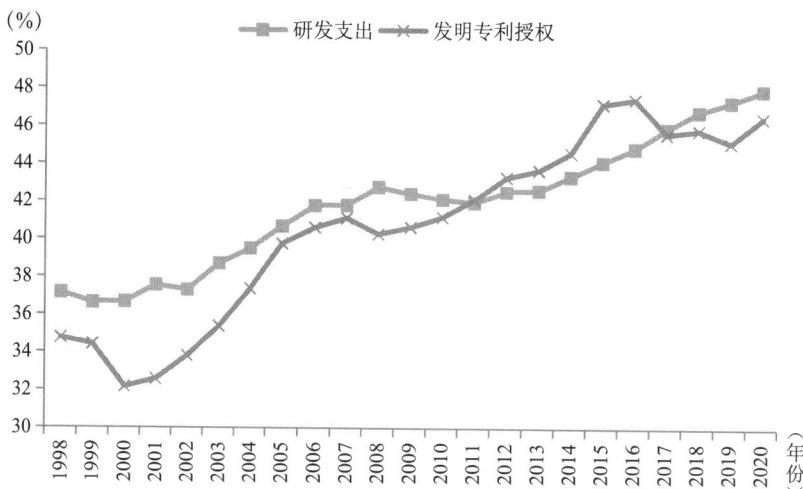

图 2-4-4 长江经济带研发支出、发明专利授权量占全国比重

数据来源：国家统计局。

四、文化底蕴深厚，是涵养社会主义核心价值观的重要源泉

万里长江孕育了长江文化，哺育了中华文明。长江造就了从巴山蜀水到江南水乡的千年文脉，是中华民族的代表性符号和中华文明的标志性象征。在长江上游发现的旧石器早期巫山人、长江下游出现的繁昌人字洞旧石器文化，可以追溯到 170 万年到 200 万年前。稻作、铸铜、冶铁、建造、陶器、漆器、瓷器、丝织、盐业等在长江流域勃兴，文学、艺术、科学、技术在长江流域繁荣兴盛，巴蜀、荆楚、吴越等文化形态在长江流域交汇交融。长江文化印证了中华文明的灿烂辉煌，承载了中华民族的共同记忆，熔铸了中华民族共有的精神家园。长江文化所展现的和合共生、创新创造、开放包容，正是中华民族生生不息的活力源泉。应从长江文化中汲取丰厚滋养，把长江文化作为坚定中华民族文化自信的重要根基，不断铸牢中华民族共同体意识。

第三章

长江经济带发展战略实施成效及问题

第一节　生态环境保护

在习近平总书记赋予长江经济带"生态优先，绿色发展""共抓大保护，不搞大开发"战略导向的指引下，长江流域加快推进长江生态环境保护修复，生态环境突出问题得到有效解决，生态环境保护修复更加注重系统性、完整性，长江经济带生态环境保护发生了转折性变化。

一、主要政策举措

为落实推动长江经济带战略，国家相关部委和沿江省市出台了一系列政策举措，共同推进长江大保护，长江经济带生态优先绿色发展的法制体系、制度体系、政策体系、合作机制等体制机制逐步建立，共抓大保护格局基本确立。

（一）出台第一部流域保护法律

《中华人民共和国长江保护法》（以下简称《长江保护法》）是我国第一部针对流域的法律，为加强长江流域生态环境保护和修复，促进资源合理高效利用，保障生态安全，实现人与自然和谐共生、中华民族永续发展提供了法律保障。《中华人民共和国长江保护法（草案）》2019 年 12 月首次提请十三届全国人大常委会第十五次会议审议，2020年10月十三届全国人大常委会第二十二次会议再次审议了该草案，2020年12月26日，十三届全国人大常委会第二十四次会议审议通过了《长江保护法》，并于2021年3月1日正式实施。

《长江保护法》包括总则、规划与管控、资源保护、水污染防治、生态环境修复、绿色发展、保障与监督、法律责任和附则9章，共96条。《长江保护法》将习近平总书记对推动长江经济带发展设立的"生态优先、绿色发展""共抓大保护、不搞大开发"等战略导向写入法律，将其作为立法方向和定位；从生态系统整体性和长江流域系统性出发，统筹山水林田湖草等生态要素，加强上下游、干支流、左右岸统筹协调，坚持系统保护、综合治理；建立以国家发展规划为统领，以空间规划为基础，以专项规划、区域规划为支撑的长江流域规划体系，坚持"一张蓝图绘到底"；通过国家层面建立长江流域协调机制，形成统分结合、整体联动的长江流域管理体制，打破条块分割、多头管理的局面，整合干支流、左右岸和上中下游治理能力；建立更完善严格的长江流域生态环境标准体系，健全流域内资源调查、环境监测、生态环境风险预警、环境应急体系和监测信息共享和统一发布制度，为流域系统治理、综合治理、协同治理提供支撑。

（二）推动建立生态环境突出问题整改常态化机制

2018年开始，在长江经济带发展领导小组的统筹协调下，逐步建立了"发现问题—解决问题—再发现问题—再解决问题"的常态化工作机制。每年由生态环境部与中央广播电视总台组成联合调查组，通过暗查暗访暗拍和明查核实，拍摄长江经济带生态环境警示片，披露长江流域生态环境保护存在的突出问题，由长江经济带发展领导小组办公室开展突出问题整改年中分析评估和下半年"回头看"工作，有力督促生态环境突出问题整改，沿江11省市不断提高思想认识，积极探索好的经验做法，通过强化部署、专项行动、健全机制、强化考评等扎实推进突出问题整改。

《2018年长江经济带生态环境警示片》共披露涉及污染排放、生态破坏、环境风险等方面的163个突出问题，截至2019年底，163个突出问题已完成整改 129 个。2019 年再次拍摄警示片，领导小组办公室将 2018 年警示片披露但尚未完成整改的 34 个问题与 2019 年警示片新披露的 152 个问题合并建立台账，明确整改方案、时限要求和责任主体，一体推进整改。2022 年 1 月 7 日，领导小组办公室召开第七次全体会议，组织观看 2021 年长江经济带生态环境警示片，移交生态环境突出问题清单。

（三）全流域建立负面清单制度

2019 年 1 月 12 日，推动长江经济带发展领导小组办公室印发了《关于发布长江经济带发展负面清单指南（试行）的通知》，包含岸线、河段、区域、产业 4 个方面共 10 条，适用于长江经济带 11 省市新增的固定资产投资项目（存量项目参照该指南逐步调整）。沿江 11 省市出台了本省市的负面清单实施细则，形成了"负面清单指南 + 沿江 11 省市实施细则"的负面清单体系，把最需要管住的岸线、河段、区域管住，把产能过剩、污染物排放量大、环境风险突出的产业管住，生态环境硬约束机制初步确立。2022 年 2 月，推动长江经济带发展领导小组办公室印发了《长江经济带发展负面清单指南（试行，2022 年版）》，并要求各省市于 2022 年 6 月底前出台实施细则。

专栏 3-1　长江经济带发展负面清单指南
（试行，2022 年版）

1. 禁止建设不符合全国和省级港口布局规划以及港口总体规划的码头项目，禁止建设不符合《长江干线过江通道布局规划》的过长江通道项目。

2. 禁止在自然保护区核心区、缓冲区的岸线和河段范围内投资建设旅游和生产经营项目。禁止在风景名胜区核心景区的岸线和河段范围内投资建设与风景名胜资源保护无关的项目。

3. 禁止在饮用水源一级保护区的岸线和河段范围内新建、改建、扩建与供水设施和保护水源无关的项目，以及网箱养殖、畜禽养殖、旅游等可能污染饮用水水体的投资建设项目。禁止在饮用水水源二级保护区的岸线和河段范围内新建、改建、扩建排放污染物的投资建设项目。

4. 禁止在水产种质资源保护区的岸线和河段范围内新建围湖造田、围海造地或围填海等投资建设项目。禁止在国家湿地公园的岸线和河段范围内挖沙、采矿，以及任何不符合主体功能定位的投资建设项目。

5. 禁止违法利用、占用长江流域河湖岸线。禁止在《长江岸线保护和开发利用总体规划》划定的岸线保护区和保留区内投资建设除事关公共安全及公众利益的防洪护岸、河道治理、供水、生态环境保护、航道整治、国家重要基础设施以外的项目。禁止在《全国重要江河湖泊水功能区划》划定的河段及湖泊保护区、保留区内投资建设不利于水资源及自然生态保护的项目。

6.禁止未经许可在长江干支流及湖泊新设、改设或扩大排污口。

7.禁止在"一江一口两湖七河"和332个水生生物保护区开展生产性捕捞。

8.禁止在长江干支流、重要湖泊岸线一千米范围内新建、扩建化工园区和化工项目。禁止在长江干流岸线三千米范围内和重要支流岸线一千米范围内新建、改建、扩建尾矿库、冶炼渣库和磷石膏库，以提升安全、生态环境保护水平为目的的改建除外。

9.禁止在合规园区外新建、扩建钢铁、石化、化工、焦化、建材、有色、制浆造纸等高污染项目。

10.禁止新建、扩建不符合国家石化、现代煤化工等产业布局规划的项目。

11.禁止新建、扩建法律法规和相关政策明令禁止的落后产能项目。禁止新建、扩建不符合国家产能置换要求的严重过剩产能行业项目。禁止新建、扩建不符合要求的高耗能高排放项目。

12.法律法规及相关政策文件有更加严格规定的从其规定。

（四）实施"4+1"污染治理重点工程

针对长江流域污染重点领域和突出问题，国家有关部门组织实施了城镇污水垃圾处理、化工污染治理、农业面源污染治理、船舶污染治理和尾矿库污染治理"4+1"工程。城镇污水垃圾处理方面，2019年至2020年底，地级及以上城市建成区共消除生活污水直排口8000余个，消除设施空白区400多平方千米，长江经济带城市集中式污水垃圾处理设施基本实现全覆盖，长江干流沿线城市、县城生活垃圾无害化处理率达到95%以上。化工污染治理方面，沿江省市开展工业园区污水处理设施专项整治行动，截至2020年底，长江经济带省级及以上工业园已全部建成污水集中处理设施。大力推动化工企业搬改关转，沿江化工企业累计搬改关转超过8000家。2019—2020年，生态环境部组织江苏、湖北、湖南、重庆、四川、贵州、云南等7省市开展了为期两年的"三磷"专项排查整治行动。农业面源污染治理方面，持续推进化肥农药减量增效行动，加快畜禽粪污资源化利用和规模化养殖场建设，畜禽粪污综合利用率从60%提高到75%。截至2020年底，农业面源污染综合治理示范县基本完成了县域种养业布局优化，农业源氮、磷流失量显著减少，农业面源污染加重趋势得到有效缓解，农业废弃物资源化利用水平明显提高，农业面源污染治理管护机制初步建立。船舶污治理方面，加快建设长江港口船舶垃圾和生活污水接收设施，截至 2020 年底，沿江 11 省市共建成船舶污染物接收设施 31323 个，并加强了与城市公共转运处置设施的有效衔接，基本实现船舶污染物港口接收或船舶移动接收全覆盖；改造升级了 1176 个码头自身环保设施，取缔或关停了 371 个不达标码头；推进港口码头岸电设备设施建设和船舶受电设备改造，2020 年累计使用港口岸电约 5000 万度，较 2019 年翻了一番。尾矿库污染治理方面，长江干流岸线三千米及主要支流岸线一千米停用超过三年的尾矿库基本完成闭库，印发了《加强长江经济带尾矿库污染防治实施方案》，深入推进长江经济带尾矿库治理情况回头看，巩固提升治理的成效，截至 2021 年底，沿江省市 2450 多座尾矿库排查出各类生态环境问题 2100 多个，正在有序推进治理。

（五）推动开展长江"十年禁渔"

为了挽救长江水生生物多样性，2021 年 1 月 1 日起，长江干流、大型通江湖泊和重要支流正式开始为期十年的全面禁捕。长江主要经济鱼类性成熟的时间是 3 至 4 年，"十年禁渔"措施将为多数鱼类争取 2 至 3 个世代繁衍，是对长江生态系统保护具有历史意义的重要举措。长江流域十年禁捕工作构建了中央统筹、部门协同、省负总责、市县抓落实的工作机制，建立部际协调机制，组建长江禁捕退捕跨部门工作专班；沿江省市都成立了书记或省（市）长任组长的领导小组；"一江两湖七河"227 个县成立了党委或政府主要负责人任组长的工作小组。切实做好退捕渔民安置保障，全面开展退捕渔船渔民信息建档立卡"回头看"，逐船逐户登记造册，建立退捕台账，逐船签订协议，研究出台了渔民就业帮扶、养老保险、资金保障等政策，帮助有意愿的退捕渔民实现转产就业，共计 11.1 万艘渔船、23.1 万渔民退捕上岸，实现了"人退鱼进"的历史性转折。

（六）建立流域生态环境联防联控机制

生态环境部与水利部印发《关于建立跨省流域上下游突发水污染实践联防联控机制的指导意见》，指导各地建立上下游联防联控机制，有效预防和应对跨省流域突发水污染事件，防范重大生态环境风险。生态环境部长江局与水利部长江委经共同商议，于 2020 年 12 月 24 日签署了《长江流域跨省河流突发水污染事件联防联控协作机制》。该协作机制就生态环境部长江局与水利部长江委双方开展长江流域跨省河流突发水污染事件中的联系协作、信息共享、研判预警、协同应对、深化合作等方面进行了明确，在突发水污染事件应急处置期间根据需要，共享必要的水质和水文监测资料、应急处置情况、应急水量调度情况等相关信息，为科学精准调度和拦污控污等应急工作做好准备。长江经济带沿江省市大力推进长江经济带联防联控机制建设，相关区域省级生态环境部门均与同级水利部门以及上下游相关省份建立了沟通渠道，各省市加紧推进联防联控协议签订工作。

（七）健全流域横向生态补偿机制

长江流域横向生态补偿机制走在全国前列，新安江、赤水河、酉水、滁河、渌水、濑溪河等支流流域先后建立横向生态补偿机制，云南、江苏等省份实现省内流域横向生态补偿全覆盖。2018 年，国家出台了相关支持文件，《中央财政促进长江经济带生态保护修复奖励政策实施方案》重点支持长江经济带沿江省市建立省际及省内横向生态补偿机制；《关于建立健全长江经济带生态补偿与保护长效机制的指导意见》明确提出在有条件的地区推动开展省（市）际间流域上下游生态补偿试点，推动上中下游协同发展、东中西部互动合作，中央对行政区域内建立生态补偿机制的省份，以及流域内邻近省（市）间建立生态补偿机制的省份，给予引导性奖励。2021 年，财政部、生态环境部、水利部、国家林业和草原局印发《支持长江全流域建立横向生态保护补偿机制的实施方案》，要求 2022 年长江干流初步建立流域横向生态保护补偿机制，2024 年主要一级支流初步建立流域横向生态保护补偿机制，2025 年长江全流域建立流域横向生态保护补偿机制。

专栏 3-2　长江经济带跨省横向生态补偿机制实践

安徽、浙江间新安江生态补偿：2015 年启动第二轮试点，将补偿额从每年皖浙两省一亿元提升至两亿元，同时考核标准也提高了 7%，监测项目从原来的 29 项增加到 109 项。

2018年启动第三轮试点，首次提出鼓励通过设立绿色基金、政府和社会资本合作（PPP）模式、融资贴息等方式，引导社会资本加大新安江流域综合治理和绿色产业投入。

云贵川三省间赤水河生态补偿：2018年开始，云南、贵州、四川三省按1∶5∶4的比例，共同出资2亿元设立赤水河流域水环境横向补偿资金，补偿资金在三省间分配比例为3∶4∶3。水质达到考核目标要求的地区，全额享受补偿资金；部分达到目标的地区，根据水质水量折算享受补偿资金的额度，适当扣减补偿资金；完全未达到目标的地区，全部扣减补偿资金。所扣减的资金原则上用于补偿签订协议的下游省份。

重庆、湖南间酉水生态补偿：以重庆市秀山县与湖南省湘西州花垣县交界处的里耶镇国考断面水质为依据，实施酉水流域横向生态保护补偿。根据国家确定的里耶断面水质评价结果，按月核算酉水流域横向生态保护补偿资金，达标由湖南补偿重庆，超标由重庆补偿湖南。协议有效期为2019年至2021年。

安徽、江苏间滁河生态补偿：2020年底前，安徽、江苏两省以滁州市域内的陈浅断面水质为依据，实施"谁超标谁补偿，谁达标谁收益"的双向补偿机制。若年度水质达到Ⅱ类或以上时，江苏补偿安徽4000万元；年度水质达到Ⅲ类时，江苏补偿安徽2000万元。反之，若年度水质为Ⅳ类时，安徽补偿江苏2000万元；年度水质为Ⅴ类及以下时，安徽补偿江苏3000万元。

四川、重庆长江干流和濑溪河流域生态补偿：2020年，四川省与重庆市签署《长江流域川渝横向生态保护补偿实施方案》。选取长江干流和濑溪河流域作为首轮试点河流。初步建立"1+1"（长江干流＋重要支流）的川渝跨省市流域横向生态保护补偿格局，实施年限暂定2021年至2023年。两省市每年共同出资3亿元设立川渝流域保护治理资金，其中，川渝长江干流保护治理资金2亿元，由川渝分别出资1亿元设立；川渝长江重要支流（濑溪河）保护治理资金1亿元，由川渝分别出资0.5亿元设立。

（八）建立"5+2"试点示范体系

近年来，推动长江经济带发展领导小组办公室先后支持上海崇明、湖北武汉、重庆广阳岛、江西九江、湖南岳阳和浙江丽水、江西抚州分别开展绿色发展示范和生态产品价值实现机制试点，形成"5+2"试点示范体系，在加强规划管控、生态保护修复、绿色产业发展、绿色生活方式和体制机制创新等方面初步探索出一些可复制推广的经验模式。

以规划为龙头，统筹生态、土地、空间等要素资源，做好绿色发展的顶层设计。上海崇明坚持"一张蓝图绘到底"，强化生态空间底线约束，严守1177.82平方千米生态空间，严控全区常住人口在70万人以内，新建建筑高度原则上不超过18米。以生态环境保护修复为前提，强化山水林田湖草系统治理，进一步夯实绿色发展基础。湖北武汉深入实施"四水共治"，以"三湖三河"为重点，强力整治污水直排和劣 V 类水体，大力实施东湖水环境综合治理，探索出"水岸同治、生态修复、自我净化"为主的东湖生态治水模式。以发展新技术、新业态为动力，加快构建绿色生态产业体系，不断提升生态经济发展能级。江西九江以传统产业优化升级试点为契机，深入开展沿江小化工企业清理整顿退出工作，以"5+1"千亿产业集群打造为重点，现已组织申报高新技术企业 304 家，全市高新技术企业总数达到 500 家以上。以培育生态文化为抓手，积极倡导绿色生活方式，加强绿色人文环境塑造。江西抚州探索实行"绿宝"碳普惠制，研究开发"绿宝"APP，建立完善电子碳币券计扣转换支付系统，有效打通低碳行为惠民惠商惠农、绿色生态共建共享共赢的循环链条。以体制机制创新为突破，强化制度建设，持续完善绿色发展示范制度体系，积极探索绿水青山转化为金山银山的实现路径。浙江丽水制定全国首个山区城市生态产品价值核算技术办法，开展了市县两级以及试点村镇生态系统生产总值（GEP）核算评估。建设生态信用体系，探索建立生态信用行为与金融信贷、行政审批、医疗保险、社会救助等挂钩的联动奖惩机制。

二、取得的成效

推动长江经济带战略实施以来，在一系列政策措施的推动下，水环境、水生态、水资源和岸线资源保护取得了长足进展，长江生态环境上了一个新的台阶，当前长江流域水质优于全国平均水平。

（一）生态环境突出问题整改进展明显

按照生态环境突出问题整改常态化机制要求，各省市均按要求建立突出问题台账，明确工作目标、整改措施、责任单位和时限要求，生态环境突出问题基本在时限要求内得到整改，并通过深入研究剖析一个问题全面认识把握一类问题，通过彻底解决一个问题带动整改一批问题。沿江非法码头和非法采砂整治取得积极进展。截至 2020 年 11 月底，长江干线 1361 座非法码头全部完成整改，其中拆除 1254 座，腾退出相应岸线并全部复绿，规范提升

107座。对长江主要支流非法码头进一步开展专项整治，将1184座非法码头纳入整治范围，截至2020年8月底，已取缔929座非法码头，腾退并修复岸线110多千米。长江干支流沿线风貌焕然一新，得到周边居民的广泛好评。

非法采砂行为受到严厉打击。实施涉砂船舶分类监管，建立完善运砂船基础资料数据库，实施"黑名单"和连带责任追究制度，高压严打涉砂船舶突出违法行为。建立水利部、公安部和交通运输部三部采砂管理合作机制，积极推进非法采砂入刑实践，配合公安部门加大非法采砂违法犯罪打击力度，开展联合检查和打击非法采砂专项行动。印发《水利部交通运输部关于长江河道采砂管理实行砂石采运管理单制度的通知》，落实砂石采运管理联单制度。

长江入河排污口专项整治成效显著。2019年，利用"三级排查"技术对长江入河排污口进行排查。其中，一级排查是组织无人机航测，获取覆盖长江全线的高空间分辨率（小于0.1米）图像数据，解译疑似入河排污口，共出动无人机2300余架次，覆盖46192平方千米区域；二级排查是采取"一竿子插到底"的方式，共组织全国生态环境系统执法人员6668人徒步现场核查；三级排查是组成专家小分队，综合运用无人船、管道机器人、潜望镜等现代技术手段，对重点敏感岸段进行查缺补漏式排查。经排查，共发现长江入河排污口60292个。2020年，泰州市、重庆市等试点地区率先完成了一批整治项目，形成了一定经验，下一步将适时向长江全流域推广。长江沿线饮用水水源地保护不断加强。2016年以来，持续开展集中式饮用水水源地环境保护专项行动。截至2019年年底，共完成1474个县级及以上集中式饮用水水源地3161个问题整治。2020年，为持续巩固整治成效，对县级及以上城市饮用水水源地保护区开展遥感监测，并将监测结果通过水源地执法APP推送给相关地方，进行现场核实。固体废弃物非法转移倾倒得到有效控制。2019年以来，充分利用卫星遥感监测技术，对长江经济带开展监测，经解译后共发现问题1944个。随后，由地方生态环境部门核实并组织整改。截至2020年11月，已全部完成整改。

（二）环境质量持续向好

在习近平总书记"生态优先、绿色发展""共抓大保护、不搞大开发"战略要求指引下，经过多年综合治理，长江经济带环境质量明显改善。长江流域水质有了大幅提升，近年来沿线考核断面布局不断丰富完善，长江流域国考断面数量由 2015 年的 160 个增加到 510 个。选取考核断面数量相近的 2020 年与 2016 年水质情况进行对比：2020 年，长江流域Ⅰ类水占比 8.2%，比 2016 年提高 5.5 个百分点；Ⅱ类水占比 67.8%，比 2016 年提高 14.3 个百分点；Ⅲ类水占比 20.6%，Ⅰ—Ⅲ类水总占比达到 96.6%，比 2016 年提高 14.3 个百分点；实现劣Ⅴ类清零，比 2016 年下降了 3.5 个百分点。2020 年长江流域干流和主要支流水质均为优，Ⅰ—Ⅲ类水占比高于全国水平（83.4%）13.2 个百分点。详见图 3-1-1。

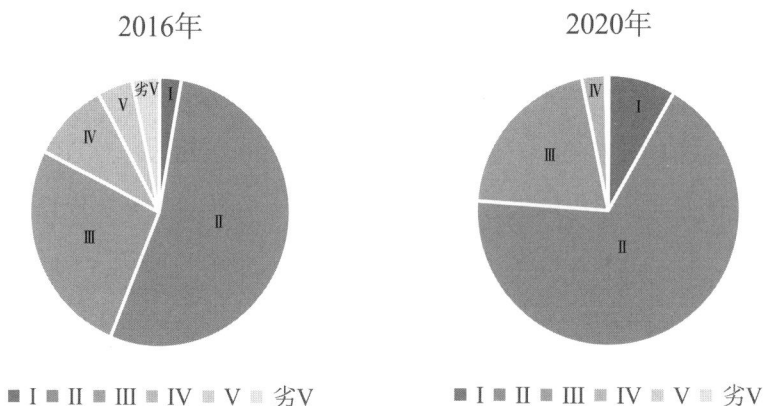

图 3-1-1　长江流域水质变化情况

数据来源：《中国生态环境状况公报》。

从空气质量情况来看，2020 年与 2017 年相比[①]，长江经济带主要城市年平均 PM2.5 浓度均有不同程度下降，上海、南京、杭州、南昌、重庆、贵阳、昆明年平均 PM2.5 浓度低于 35 微克／立方米。2020 年长三角地区 41 个

---

① 由于数据统计的原因，为方便比较，选取了 2020 年与 2017 年数据。

城市空气优良天数比例范围为 70.2%—99.7%，平均为 85.2%，比 2017 年上升 10.4 个百分点。平均超标天数比例为 14.8%，其中轻度污染为 12.3%，中度污染为 2.0%，中重度污染为 0.5%，重度及以上污染天数比例比 2017 年下降 0.5 个百分点。详见图 3-1-2。

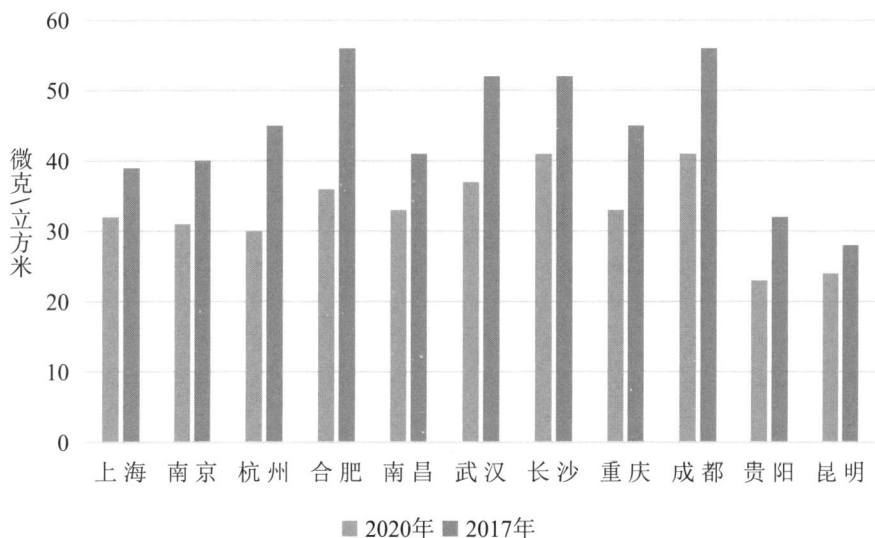

图 3-1-2　长江经济带主要城市年平均 PM2.5 浓度变化情况

数据来源：中国统计年鉴。

（三）山水林田湖草系统治理持续推进

2016—2019 年，沿江 11 省市共完成造林面积 1.85 亿亩，占全国造林总面积的 41.6%，其中，完成退化林修复 4619 万亩、占全国退化林修复总面积的 59.92%。根据 2014—2018 年开展的第九次全国森林资源清查数据，沿江 11 省市森林覆盖率达到 44.38%，森林面积 13.57 亿亩，占全国森林面积的 41%；森林蓄积量 62.89 亿立方米，占全国森林蓄积量的 36%。与第八次清查数据相比，上游云南、贵州、四川、重庆四省市森林覆盖率提升较大，分别增长了 5.01 个、6.68 个、2.81 个和 4.68 个百分点。预计到 2020 年，森林覆盖率可达到 45%，比 2014 年上升 3.7 个百分点，森林蓄积量超过 63 亿立方米，比 2014 年提高近 10 亿立方米。详见表 3-1-1。

表 3-1-1　长江经济带森林资源情况

	第八次全国森林资源清查（2009—2013）		第九次全国森林资源清查（2014—2018）	
	森林面积（万公顷）	森林蓄积量（万立方米）	森林面积（万公顷）	森林蓄积量（万立方米）
上海	6.81	186.35	8.9	449.59
江苏	162.1	6470	155.99	7044.48
浙江	601.36	21679.75	604.99	28114.67
安徽	380.42	18074.85	395.85	22186.55
江西	1001.81	40840.62	1021.02	50665.83
湖北	713.86	28652.97	736.27	36507.91
湖南	1011.94	33099.27	1052.58	40715.73
重庆	316.44	14651.76	354.97	20678.18
四川	1703.74	168000	1839.77	186099
贵州	653.35	30076.43	771.03	39182.9
云南	1914.19	169309.2	2106.16	197265.8
长江经济带占全国比重（%）	40.76	35.08	41.04	35.81

数据来源：中国统计年鉴。

长江流域湿地面积约 25 万平方千米，占全国湿地总面积的 20% 左右。近年来长江流域开展了湿地保护与恢复、退耕还湿、湿地生态效益补偿等工程项目，实施湿地保护与修复工程 20 个。工程项目的实施，加强了湿地保护设施设备建设和基层湿地保护管理机构能力建设，恢复了一批退化湿地，改善了湿地生态状况，维护了区域生态安全。2018 年至今，包括长江经济带在内的 56 处国际重要湿地生态状况监测不断加强，形成了各个国际重要湿地监测报告，发布了《中国国际重要湿地生态状况》白皮书。

（四）生物多样性保护取得实效

迁地和就地保护相结合开展长江江豚保护，积极推动长江江豚升级为国家一级保护动物，实施长江江豚就地、迁地保护，有序推进长江江豚人工繁育技术，先后建立湖北天鹅洲、何王庙、安徽安庆西江、铜陵 4 个长江江豚迁地保护群体，迁地群体总量超过 100 头，随着长江水生态不断变好，南京栖息的长江江豚数量已由不足 30 头上升至约 50 头，长江江苏段江豚约为 60-70 头。探索重建长江鲟野外种群，自 2018 年推进长江鲟增殖放流行动计划实施以来，成体和亲本放归已达 500 余尾，幼鱼放归已超过 20 万尾。开展鼋拯救性保护工作，开展资源调查，完善人工保种和繁育技术，现存人工保种群体超 800 只。有效实施增殖放流，每年在长江流域组织放流水生生物资源约 50 亿尾（粒），大力补充水生生物资源。通过增殖放流，长江口中华绒螯蟹蟹苗资源量恢复到 50 吨左右的规模，达到 20 世纪七八十年代时的最好状态。渔业资源调查结果显示，与 2020 年夏季相比，2021 年长江芜湖段夏季生物种类数增长 54.5%，渔获物数量同比增长 23.8%，长江芜湖段水生生物多样性有序恢复。

（五）岸线资源保护和可持续利用不断提升

2016 年，水利部、原国土资源部联合印发《长江岸线保护和开发利用总体规划》，将长江干流溪洛渡坝址至长江河口，岷江、嘉陵江、乌江、湘江、汉江、赣江等六条重要支流的中下游河道，以及洞庭湖入江水道、鄱阳湖湖区，6768 千米河道和 17394 千米岸线纳入保护和开发利用管控范围，其中，岸线保护区和岸线保留区长度合计占比达到 64.8%。重点对蓄滞洪区进退洪口门、河势敏感区、重要引调水工程口门、国家级自然保护区、国家级风景名胜区核心区、国家级水产种质资源保护区、重要水利枢纽及航电枢纽上下游范围进行了保护。三峡水库库区、丹江口水库、长江中下游干流、鄱阳湖区、洞庭湖区等重要区域建立了年度常态化执法检查机制，对检查、排查出的违法违建项目严格依法进行查处。涉河建设项目管理许可更加严格，加强涉河建设项目事中事后管理，定期公告流域管理机构审批的涉河建设项目，优化许可流程，提高行政许可服务质量和效率。长江流域的丹江口水库开展了水域、岸线等水生态空间确权试点工作，目前已取得预期成果。2016 年以来，长江委累计许可涉河建设项目 500 余项，其中包括 130 余项桥梁和穿江隧道项目以及 60 余项江滩环境整治项目。

据调查，长江干流岸线总长 7897.7 千米，开发利用岸线长 2901.8 千米，开发利用率 36.7%；7 条主要支流（金沙江、岷江、嘉陵江、乌江、汉江、湘江、赣江）岸线总长 11491.2 千米，开发利用岸线长 2191.5 千米，开发利用率 19.1%。长江干流自然岸线长度 4995.9 千米，占干流岸线总长的 63.3%。湖南省、安徽省自然岸线保有率较高，达 70% 以上。

三、存在的问题与困难

尽管近年来长江经济带生态环境保护修复取得了有目共睹的成效，但仍存在生态功能退化、江河湖库关系紧张、自然岸线保有不足、绿色低碳发展有待提高、保护治理缺乏系统性综合性等一系列突出的困难挑战和亟须解决的问题隐患。

（一）生态功能退化依然严重

尽管生态环境保护修复的一系列努力对长江流域生态系统产生了正向改善作用，但流域生态功能退化仍然是长江经济带生态优先绿色发展的一大短板。长江流域湿地由于城镇化快速发展、围湖造田侵占以及不合理开发利用行为，造成天然湿地面积的减少，大量污染物进入湿地造成污染，湿地退化且生态功能降低，湿地保护率低于全国平均水平。

长江经济带上游的云贵高原湖泊产生退化，鱼类由高原鱼类区系向长江中下游鱼类区系演变，土著物种显著减少；长江中游鄱阳湖和洞庭湖洲滩湿地植被分布呈面积扩大、植被带下移和明显旱化的演替特征，导致候鸟栖息地发生显著变化，河湖鱼类种类快速下降、数量减少，螺、蚌等大型软体底栖动物大幅减少，浮游动物中大型枝角类、桡足类种群和数量减少，水生高等植物分布范围大幅度缩减，群落组成趋于简单，沿湖岸大型挺水植物消失，大量湖泊由清水草型湖向浊水藻型湖转变。此外，10万多个闸坝分布在长江干支流，大幅改变了水文情势，阻碍了生态连通性，造成生物栖息地碎片化。长江生物完整性指数已经到了"无鱼"等级，中华鲟、胭脂鱼、"四大家鱼"（青鱼、草鱼、鲢鱼、鳙鱼）等鱼卵和鱼苗大幅减少，白鳍豚已功能性消失，江豚面临极危态势，野生扬子鳄处于极度濒危状态。

（二）江河湖库关系紧张

长江流域水系发达，湖库众多，是我国仅次于青藏高原湖泊分布最集中的区域，水面面积大于1平方千米的湖泊有805个，面积大于1平方千米的湖泊数量和面积均占全国的25%，各种类型水库超过五万座，约占全国水库总数的一半，同时长江经济带也是近百年来我国湖泊数量和面积变化最显著的区域，长江中下游地区消失的面积1平方千米以上湖泊数量占全国44.4%；五大淡水湖面积均显著减少，洞庭湖、鄱阳湖和太湖面积分别减少了1725、2267和172平方千米，直接引起湖泊调蓄能力大幅下降。

大型水库群建设改变长江流域水沙时空分布情势，长江对通江湖泊顶托作用呈趋势性减弱，江湖阻隔加剧湖泊萎缩，湖泊调蓄能力大幅下降，导致水旱灾害交替的被动局面。历史上，这些湖泊大多与长江或其他河流自然连通，发挥着正常的洪水调蓄、水质净化、淡水供给和生物多样性维持等生态系统服务功能。随着水利工程建设和围垦活动的加剧，大多数湖泊失去了与江河的天然水力联系，江（河）湖关系渐呈不和谐状态。洞庭湖和鄱阳湖现存两大通江湖泊水文情势发生深刻变化，湖泊枯水提前、枯水期延长、枯季超低水位频现，不仅严重影响湖区工农业生产和城乡居民生活用水，而且还危及湖泊与洲滩湿地生态平衡和引发候鸟栖息地生境退化。

（三）自然岸线保有存在不足

总体来看长江岸线存在自然岸线保有率分布不均、自然交互岸线保有率不足、岸线生态敏感型强等问题。首先，从整体上看长江上游到下游各省市的自然岸线保有率梯次下降，中下游自然岸线保有率较低，自然岸线分布存在差异。其次，自然交互岸线主要是指洲滩湿地和自然山体，其水陆交互作用保留自然状态，是重要的生物栖息地、繁育场和污染消减带，是自然岸线中最重要的生态组成部分，也是岸线保护的关键所在，虽然长江生态岸线保有率达到63.3%，与《长江经济带生态环境保护规划》中提出的2020年长江经济带干支流自然岸线大于64.6%的目标相差不大，但根据中科院的调查研究，长江干流自然交互岸线总长3471千米，保有率仅为44%，统计学意义的自然岸线与生态学意义上的自然岸线（自然交互岸线）保有率存在20个百分点的差距，特别是下游部分地区自然交互岸线保有率极不乐观，给长江岸线资源的保护和长江生态修复带来极大挑战。最后，长江干流岸线生态敏感性高，长江干流生态敏感岸段长度达3943.2千米，占长江干流岸线总长的一半，作为长江水生动物、水产种质资源、重要湿地、蓄滞洪区等保护地涉及的自然交互岸线，韧性较差，容易受到不同程度的占用和干扰。

（四）绿色低碳发展水平有待提高

长江经济带沿线省市每年排入长江的废水超过400亿吨，相当于每年一条黄河水量的污水被排入长江，其中六价铬、砷、总铬、镉、汞、铅等污染物的排放量占到全国总排放量的六成以上。长江经济带134个地级及以上城市"十三五"重点产业发展方向包含石油化工产业的多达83个，占比超过60%。产业结构过重，重化工业的规模存量仍然很大，对生态环境的压力仍然较为突出。采矿业等资源型产业是长江中上游地区的重要产业，尤其是云贵川等地，对采矿业依赖程度较高。化学农药原药、化学纤维、硫酸、布、水泥等工业产品的产量，长江经济带占据全国至少一半以上（表3-1-2）。

表3-1-2　长江经济带工业产品产量占全国比重

工业产品	长江经济带产量占全国比重（%）
化学农药原药	78.73
化学纤维	78.36

工业产品	长江经济带产量占全国比重（%）
硫酸	63.35
布	58.56
水泥	52.03
原盐	49.67
农用氮、磷、钾化肥	44.51
平板玻璃	38.28
纯碱	35.21
初级形态塑料	34.36
钢材	32.16
钢	31.99

数据来源：中国统计年鉴、长江经济带各省市统计年鉴。

（五）保护治理缺乏系统性综合性

保护治理模式仍存在"头痛医头、脚痛医脚"的被动式，"划区而治、只谋一域"的分割式等问题，没有主动从长江流域的完整性和生态的整体性出发进行系统布局。流域管理条块分割，部门间、省市间尚未形成协调联动长效机制。长江经济带还未形成强有力的高层次全流域统筹协调机制，条块分割、沟通不畅、合作不深等问题凸显，沿江省市在水资源开发利用和生态补偿等方面矛盾依然突出。山水林田湖草综合治理尚未破题，当前长江经济带全流域山水林田湖草的生态环境底数尚不明晰，对各类生态隐患和环境风险梳理掌握得还不够全面，暂时还无法从源头上提出生态保护与环境修复的全流域整体预案和行动方案。

第二节　产业创新

一、主要政策举措

从科技创新中心建设、沿江化工搬迁、制造业集群、农业现代化、旅游业发展、产业转移等多个方面出台支持政策，促进产业创新发展（表3-2-1、表3-2-2）。

表3-2-1　《长江经济带发展规划纲要》和《"十四五"长江经济带发展
　　　　　实施方案》的产业重点任务

规划	内容
《长江经济带发展规划纲要》	增强自主创新能力。一是打造创新示范高地，二是强化创新基础平台，三是集聚人才优势，四是强化企业技术创新能力，五是营造良好创新创业生态。 推进产业转型升级。一是推动传统产业整合升级，二是打造产业集群，三是加快推进农业现代化，四是积极发展服务业，五是大力发展现代文化产业。 打造核心竞争优势。一是培育和壮大战略性新兴产业，二是推进新一代信息基础设施建设，三是促进信息化与产业融合发展。 引导产业有序转移。一是突出产业转移重点，二是建设承接产业转移平台，三是创新产业转移方式
《"十四五"长江经济带发展实施方案》	推动经济绿色低碳发展。调整优化能源结构，推动重点行业绿色转型，严格能耗双控制度，坚决遏制"两高"项目盲目发展，选择跨流域、跨行政区域和省域范围内具备条件的地区开展试点，推动破解生态产品价值实现瓶颈问题，谱写生态优先绿色发展新篇章。发挥自主创新的核心驱动作用，推动人工智能、量子信息等前沿技术加快突破，全面推动制造业优化升级，推进产业基础高级化和产业链现代化，塑造创新驱动发展新优势

表 3-2-2 《长江三角洲区域一体化发展规划纲要》产业重点任务

定位	方向	目标要求
全国先进制造业集聚区	围绕十大领域建设一批国家级战略性新兴产业基地，形成若干世界级制造业集群	电子信息、生物医药、航空航天、高端装备、新材料、节能环保、汽车、绿色化工、纺织服装、智能家电
	聚焦十大重点领域，培育一批具有国际竞争力的龙头企业	集成电路、新型显示、物联网、大数据、人工智能、新能源汽车、生命健康、大飞机、智能制造、前沿新材料
	面向八大领域，加快培育布局一批未来产业	量子信息、类脑芯片、第三代半导体、下一代人工智能、靶向药物、免疫细胞治疗、干细胞治疗、基因检测
合理发展高端服务经济	围绕九大服务业，联合打造一批高水平服务业集聚区和创新平台	现代金融、现代物流、科技服务、软件和信息服务、电子商务、文化创意、体育服务、人力资源服务、智慧健康养老
	大力推动服务业跨界发展	研发设计、供应链服务、检验检测、全球维修、总集成总承包、市场营销、制造数字化服务、工业互联网、绿色节能等领域
	探索跨区域合作新模式	旅游、养老等领域

（一）支持上海科创中心建设和上海、合肥等综合型国家科学中心建设

2020 年 11 月，科技部会同国家发展改革委、工业和信息化部、人民银行等部门印发实施《长三角 G60 科创走廊建设方案》，目的是共同打造跨区域合作平台，明确提出加强安徽合肥综合性国家科学中心建设，支持布局建设国家技术创新中心、国家产业创新中心、国家制造业创新中心等国家级科技创新基地，推进 G60 脑智科创基地、作物种质创新与保藏基地建设，加快提升原始创新能力。2020 年 12 月，科技部印发《长三角科技创新共同体建设发展

规划》，从协同提升自主创新能力、构建开放融合的创新生态环境、聚力打造高质量发展先行区、共同推进开放创新等方面提出具体措施，特别提到以上海张江、安徽合肥综合性国家科学中心为依托，加快构建世界一流的重大科技基础设施集群和区域重大科技基础设施网络，统筹推进国家实验室、重大科技基础设施和科技创新基地建设。

（二）推动沿江重化工业转型升级

为推进长江经济带化工污染企业整治工作，国家发展改革委先后出台《关于加强长江经济带沿江化工产业污染防治的指导意见》《关于严控化工污染向长江中上游转移的通知》和《关于开展长江经济带化工污染整治专项行动工作方案》，严格管理沿江化工产业布局。沿江省市认真贯彻落实《国务院办公厅关于推进城镇人口密集区危险化学品生产企业搬迁改造的指导意见》，统筹推进沿江危化企业搬迁改造，督促相关企业提升本质安全和清洁生产水平，消除安全和环境风险。2020年6月，工业和信息化部发布《焦化行业规范条件》，明确规定申请规范公告的焦化生产企业应符合长江经济带发展有关政策要求。为加快推动沿江化工企业搬改关工作，工业和信息化部牵头督促指导沿江省市摸底排查，建立沿江搬改关化工企业台账，逐月调度进度情况，并要求沿江省市制定"一企一策"搬改关方案，明确时间表和路线图。为加快推进工业固体废物综合利用，工业和信息化部开展固体废物大排查行动，印发《工业和信息化部办公厅关于做好长江经济带固体废物大排查行动的通知》，形成《长江经济带固体废物综合利用量和危险化学品生产企业搬迁排查行动督查报告》，此外，还发布《工业固体废物资源综合利用评价管理暂行办法》《国家工业固体废物资源综合利用产品目录》。

（三）推进国家战略性新兴产业集群和先进制造业集群发展

《长江经济带发展规划纲要》《加强长江经济带工业绿色发展的指导意见》等指导性文件，强调了打造长江经济带世界级产业集群的重要性。2016年3月，国家发展改革委、科技部、工业和信息化部联合印发《长江经济带创新驱动产业转型升级方案》，提出瞄准未来产业竞争制高点，加快发展高端装备制造、新一代信息技术、节能环保、现代生物、新材料、新能源、新能源汽车等战略性新兴产业，到2020年，长江经济带战略性新兴产业占地区生产总值比重将由2014年的7%提高到17%。2019年7月，国家发展改革委联合工业和信息化部印发实施《关于优化长江经济带新兴产业布局的指导意见》，支持新一代信息技术、高端装备制造、新材料、生物、新能源汽车、新能源、节能环保、数字创意等战略性新兴产业协调发展。

（四）推动现代农业和特色农业发展

长江经济带是我国重要的农产品生产基地，实现长江经济带农业现代化发展是国家重大需求。2018年9月，农业农村部印发《关于支持长江经济带农业农村绿色发展的实施意见》，从优化农业农村发展布局、推动种植业提质增效、推动畜禽养殖业转型升级、推动农村一二三产业融合发展等方面部署了协同推进长江经济带农业农村绿色发展与乡村振兴的重点任务。2018年10月，国家发展改革委会同农业农村部等部门印发《关于加快推进长江经济带农业面源污染治理的指导意见》，要求把转变农业发展方式作为根本途径，优化种养业布局和结构，大力发展绿色、生态、循环农业。

（五）促进旅游业发展

2019年2月，中共中央办公厅、国务院办公厅印发《大运河文化保护传承利用规划纲要》，涉及长江经济带的安徽、江苏、浙江。2021年8月，国家文化公园建设工作领导小组印发《大运河国家文化公园建设保护规划》，着力将大运河国家文化公园建设成为新时代宣传中国形象、展示中华文明、彰显文化自信的亮丽名片。2022年1月，为保护好长江文物和文化遗产，大力传承弘扬长江文化，推动优秀传统文化创造性转化、创新性发展，国家文化公园建设工作领导小组印发通知，部署启动长江国家文化公园建设。2022年5月，国家发展改革委、文化和旅游部联合印发《杭黄世界级自然生态和文化旅游廊道建设方案》，提出立足杭州、黄山两市优质自然生态和文化旅游资源集聚优势，打造长三角自然保护修复示范带、全国绿色发展样板区、世界知名旅游目的地。

（六）促进产业有序转移

2017 年出台的《长江经济带产业转移指南》提出产业转移协作应以打造电子信息、高端装备、汽车、家电、纺织服装等世界级制造业集群为目标，并明确各省市承接五大产业集群转移的主要载体与优先承接方向。2017 年 6 月，工业和信息化部联合国家发展改革委等五部门印发《关于加强长江经济带工业绿色发展的指导意见》，提出优化工业布局，引导跨区域产业转移，重点打造长江三角洲、长江中游、成渝、黔中和滇中等五大城市群产业发展圈，大力培育电子信息产业、高端装备产业、汽车产业、家电产业和纺织服装产业等五大世界级产业集群，同时也严禁国家明令淘汰的落后生产能力和不符合国家产业政策的项目向长江中上游转移，推动沿江城市建成区内现有钢铁、有色金属、造纸、印染、电镀、化学原料药制造、化工等污染较重的企业有序搬迁改造或依法关闭，对造纸、焦化、氮肥、有色金属、印染、化学原料药制造、制革、农药、电镀等产业的跨区域转移进行严格监督。2019 年出台的《长江经济带发展负面清单指南（试行）》则进一步细化了长江经济带产业转移协作的生态环境与国土空间开发保护硬约束。

二、取得的成效

近年来，长江经济带沿江省市积极实施创新驱动发展战略，加大创新研发投入，积极搭建创新平台，不断提升自主创新能力，科技创新对长江经济带发展的引领支撑作用持续增强。

（一）自主创新能力持续增强

长三角、成渝等创新示范高地基本形成。长三角地区创新示范作用显著，成为引领长江经济带科技创新的主引擎，加快打造成为引领长江高质量发展的创新示范高地。作为长江经济带发展的龙头，上海充分发挥其科教资源优势，加快建设具有全球影响力的科技创新中心，在优化体制机制、吸引创新要素集聚等方面实施了一批重大改革和建设，初步取得一批突破性成果，辐射带动能力不断增强，上海张江、安徽合肥综合性国家科学中心"两心同创"，开展科技协同攻关，有效促进了长三角地区科技创新联动发展。成渝共建具有全国影响力的科技创新中心。长江经济带多省市加快全面创新改革试验，上海、湖北、重庆、四川等省市走在前列，国家自主创新示范区、国家级科技创新平台（中心）、综合性国家科学中心、创新型省份加快建设。

国家重点实验室等科技创新平台不断完善。沿江11省市积极推进建设产学研用紧密结合的新型制造业创新平台，重点加强国家重点实验室和国家研究中心建设，有效促进了科技成果转移扩散和首次商业化。科技部支持长江经济带国家重点实验室建设，支持上海牵头共建长三角国家技术创新中心，积极推进上海、武汉、长沙、重庆、成都、绵阳、宁波、南昌、贵阳等开展促进科技和金融结合试点工作，加快建设创新创业载体。浙江（宁波）、上海闵行、江苏苏南、四川成德绵等积极创建国家科技成果转移转化示范区。部分省市在科技方面加强合作，共促经济发展，如，鄂赣湘三省科技部门签署《长江中游城市群科技合作框架协议》，每年举行一次科技联席会议。同时为不断激发中小企业创新创造活力，加快推进中小企业科技创新，工业和信息化部等部门持续开展国家中小企业公共服务示范平台和国家小型微型企业创业创新示范基地的建设培育等工作。

创新人才加速集聚。长江经济带是我国人力资源最集中、人才交流最频繁、人力资源服务业规模最大的区域之一，占全国国家级人力资源服务产业园总数的近一半，为促进人力资源服务业集聚发展提供了有效平台。上海园区、宁波园区、杭州园区、苏州园区、合肥园区联合组建长三角人力资源服务协同创新网络，实现资源要素共享、企业创新推广、产业融合对接、建设发展研究等六大功能。目前，多层次人才加速集聚长江经济带沿江省市，杭州、成都、重庆、长沙等沿江城市成为人才流入热土。

科技创新支撑经济社会高质量发展能力不断增强。长江经济带以新发展理念引导经济发展由要素驱动向创新驱动转变，以质的提升激发发展潜能。沿江省市不断增强自主创新能力，通过发挥国家自主创新示范区、国家高新区的辐射带动作用，创新区域产业合作模式，不断提升区域创新发展能力，打造了多个创新示范高地、创新基础平台，对于提升企业创新能力发挥了重要作用。沿江省市积极开展省级制造业创新中心建设，引导和支持企业充分运用互联网、大数据、人工智能等新技术进行升级改造，积极开展管理信息化和数字化升级试点应用，有效推动新一代信息技术、高端装备制造业、新材料、生物医药等新兴产业发展，形成了一批有影响力的信息技术、新业态、新模式，为推动长江经济带高质量发展注入了新的动力。2015—2020 年，长江经济带研究与试验发展经费投入强度从 2% 提高到 2.48%（图 3-2-1）。

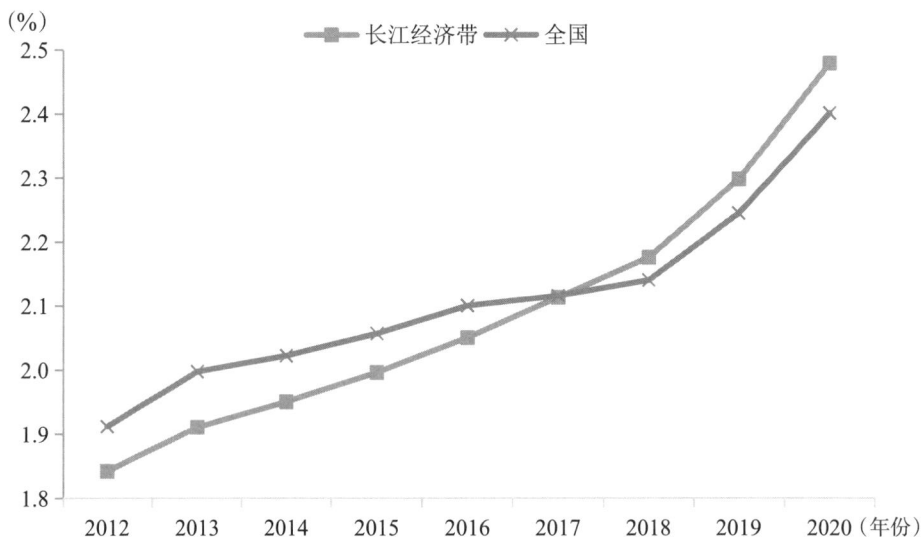

图 3-2-1 长江经济带研究与试验发展经费投入强度

数据来源：国家统计局。

（二）传统产业转型升级成效明显

近年来，长江经济带沿江省市加快新旧动能转化的步伐，推动传统产业高端化、绿色化发展，三次产业结构持续优化。

传统产业加快高端化、绿色化发展。淘汰落后产能，促进产业提质增效，"十三五"期间，长江经济带上游的云南累计淘汰炼铁 863.5 万吨、炼钢 540 万吨、焦炭 184 万吨、电解铝 24.4 万吨、水泥熟料 1975 万吨、平板玻璃 832.1 万重量箱、造纸 13.13 万吨，水果、蔬菜、茶叶、花卉等成为绿色食品主导产业，农产品出口连续多年稳居西部省区第一。长江沿线传统制造业绿色化改造力度进一步加大，形成一批绿色园区、绿色工厂、绿色设计产品、绿色供应链管理示范企业，产业发展实现全生命周期绿色管理，产业绿色化水平提高。通过深入推进工业固体废物综合利用，培育了一批工业资源综合利用产业基地。

产业结构逐步优化。第二产业、第三产业在长江经济带产业结构中居于主导地位，"三二一"产业格局明显，第二产业、第三产业比重之和超过 90%，表明长江经济带已经基本实现了工业化，并且正在进入以服务业为主导的"后工业化"阶段（图 3-2-2）。2021 年，长江经济带服务业增加值超过 28 万亿元，占地区生产总值比重接近 54%，成为拉动区域经济发展的主要产业。除江西、湖北两省，其他 9 省市的服务业产值占比均超过了地区生产总值的一半。

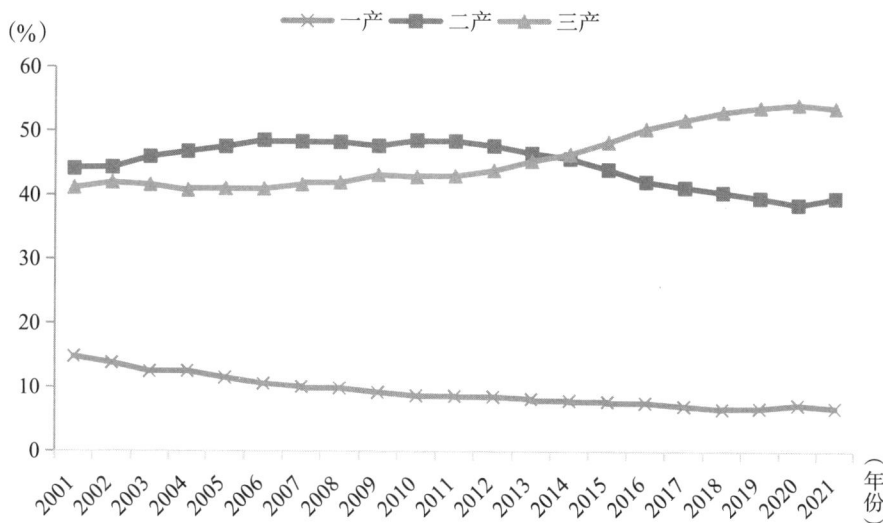

图 3-2-2　长江经济带三次产业结构

数据来源：国家统计局。

产业集群建设成效显著。近年来，沿江具有一定产业基础的核心城市依托当地资源禀赋和产业分布，利用整个长江经济带区域内的国家级、省级开发区和产业园区，有序引导相关产业转移集聚，形成与资源环境承载力相适应的产业空间布局，逐步培育成为五大具有国际竞争力的产业集群。下游地区通过创新增强产业发展内生动力，不断加快发展金融、物流、信息、研发等生产性服务业，进入国际价值链中高端位置；中游地区重点提升汽车、装备制造、轻工、纺织服装等产业的国际竞争能力，加快发展生产性服务业；上游地区加快发展电子信息、航空航天、汽车、装备制造、生物医药产业，积极承接长江下游地区产业梯度转移。

电子信息产业集群主要依托上海、江苏、湖北、重庆、四川等省市，着力提升集成电路设计水平，突破核心通用芯片，探索新型材料产业化应用，提升封装测试产业发展能力等。高端装备产业集群主要依托上海、四川、江西、贵州、重庆、湖北、湖南，整合优势产业资源，发展航空航天专用装备。浙江、安徽、湖南、重庆、湖北、四川、云南等省重点发展高档数控机床、工业机器人、3D 打印、智能仪器仪表等智能制造装备。上海、浙江、江苏、湖北、四川、重庆、湖南等省市重点发展海洋油气勘探开发设备、系统、平台等海洋工程装备。湖南、安徽、四川、贵州等省市重点发展高铁整车及零部件制造。湖南、重庆、浙江、江苏等省市重点发展城市轨道车辆制造。汽车产业集群依托上海、南京、杭州、宁波、武汉、合肥、芜湖、长沙、重庆、成都等地，不断提高整车和关键零部件创新能力，推进低碳化、智能化、网联化发展等。家电产业集群依托江苏、安徽为重点区域，按照智能化、绿色化、健康化发展方向，加快智能技术、变频技术、节能环保技术、新材料与新能源应用、关键零部件升级等核心技术突破，重点发展智能节能环保变频家电、健康厨卫电器、智能坐便器、空气源热泵空调、大容量冰箱和洗衣机等高品质家电产品，推动家电产品从国内知名品牌向全球品牌转变。纺织服装产业集群主要以长三角地区为重点，推动形成纺织服装设计、研发和贸易中心，提升高端服装设计创新能力。湖南、湖北、安徽、江西、四川、重庆等地重点建设现代纺织生产基地，推动区域纺织服装产业合理分工。云南、贵州等地依托蚕丝和麻资源、少数民族纺织传统工艺、毗邻东南亚等优势，大力发展旅游纺织品。江苏、浙江等地加快发展差别化纤维、高技术纤维和生物质纤维技术及产业化。

（三）新兴产业培育步伐加快

沿江地区围绕着发展战略新兴产业，加强政府、高校、科研机构和企业的合作，通过产业技术创新联盟的方式和创新平台的推动，不断培养新动能，推动战略性新兴产业快速崛起。长江经济带沿江省市结合资源禀赋和区位特点，明确主导产业和特色产业，抓住数字经济、生物医药、人工智能等新兴产业发展机遇，大力发展战略性新兴产业，引领我国新兴产业跨越式发展。目前，整个长江经济带，战略性新兴产业逐步形成规模，培育形成了一批世界级的企业和产业集群，电子信息、装备制造等产业规模占全国比重均超过 50%，集成电路产业规模占全国比重达到七成以上，参与国际竞争的能力显著增强。下游的江苏工业战略性新兴产业、高新技术产业产值分别占规上工业比重达 39.8%、47.5%，高技术产业投资比上年增长 21.6%，高于全部投资 15.8 个百分点。数字赋能动力强劲。中游的武汉"光芯屏端网"核心产业链规模以上企业 2020 年产值约 2600 亿元，在核心产业链基础上，相关产业链进一步在北斗卫星导航、物联网、汽车电子、医疗电子、量子通信、柔性电子、光子芯片等新兴产业和配套产业领域快速拓展，带动相关产业规模超过 5000 亿元。上游重庆以"芯屏器核网"为代表的新产业新业态新模式逆势成长，2021 年规模以上工业战略性新兴产业增加值和高技术制造业增加值占规模以上工业增加值的比重分别为 28.9% 和 19.1%。新一代信息技术产业、生物产业、新材料产业、高端装备制造产业增加值分别增长 18.6%、11.9%、19.6% 和 13.2%。

（四）重点产业转移有序推进

长江经济带各省市按照高质量发展的要求，以园区化布局、循环经济模式，秉承"创新驱动、绿色发展、智慧循环、高效安全"的理念，逐步探索出一条既符合国际化工产业发展规律、又具有中国特色的绿色化工产业发展路子。

沿江危化企业搬迁和化工园区提升取得积极进展。长江沿岸曾经是我国重化工业高端密集的地区，"化工围江"问题严重。为推动沿江危险化学品企业搬迁，加快提升化工园区发展水平，中央多措并举督促地方政府对位于沿江和城镇人口密集区危险化学品生产企业就地改造、搬迁入园或关闭退出。坚决淘汰"三高"企业，压缩环境不友好、市场竞争力低的产能。近年来，未在长江干流、主要支流岸线一千米内布局新的重大石化和煤化工项目。经过多年努力，遵循"减量"和"升级"成为长江经济带化工产业发展的主题主线，一大批低水平、低质量的化工企业和园区被刚性红线淘汰出局，一批高起点、高标准规划建设的化工企业和园区逐渐壮大，布局更加优化、结构更趋合理。目前，推动化工企业"关改搬转"超过9600家。以宜昌市为例，截至2021年10月底，宜昌市累计完成124家化工企业的搬迁改造工作，"关改搬转"阶段性攻坚任务基本完成，全市精细化工占化工产业比重由整治前的18.6%提高到36.2%以上；化工产业利润、税收连续两年实现10%以上增长。

沿江产业布局进一步优化。近年来，长江经济带通过有序引导下游地区将资源加工型、劳动密集型产业和以内需为主的资金、技术密集型产业向中上游转移，中上游地区主动承接纺织服装、装备、轻工建材、新能源、新材料等产业，逐步形成了集群式、链条式、配套式发展模式。沿江省市积极落实主体功能区规划，严格按照长江流域、区域资源环境承载能力，加强分类指导，确定工业发展方向和开发强度，构建特色突出、错位发展、互补互进的工业发展新格局。中上游地区突破了过去单向承接劳动密集型行业的模式，对创新要素的溢出和新兴产业的布局力度在加大。目前，长江经济带沿江省市依托国家级、省级开发区，有序建设沿江产业发展轴，合理开发沿海产业发展带，重点打造长江三角洲、长江中游、成渝、黔中和滇中等五大城市群产业发展圈，大力培育电子信息产业、高端装备产业、汽车产业、家电产业和纺织服装产业等五大世界级产业集群，形成空间布局合理、区域分工协作、优势互补的产业发展新格局。

三、存在的问题与困难

（一）沿江传统产业发展惯性较大

产业结构"偏重偏化"特征明显。沿江产业发展惯性较大，污染物排放基数大，废水、化学需氧量、氨氮排放量分别占全国的 40% 左右。采矿业等资源型产业是长江中上游地区的重要产业，尤其是四川、贵州、云南等地，对采矿业依赖程度较高。采矿业及其相关高能耗、高污染产业，损耗资源严重，破坏了当地生态环境。与此同时，高污染型产业在长江经济带占比较高。钢铁、有色金属、建材、化工和电力等项目密布长江沿线，部分重化工产品产量庞大，在全国乃至世界都占有重要地位。目前，部分重化项目仍采取较为粗放的生产模式，工业能耗、物耗和污染水平居高不下。

产业布局不合理。长江经济带产业布局与资源配置错位。当前，沿江各地都提出了各自的沿江发展战略，强调布局更大的项目和产业园区，追求大投资、高产出，造成长江经济带产业布局与资源、要素和市场现状不相适应，企业的相关布局亦与实际脱节。同时，长期以来形成的上中游地区的能源产业和下游地区的能耗型产业集中布点，进口原油西运加工，毛、麻、丝等天然纤维原料东运生产，这些都大大增加了资源环境承受的压力。

工业企业对污染治理的投入不足。与全国平均水平相比，长江经济带沿线地区对污染治理的投资力度更大，但就其绿色发展的实际需求看，仍显不足。近年来，生产成本上升等因素对企业盈利能力造成较大压力，企业对节能减排的投入动力不强。如何更好处理实现绿色转型与保持稳定增长之间的关系，是长江经济带沿线企业需要解决的重要问题。

（二）上下游产业同构问题仍然突出

沿线各省市之间的专业化分工不足，产业同构化程度偏高，对如何实现上中下游分工合作和功能互补缺乏科学合理的顶层设计。根据华东师范大学孙斌栋、钱肖颖的测算，2006—2016 年期间，长三角 40 多个地级及以上城市的产业同构系数由 0.46 上升为 0.53，趋同问题愈发突出。

产业定位同质化。长江经济带各省市的沿江开发规划布局主导产业较为相似，经济互补性不强。制造业横向分工相似，纵向分工不足。对如何围绕产业配套，开展上下游地区省市间的分工合作，形成经济互补、实现共赢等，各省市顶层设计考虑不足。通过梳理9省2市"十三五"规划中的产业发展定位可知，9省市将电子信息产业列为主导产业，6省市将汽车制造、装备制造列为主导产业，在长三角城市群的16个核心城市中，11个城市将汽车制造列为主导产业。客观来讲，产业发展是一个上令下达的过程，各地往往会按照上级定位调控产业发展路径，而在经济增长、产业转型与政治晋升的多重压力下，模仿型策略互动与抢占发展资源现象极易出现。长三角三省一市"十四五"产业定位和产业布局详见表3-2-3。

表3-2-3　长三角三省一市"十四五"产业定位和产业布局

城市	产业定位	产业布局	
上海	着力构建实体经济、科技创新、现代金融、人力资源协同发展的现代产业体系	发挥三大产业引领作用	增强集成电路产业自主创新能力
			提升生物医药产业链协同水平
			促进人工智能深度赋能实体经济
			布局一批面向未来的先导产业，在第六代通信、下一代光子器件、脑机融合、氢能源、干细胞与再生医学、合成生物学、新型海洋经济等方面，加强科技攻关与前瞻谋划，为未来产业发展奠定基础
		促进六大重点产业集群发展	促进电子信息产业稳中提质
			扩大生命健康产业多元优质供给
			以新能源、智能网联为方向提升汽车产业特色优势和规模
			提升高端装备产业自主研发、制造与系统集成能力
			推动新材料产业集约化、高端化和绿色化发展
			打造时尚高端的现代消费品产业

城市	产业定位	产业布局	
上海		推动服务经济提质增能	科技服务
			专业服务（法律、财会、咨询、广告、检验检测、人力资源等）
			金融
			现代物流
			原创设计
			国际贸易
江苏	聚力打造制造强省，积极构建自主可控安全高效的现代产业体系	培育壮大先进制造业集群	加快建设省级和国家级先进制造业集群，重点打造物联网、高端装备、节能环保、新型电力（新能源）装备、生物医药和新型医疗器械等万亿级产业集群
		大力发展战略性新兴产业	积极发展新一代信息技术、新材料、节能环保、新能源、新能源汽车等产业
			前瞻布局第三代半导体、基因技术、空天与海洋开发、量子科技、氢能与储能等领域
		激发传统产业发展动能	支持化工、钢铁、纺织、机械等优势传统产业开展优化升级试点
		大力发展生产性服务业	工业设计、科技服务
			现代物流
			信息技术服务
			节能环保服务
			供应链管理服务
			金融服务
			商务服务
			会展经济
			法律服务
			总部经济

城市	产业定位	产业布局	
浙江	建设具有国际竞争力的现代产业体系，巩固壮大实体经济根基	实施产业集群培育升级行动	打造新一代信息技术、汽车及零部件、绿色化工、现代纺织和服装等世界级先进制造业集群、一批年产值超千亿元的优势制造业集群和百亿级的"新星"产业群
		全方位推进产业基础再造和产业链提升	聚焦生物医药、集成电路、数字安防、网络通信、智能计算、炼化一体化与新材料、节能与新能源汽车、智能装备、智能家居、现代纺织十大标志性产业链
		加快传统制造业改造提升	实施传统制造业改造提升计划 2.0 版，加快数字化、智能化、绿色化改造，分行业打造标杆县（市、区）和特色优势制造业集群，打造全国制造业改造提升示范区
		做优做强战略性新兴产业和未来产业	积极壮大生命健康产业
			加快发展新材料产业
			培育发展新兴产业和未来产业。大力培育新一代信息技术、生物技术、高端装备、新能源及智能汽车、绿色环保、航空航天、海洋装备等产业，加快形成一批战略性新兴产业集群。组织实施未来产业孵化与加速计划，超前布局发展第三代半导体、类脑芯片、柔性电子、量子信息、物联网等未来产业，加快建设未来产业先导区
		推动现代服务业高质量发展	数字经济
			研发设计
			工业设计
			商务咨询
			检验检测
			供应链服务
			现代物流
			国际贸易

城市	产业定位	产业布局	
安徽	加快发展现代产业体系，打造具有重要影响力的新兴产业聚集地	构筑产业体系新支柱	大力发展新一代信息技术、人工智能、新材料、节能环保、新能源汽车和智能网联汽车、高端装备制造、智能家电、生命健康、绿色食品、数字创意十大新兴产业
			重点培育新型显示、集成电路、新能源汽车和智能网联汽车、人工智能、智能家电 5 个世界级战略性新兴产业集群
			建设先进结构材料、化工新材料、生物医药、现代中药、机器人、核心基础零部件、高端装备制造、云计算、网络与信息安全等 30 个左右在全国具有较强影响力和竞争力的重大新兴产业基地，争取更多基地跻身国家级战略性新兴产业集群
		加快培育未来产业	实施"3+N"未来产业培育工程，前瞻布局量子科技、生物制造、先进核能等产业
			在分布式能源、类脑科学、质子医疗装备等细分前沿领域，培育一批未来产业
		推动制造业转型发展和优化升级	运用大数据、云计算、物联网、人工智能等技术，促进煤炭、钢铁、有色、化工、建材、家电、汽车及零部件、纺织服装、医药、食品等传统产业数字化、网络化、智能化
		巩固制造业基础支撑地位	实施"个十百千"工程，做大做强新一代信息技术、家电、汽车、钢铁、有色、化工、医药等一批大体量产业
		推动服务业高质量发展	现代金融
			会展经济
			文旅观光
			商贸流通

主导产业趋同化。从产业结构方面来看，长江经济带目前已经形成三大产业集群，即重化工产业集群、装备制造产业集群和高新技术产业集群。但长江经济带产业同构现象较为严重，重复建设、重复投资造成了国家资源一

定程度上的浪费。以上海、江苏和浙江为例，在占比较大的 12 个制造业门类中，浙江与江苏有 11 个产业相同，上海与浙江、江苏各有 10 个产业相同。此外，不同省市内部产业结构趋同现象也很明显。如江苏沿江 8 市就有 20 多个化工园区，其中 60% 分布在沿江两岸。由《中国开发区审核公告目录（2018 年版）》可知，在长江中游，湖北、湖南与江西共拥有 271 个省级开发区，其中 70 个开发区将电子信息相关产业列为主导产业，58 个开发区将生物医药相关产业列为主导产业。产业同构导致地区间市场相互制约，生产要素流动受阻，综合效率和国家竞争力提升困难，削弱了区域内分工协作能力，不利于长江经济带的协同发展进程。另外，沿江存在着大量的劳动密集型，如组装加工、贴牌生产等处于产业链中低端的行业和企业，尤其是上中下游地区之间的优势创新资源未能得到高效组合叠加，无法形成区域整体合力。长三角重点城市"十四五"产业定位和产业布局见表 3-2-4。

表 3-2-4 长三角重点城市"十四五"产业定位和产业布局

城市	产品定位	产业布局	
苏州	以建设万亿级、千亿级产业集群和特色优势产业链为抓手，构建完备的现代产业体系	聚力建设十大千亿级产业集群	大力培育生物医药和高端医疗器械、新型显示、光通信、软件和集成电路、高端装备制造、汽车及零部件、新能源、新材料、高端纺织、节能环保等十大先进制造业集群
		集中打造十大优势产业链	主攻生物医药、半导体和集成电路、软件和信息服务、智能网联汽车、智能制造装备、高端医疗器械、机器人、光通信、高端纺织、钢铁新材料等十大重点产业链
		打造生产性服务业标杆	实施生产性服务业供给能力提升行动，围绕信息技术服务、研发设计、检验检测认证服务、知识产权服务、节能环保服务、商务服务、供应链管理、金融服务、人力资源服务等九大领域，推动生产性服务业专业化、高端化发展
		扩大社会服务有效供给	提升教育培训服务、健康服务、体育服务、养老服务发展水平

续表

城市	产品定位	产业布局	
苏州	以建设万亿级、千亿级产业集群和特色优势产业链为抓手，构建完备的现代产业体系	提高居民服务质量	顺应生活方式转变和消费升级趋势，引导家政、社区商业、旅游休闲等居民服务规范发展，全面提升服务品质和消费满意度
		促进服务业空间融合升级	依托苏州工业园区现代服务业产业园、苏州科技城、昆山花桥国际商务城、常熟国家大学科技园、太仓港物流集聚区等现代服务业集聚区，组建功能完备的管理机构和运营力量，推动服务业集聚区提档升级、跨越发展
		前瞻性发展数字经济	加快建设更具影响力的数字科创中心、数字智造中心和数字文旅中心，打造领先水平的数字融合先导区、数字开放创新区，率先建成全国"数字引领转型升级"标杆城市
		有效发展共享经济	通过众创、众包、众扶、众筹等方式组织整合社会资源，打造以知识、技术、信息、数据等新生产要素为核心的共享平台，支持引导各类市场主体积极探索并完善住宿、餐饮、交通、教育、物流、现代农业、医疗、养老、健康、科技服务、金融等行业的共享模式
		优化发展平台经济	加快实体经济与互联网平台嫁接，支持苏州本土有综合实力、有发展潜能的平台企业跨地区、跨行业、跨所有制整合资源，建设一批综合类、商品销售类、消费服务类和跨境贸易类电商平台，鼓励发展行业类专业性平台，培育一批网上商圈、区域性服务、名优特产品销售类特色化平台
		深入发展创意经济	发展工业设计、建筑设计、广告设计、时尚设计等文化创意产业，推动创意元素融入生产生活全过程，培育"创意＋农业、工业、文化、旅游"等新发展模式
		开拓发展体验经济	支持将体验元素融入现代农业、文化旅游、制造业等产业的经营和发展之中，重点发展生产制造、休闲娱乐、旅游购物、医疗保健等领域体验经济，加强消费者的深度参与

续表

城市	产品定位	产业布局	
南京	提振发展实体经济，优化升级现代产业体系	实施8条重点产业链"125"突破行动，构建"雁阵式"产业集群	软件和信息服务产业
			新医药与生命健康产业
			人工智能产业
			新能源汽车产业
			集成电路产业
			智能电网产业
			轨道交通产业
			智能制造装备产业
		推动"两钢两化"转型升级	汽车产业
			钢铁产业
			石化新材料产业
			电子信息制造业
		培育一批未来产业集群	未来网络
			航空航天
			区块链
			量子信息
			安全应急
			脑科学
		推进生产性服务业高价值融合	做强金融产业，建设我国东部地区重要金融中心，重点推进总部金融、普惠金融、数字金融、科技金融、文化金融等发展
			培育研发设计、高端商务、现代物流、会展服务、广告创意、检验检测等生产性服务业集群，大力发展电子商务、数字内容、在线服务等新兴服务业
			推动生产性服务业与先进制造业深度融合，培育覆盖全周期、全要素的现代服务产业链
		加快生活性服务业品质化升级	顺应生活方式改变和消费升级趋势，推动生活性服务业精细化高品质发展。积极培育健康、养老、育幼、体育、家政、物业、教育培训等服务业，促进批发零售、住宿餐饮等传统服务业提档升级，加强公益性基础性服务业供给

续表

城市	产品定位	产业布局	
杭州	强化高端产业引领，建设具有国际竞争力的现代产业体系	聚焦发展"5+3"重点产业	巩固和提升优势产业，推动文化、旅游休闲、金融服务、生命健康、高端装备制造等五大支柱产业高质量发展
			推进数字经济再聚焦，重点发展人工智能、云计算大数据、信息软件等三大先导产业，赋能全市产业迭代升级，引领产业链价值链向中高端跃升
		推动制造业高质量发展	大力发展先进制造，推动纤维新材料、智能网联汽车等若干个千亿级先进制造业集群发展，建设若干个制造业高质量发展中心，保持制造业比重基本稳定，提升巩固壮大实体经济根基
			聚焦视觉智能（数字安防）、生物医药与健康、智能计算、集成电路、网络通信、节能与新能源汽车、智能家居、智能装备、现代纺织与时尚等优势领域，着力打造九大标志性产业链
		建设服务经济中心城市	推动生产性服务业高级化发展
			推动生活性服务业向高品质和多样化升级，支撑城市高品质生活。加快发展健康、养老、育幼、文化、旅游、体育、家政、物业、快递、助残等服务业，加强公益性、基础性服务业供给，推进服务业标准化、品牌化建设
宁波	巩固壮大实体经济，提升现代产业体系竞争力	加快建设先进制造业集群	全力打造化工新材料、节能与新能源汽车、特色工艺集成电路、智能成型装备等10条自主安全可控的标志性产业链
			加快传统制造业改造提升。实施传统制造业改造提升计划2.0版，推动传统制造业向集群化、数字化、品质化、服务化、绿色化转型
			推动海洋监测、空天信息、高端装备、生物医药等重点领域军民融合产业发展
		提升服务经济规模能级	现代贸易、现代物流、现代金融三大万亿级产业
			文化创意、旅游休闲、科技及软件信息、商务服务四大千亿级产业
			餐饮服务、健康养老、物业租赁服务三大千亿级产业
			运动健身、高端培训、家庭服务三个细分产业

城市	产品定位	产业布局	
宁波	巩固壮大实体经济，提升现代产业体系竞争力	提升服务经济规模能级	推进功能平台建设
			聚焦港航物流、国际贸易、绿色石化、智能汽车、新型材料、生物医药、现代金融、数字信息等重点领域，大力发展总部经济
		大力发展战略性新兴产业	重点发展新材料、高端装备、电子信息、生物医药、新能源汽车、节能环保等产业
			前瞻性布局工业互联网、第三代半导体、先进功能装备、空天信息、先进前沿材料、氢能、区块链等未来产业
合肥	构建现代产业体系，打造具有国际竞争力的产业集群	发展壮大战略性新兴产业	打造新一代信息技术、汽车和智能网联汽车2个具有国际竞争力的五千亿级产业集群
			打造家电和智能家居、高端装备制造、节能环保、光伏及新能源、生物医药和大健康、新材料、绿色食品、创意文化等领域8个具有国内竞争力的千亿级产业集群
		加快传统优势产业转型升级	推动家电产业向"智能家电—智能家居—智慧家庭"升级
			推动装备制造业向"高端装备制造—系统集成和整体解决方案提供商"转型
			加快建筑业绿色化、智能化、产业化发展
		加快培育未来产业	前瞻布局量子科技、第三代半导体、精准医疗、超导技术、生物制造、先进核能等领域
		提升服务业发展能级	培育和建成一批具有鲜明地方特色的优势服务业集群
			促进现代服务业同先进制造业、现代农业深度融合发展，培育服务业新业态新模式，引导平台经济、共享经济、体验经济、流量经济规范有序发展，构建结构优化、服务优质、布局合理、融合共享的现代服务业产业体系，打造长三角现代服务业中心
		加快发展生产性服务业	做大做强研发设计、软件信息服务、检测认证、金融服务、现代物流等重点行业
			加快发展咨询、法律、会计、人力资源等高端服务，建设国家物流枢纽、区域金融中心、会展中心
		促进生活性服务业提档升级	加快发展健康、养老、育幼、文化、旅游、体育、家政、物业等服务业，加强公益性、基础性服务业供给

承接产业转移类型同质化。以贵州 2018 年出台的《产业转移指导目录》为例，在优先承接发展的产业中，无论电子信息、汽车还是航空航天，每一个细分行业均对应多个承接城市，不同城市的资源禀赋、技术创新能力与产业基础各异，难以预料其能否通过有序、有效、良性竞争来获取高质量转移资源，后发地区能否有能力承接高质量转移协作资源。

（三）产业链供应链存在"堵点""卡点"

产业发展不平衡不充分的问题仍然突出，产业链价值链和创新链总体处于中低端，质量效益不高，自主创新水平亟待提高、部分关键核心技术、核心装备受制于人，产业链供应链"缺芯少魂""缺门断档"等风险挑战突出，投资类产品和中间产品占比较高、部分行业产能过剩现象突出，制造业资源能源消耗较高、对生态环境影响较大。企业面临较大生存压力。在产业基础方面，产业发展"大而不强"的特征依然明显，制造业占地区生产总值比重尚待提高。在市场主体方面，缺乏有竞争力的领军企业，缺乏有牵引力和国际影响力的"头部""链主"企业，新兴产业领域缺乏具有行业话语权的企业和品牌，独角兽企业仍需加大培育力度，部分领域的重点企业品牌优势和影响力下降。在市场要素方面，人才竞争加剧，高层次产业人才供给能力不足对新兴产业发展的制约愈发明显，支撑关键技术研发的产业创新基础设施仍需进一步加强。在市场机制方面，部分国有企业向新兴产业转型的动力不足，全社会鼓励创新、宽容失败的环境氛围仍需优化。

（四）产业跨区域污染转移风险依然存在

长江经济带重化工企业带来的污染沿长江"梯度转移"明显、恶意偷排频发、水污染风险高，大中城市仍有危废游离于监管之外，存在跨省违法处置黑色"产业链"。固废污染环境违法成本低，部分产废单位擅自将固废委托给无处置资质的企业或个人，存在以邻为壑"偷梁换柱"（废物种类）、"化整为零"（超量转移）、"声东击西"（改变路线）式非法处置。

第三节　交通发展

交通发展是支撑长江经济带高质量发展的重要基础，是推动长江经济带高水平践行"三主五新"重要使命的"先手棋"。近年来，按照中共中央、国务院的决策部署，长江经济带交通发展围绕提升黄金水道功能、推动江海联运和多式联运、大力发展都市圈轨道交通、协同创新多样交通业态模式等主要方面聚焦重点，精准发力，取得了一系列显著成就，交通通达性、高效性、多元化、绿色化水平明显提升，但在轴带效应发挥、多式联运发展、对外通道建设、枢纽高效衔接、绿色发展等方面仍存在不足，仍有待进一步破解，从而更好推动长江经济带高标准贯彻新发展理念、加快融入新发展格局。

一、主要政策举措

长江经济带交通发展，坚持以提升通航性为立足点，以发展江海联运和多式联运为重要支撑，以构建城市群都市圈轨道交通网络为未来重点方向，以创新多样交通业态模式为重点探索方向，协调调动各方力量，汇集各方优势资源，完成了一系列重要创举。

（一）提升长江黄金水道功能

按照"深下游、畅中游、延上游"的思路，在长江干线实施一批重大航道整治工程，加快推进长江黄金水道系统治理。积极推进"延上游"，将泸州至重庆段航道水深提高到3.5米；稳妥推进"畅中游"，将重庆至武汉段航道水深提高到4.5米，武汉至安庆段航道水深提高到6米；持续完善"深下游"，将安庆至芜湖段航道水深提高到8米，芜湖至南京段航道水深提高到10.5米，巩固和完善下游12.5米深水航道，全力推动长江口"一主两辅"航道建设，促进干支顺畅衔接、通航能力释放、功能充分发挥，实现人享其行、物享其流。

加强与新技术融合发展，不断提升航道服务保障能力。长江干线数字航道全线贯通，电子航道图覆盖率达到100%，实现与汉江、赣江的互联互通，航道动态监管和应急保障能力明显提升，航道水深达标率、航标正常使用率均达到100%。同时，为用户提供可视化信息和个性化服务，在船舶交会、偏航碍航、特殊水域等情形下，辅助船舶安全航行。

积极推进船型标准化，稳步提升通航能力。促进《内河过闸运输船舶标准船型主尺度系列》国家标准制订发布，运力调控持续强化，船型标准化不断推进，内河船型标准化中央补助资金政策实施期间共完成拆解老旧运输船舶1.5万余艘，新建三峡大长宽比示范船187艘，三峡过闸船舶平均载重吨位超过4500吨、船型标准化率达到90%。江海直达船型研发应用持续推进，江海直达船队规模不断扩大。

践行生态优先、绿色发展的理念，开展绿色航道建设实践。在长江航道发展全周期贯彻生态环保理念，采用生态环保工程结构，实施生态环境监测、增殖放流等措施，创新性开展生态涵养区、生态湿地等生境修复建设。2016年以来，航道工程的护岸工程绿化率达到80%以上，配套建设生态护岸、生态护滩、人工鱼巢、人工鱼礁等共160余处，补偿性投放鱼类及螺类900多万尾。

安全保障系统建设日益完善，安全保障系统逐步健全。实施一批安全通信和监控系统项目，船舶自动识别系统（AIS）实现长江干线全覆盖，船舶交通管理系统（VTS）和视频监控系统（CCTV）基本覆盖港区、桥区等重点水域。全面实施长江干线省际客船旅客乘船实名制，严格执行禁止小吨位船舶过闸、单壳液货危险品船在长江干线、京杭运河航行等禁限航措施。

（二）推动江海联运和多式联运

重点推进江海直达、江海联运配套港口设施建设。强化舟山江海联运服务中心和长江南京以下沿江港口的干散货江海联运服务功能，完善分工协作的干散货江海联运系统，统筹推进以长江干线及长江三角洲区域至上海洋山与宁波—舟山江海直达运输系统为重点的江海直达和江河海联运发展。

推进集装箱江海联运系统建设，优化近洋、远洋航线布局，完善干支联动、江海直达航线。四川省"天天直航快班（升船机）"稳定开行，"水水中转航班"持续加密。湖南省开通岳阳至日韩和中国台湾地区的接力航线，通过城陵矶港至上海（太仓）支线对接上海（太仓）至日韩与中国香港、台湾等港口干线。江苏省无锡港等 10 个内河港口开展集装箱业务，全省港口累计开辟运行国际集装箱航线 69 条。浙江省推动海港集团开展"进长江、拓内陆、联大洋"行动，在南京市组建长江区域公司，实现长江内支线班轮稳定运营。

稳步推进港口集疏运系统及多式联运项目建设。实施长江干线港口铁水联运设施联通行动计划，深入落实《深入推进长江经济带多式联运发展三年行动计划》。列入《推动长江干线港口铁水联运设施联通的行动计划》的重点项目全部开工建设。四川省宜宾港进港铁路建设持续推进，泸州港大件路拓宽改造工程、广安港至襄渝铁路前锋站快速通道、广元港红岩作业区（一区）进港公路、遂宁港至城区通港大道 4 个项目持续推进。浙江省宁波—舟山港穿山港铁路支线开通运营。

（三）大力发展都市圈轨道交通

重点城市群城际铁路逐步成网，市域（郊）铁路积极发展，中心城市轨道不断向周边城市（镇）延伸，轨道交通"多网融合"取得突破，快捷高效的 1—2 小时城际交通网，一体衔接的 1 小时都市圈通勤交通网加速形成。省际公路"断头路"建设及瓶颈路段改造升级大力推进，城际间公路通行能力逐步提升。

长三角、长江中游、成渝等重点城市群交通一体化加快推进。长三角城市群上海、南京、杭州、合肥中心城市之间基本实现城际铁路快速连通，上海、南京、杭州等都市圈城际铁路、市域（郊）铁路加快建设。长江中游城市群沿江高铁项目前期工作正在加速推进，建成以武汉市、长沙市、南昌市为中心的"三角形、放射状"城际交通网络，实现省会城市之间 2 小时、省会城市与周边城市之间 1—2 小时通达。成渝城市群交通一体化稳步推进，成渝双城直达动车客运班列日均运行超过 200 列次，成渝中线高铁作为重庆、成都双城发展主轴上的"大动脉",2021年8月获国家发展改革委批复、9月启动建设。黔中城市群加快构建环贵阳中心城区1小时605千米高速公路圈。

上海、重庆、武汉等超大、特大城市的都市圈交通建设步伐加速。上海、杭州、宁波、温州、合肥、南京、苏州、无锡、常州、南昌、成都、重庆12个城市已实现城市轨道交通扫码出行互联互通。长三角一体化发展上升为国家战略,国家发展改革委等部委印发《长江三角洲地区交通运输更高质量一体化发展规划》,长三角现代化综合交通运输体系建设加速推进。长三角上海、南京、杭州、宁波等9个城市轨道交通有序发展。

上海轨道交通网络不断完善,道路网络持续优化。2021年上海轨道交通新开通15号线、14号线和18号线一期北段,运营线路里程达到831千米。上海金山市域(郊)铁路日均客流达3万人次,为沿线居民提供通勤便利。重庆通过利用铁路开行公交化列车,积极推动主城都市区"一小时通勤圈",依托国铁干线主城都市区内开行中心城区至涪陵、长寿、潼南、荣昌等公交化列车10对,主城都市区至"两群"及周边城市开行公交化列车25对。"十三五"期间,武汉共建成11个轨道交通项目,地铁网络实现从"四线成环、覆盖主城"到"主城成网、新城通线"的重大进展,2020年地铁运营线网达到360千米、240座站。

(四)协同创新多样交通业态模式

大数据、互联网等新技术与交通行业深度融合。杭州市对市内69座智能公交电子站牌进行了升级,除了公交、地铁信息查询外,升级后的电子站牌将新增一键呼叫出租车、爱心一键求助、中英双语切换、站点安防监控、周边公共自行车站点查询等10项功能。长沙建立区域智慧联程信息服务模式,打造智慧联程服务体系,为公众提供"门到门"的一站式定制化出行服务,在全国首创"定制公交",针对上下班通勤,开通2条智慧定制公交线路,提升公众出行服务体验。嘉兴市构建需求响应型公交(DRT)服务体系,首批投放20条线路,以学校为起点,运营时间段为周五下午集中放学时段、周日至周四晚自习放学时段,缓解放学时段的拥堵问题。

稳步推进自动驾驶和车路协同等新型交通出行服务。上海支持临港新片区探索智能重卡、智能公交、智能配送、智能环卫等交通新模式发展，累计开放 615 条、1289.83 千米测试道路，测试道路里程数位居全国首位。武汉依托国家智能网联汽车示范区建设，形成累计 500 千米新能源智能网联汽车开放测试道路，建设城市级车城网平台，发展车城融合的智慧交通。2020 年 10 月，苏州高铁新城开行全国首个常态化运营 5G 无人公交线路。

网约车、互联网租赁自行车、汽车分时租赁和网络货运平台等新业态、新模式规范创新发展。上海推动实现网约车协同化执法监管、全量化数字监管、精细化安全监管、合规化良性监管、社会化力量监管，形成网约车监管"上海经验"，并建成互联网租赁自行车服务平台。无锡、宁波和宜兴等地陆续颁发"网络货运"牌照，张家港保税区物润船联创新的"水陆联运网"一站式水上智能物流平台，形成货运版"滴滴打船"。

二、取得的成效

按照中共中央、国务院的决策部署，在沿江省市（区）和有关部门的通力合作下，长江经济带交通发展成就满满，黄金水道功能大幅提升，重大通道建设进展显著，综合交通网络和枢纽功能不断完善，联程联运发展成就斐然，绿色智慧旅游交通等新业态蓬勃发展，交通发展支撑长江经济带高质量发展的能力明显增强。

（一）长江黄金水道功能迈上新台阶

长江干线航道系统治理成果显著。目前 5 万吨级海轮可直达南京，5000吨级船舶直达武汉，3000 吨级船舶直达重庆，2000 吨级船舶直达宜宾。长江上游九龙坡至朝天门、中游宜昌至昌门溪二期工程、下游新洲至九江河段二期工程、长江口南槽航道治理一期工程等完成交工验收，武汉至安庆段 6 米水深航道工程全面完工并投入试运行，江心洲至乌江水道二期工程等正在稳步推进建设。支线航道整治有序开展，未来黄金水道运输能力还将进一步提高。2020 年长江经济带干支线高等级航道里程已达到约 1 万千米。

长江黄金水道运输能力不断提升。2015 年以来长江干线货物通过量加快提升，2020 年达到 30.5 亿吨，较 2015 年增长了 40%，再创历史新高，通过量稳居世界内河首位（图 3-3-1）。三峡船闸是世界上连续级数最多、总水头最高、规模最大的内河船闸，受疫情和大洪水影响，2020 年三峡船闸通过量略有下降，为 1.38 亿吨。升船机投入运行后，可分流部分符合过机要求船舶；通过持续推进船型标准化、优化通航调度、强化设备设施维护，以及快速检修、改进管理等措施，三峡船闸运行安全稳定。

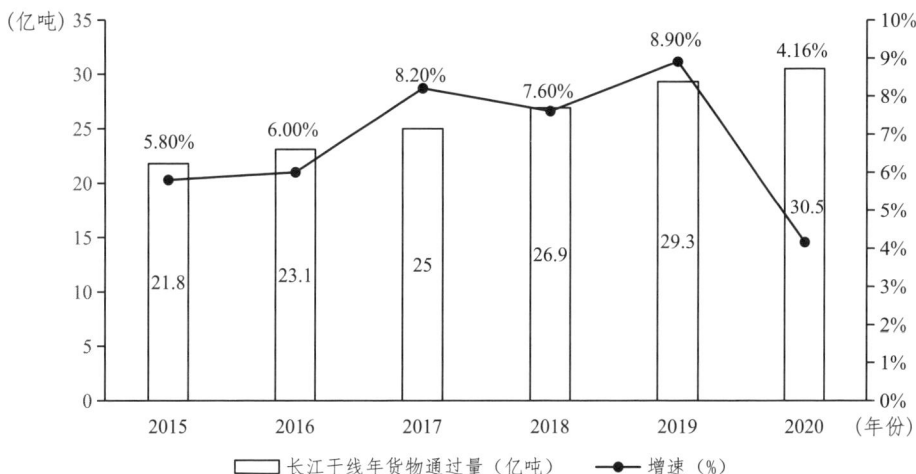

图 3-3-1　近年来长江干线年货物通过量变化情况

资料来源：交通运输部。

安全保障与航运支撑能力稳步增强。"全方位覆盖、全天候运行、反应快速、应急高效"的水上安全监管和救助系统基本建成，"三级指挥四级待命"水上搜救体系有效运行，沿江地方政府已组建 2 个省级、23 个地市级、34 个县级水上搜救中心。溢油清除能力不断提升，建成重庆、武汉等 11 个溢油应急设备库和 4 个溢油应急设备配置点，船舶一次性溢油控制清除能力达到 50—400 吨。电子航道图 APP 全面推广应用，汉江电子航道图正式上线，湖北省长江汉江江段实现电子航道图全覆盖，长江数字航道技术成功应用到长江支流，助推"干支联动"迈出坚实步伐。

（二）重大通道取得突破性进展

中老昆万铁路建成通车，打开中国与东盟间互联互通新通道，长江经济带向西开放重大通道建设取得突破性进展。2021 年 12 月 3 日，中老昆万铁路全线通车运营，这是一条连接中国云南省昆明市与老挝万象市，由中国按国铁 I 级标准建设，第一个以中方为主投资建设、共同运营并与中国铁路网直接连通的跨国铁路。截至 2022 年 5 月，中老铁路开通运营满 5 个月，累计发送货物 290 万吨，第五个月货运量达 110 万吨，比第一个月 17 万吨增长 5.5 倍；发送旅客超 270 万人，其中国内段 238.8 万人、老挝段 31.2 万人。

西部陆海新通道建设稳步推进，长江经济带向南开放重大通道建设取得重大突破。截至 2020 年底，铁路公路方面，焦柳铁路怀化至柳州段电气化改造、渝怀铁路增建二线、水口至驮隆中越界河二桥、乐业至百色高速公路等项目建成投用，贵阳至南宁铁路、叙永至毕节铁路、国道 219 防城峒中至东兴段、重庆至遵义公路扩容改造等项目进展顺利，黄桶至百色铁路等项目前期工作加快推进。港航设施、物流方面，建成重庆团结村铁路集装箱中心站二期及鱼嘴铁路货运站扩建北场站、贵阳都拉营国际陆海通物流港等，加快建设重庆、成都、遂宁国家物流枢纽及中新南宁国际物流园、柳州铁路港等项目。

沪昆高铁建成使用、沿江高铁进入实质性设计阶段，串联长江经济带上中下游的战略通道取得重大进展。沪昆高铁通道由上海虹桥至昆明南，全长 2252 千米，设计时速 350 千米，自东向西由沪杭高铁、杭长高铁、长昆高铁三段组成，2016 年 12 月 28 日随长昆高铁贵阳至昆明段全线贯通而全面建成。沿江高铁通道全面设计进入实质性建设阶段，2018 年 8 月，《推动长江经济带沿江高铁通道建设实施方案》出台，新的沿江高铁通道方案规划为时速 350 千米高铁标准，并已被国铁集团正式命名为沪渝蓉高速铁路；2020 年初，成渝双城经济圈规划出台以后，成渝中线高铁提上建设议程，仅一年时间就完成了可行性研究和初步设计等开工前期工作，并被纳入沿江高铁主通道。目前，沿江高铁主通道建设已由国铁集团牵头成立的长江沿岸铁路公司负责实施。

过江通道布局进一步完善，长江南北岸交通联系不断加强。截至2019年底，长江干线已建成过江通道115座，基本覆盖沿江区县。其中，公路60座、铁路10座、城市轨道5座、城市道22座、多功能合并过江通道18座、另有38座过江通道正在建设，对长江两岸往来交流、沿江地区城镇发展促进明显。2020年3月，国家发展改革委印发《长江干线过江通道布局规划（2020—2035年）》，进一步明确了长江干线过江通道布局建设和提质升级的方向和任务。

（三）综合交通网络和枢纽功能日益完善

铁路建设加快推进。2020年铁路营业里程达到4.5万千米，超额完成《长江经济带发展规划纲要》提出的4万千米建设任务，其中高铁营业里程1.6万千米，沿江地级及以上城市通高速铁路比例超过70%，普速铁路营业里程2.9万千米，县级及以上城市通普速铁路比例超过60%。沪昆、南昆、郑徐、武九、汉十、昌赣、西成、杭黄、盐通、成贵、成渝、商合杭等高速铁路和浩吉、怀邵衡、九景衢、渝贵、庐铜、渝怀扩能等普速铁路建成投产，快速大能力铁路通道初步形成，铁路网规模进一步扩大，质量进一步提高，有力支撑了长江经济带发展。沿江高铁、徐连、张吉怀、昌景黄等高速铁路和甬金、皖赣扩能、成昆扩能等普速铁路加快建设，川藏铁路、沿海高铁、渝长厦等通道项目前期工作有序推进。

公路运输网络不断优化。国家发展改革委、交通运输部联合印发《关于加快推进长江经济带高速公路省际待贯通路段项目建设工作的通知》，开工建设省际国高网断头路项目17个，总里程超过1200千米，上海至成都、重庆、昆明，以及杭州至瑞丽等四条高速公路主通道已全部贯通，G4012溧阳至宁德国家高速公路黄山至千岛湖段、G42S上海至武汉国家高速公路无为至岳西段等项目正在加快建设，沿江地带约有95%的县级及以上城市通高速公路，截至2019年底，高速公路通车里程达58800千米，比2015年增加10600千米，国道中二级及以下里程占比达到76.3%，比2015年提高约6个百分点。"四好农村路"高质量发展取得突破，农村公路管理养护体制改革不断深化，农村公路"路长制"有序推进，所有具备条件的乡镇、建制村均已通硬化路。

航空枢纽功能显著增强。截至 2019 年底，长江经济带沿线民用运输机场数量增加至 88 个，占全国民用机场总数的 36.97%。其中，14 个机场年旅客吞吐量超过千万人次。长三角世界级机场群发展优势突出，上海基本建成国际航空枢纽，浦东、虹桥两机场国际及地区航线通达 147 个通航点，杭州、南京、合肥等区域枢纽功能加快提升，有力支撑了长三角融入世界经济体系，便利了国际经贸交流。成渝机场群成为民航发展新的增长极，基本形成了以成都、重庆两大国际航空枢纽为核心的区域机场体系，成都天府机场航站楼主体工程已全面完工，有效助力成渝双城经济圈建设。全国首个以货运功能为主的湖北鄂州机场已开工建设。

油气管网加快建设。建成投产中缅原油管道，打通西南油气进口战略通道，有力提升了我国能源多元稳定供应保障能力。建成西气东输三线东段、新疆煤制气外输管道（潜江—韶关段）、青宁输气管道等主干管道，进一步提升了江苏、江西、湖南、湖北等地区天然气供应能力；建成楚雄—攀枝花天然气管道，对云南、四川等地打赢脱贫攻坚战具有重要促进作用；持续推进中俄东线南段（永清—上海段）、川气二线等重大项目，天然气主干管网布局不断完善。立足"全国一张网"，建成中卫—贵阳输气通道、西气东输一线定远—合肥复线、苏浙川气联络线等互联互通工程，管网互联互通持续推进。沿江地区原油、成品油管输比例不断提高，天然气供应能力显著提升。

综合交通枢纽建设加快推进。综合交通枢纽衔接各种运输方式的纽带作用进一步发挥，换装换乘效率显著提升。大型港口枢纽地位不断增强，上海国际航运中心、武汉长江中游航运中心、重庆长江上游航运中心和南京区域性航运物流中心及舟山江海联运服务中心建设稳步推进，通州湾江海联动开发示范区建设加快推进。港口功能布局持续优化，集疏运系统加快完善，宁波穿山港铁路、乐清湾港区铁路、上合组织（连云港）国际物流园专用铁路等一批疏港铁路建成投产，苏州港太仓港区铁路、铜陵江北港区铁路等疏港铁路或铁路专用线加紧建设。现代综合客运枢纽建设持续推进，成都、重庆、贵阳、武汉等城市综合交通运输体系加快完善，旅客集疏运系统进一步健全。

（四）联程联运发展成效明显

旅客联程联运发展成效显著。铁路电子客票应用范围不断扩大，基本完成对高铁、城际铁路、普速铁路的全覆盖。道路客票电子化水平逐步提高，江苏、江西等在 2020 年全面开启服务试点，其中江苏已率先实现全省二级及以上汽车客运站电子客票全覆盖，长江干线省际客运实现联网售票和电子船票应用。空铁、公铁联运加快推广普及，长三角地区空铁联运服务范围持续扩大，江、浙、皖旅客可通过虹桥枢纽实现"飞机＋高铁"便捷换乘，重庆江北机场重庆西站城市候机楼、重庆火车站机场候车室等正式投运。空巴通、高铁无轨站等旅客一体联程新型服务模式相继涌现，云南境内已开通超过 50 个高铁无轨站，覆盖昆明、保山、楚雄、大理等 10 个州市 49 个区县。

货物多式联运发展明显加快。长江干线 14 个铁水联运设施联通项目已全部开工建设，打通铁路进港"最后一公里"成效显著。国家发展改革委、交通运输部联合组织实施多式联运示范工程，长江经济带沿线省份共实施 29 个项目，占全国数量超过 40%。多式联运标准体系逐步完善，《多式联运运载单元标识》《国内集装箱多式联运运单》等国家和行业标准 30 余项相继发布，《深入推进长江经济带多式联运发展三年行动计划》于 2018 年印发。长三角地区沿海主要港口煤炭集港已全部改由铁路或水路运输，矿石、焦炭等大宗货物铁路、水路疏港比例大幅度提高，港口集装箱海铁联运箱量逐年快速增长，其中，宁波—舟山港 2020 年集装箱海铁联运量完成 100.5 万 TEU，2016 年以来年均增速超过 40%，增幅位列全国第一。多式联运信息化建设成果显著，港口、铁路、航运公司数据共享不断深化。

沿江省市跨境联运能力逐步提升。四川通过成都国际铁路港集装箱铁公水多式联运示范工程建设，已形成 7 条国际铁路多式联运线和 5 条国际铁路海铁联运线，以成都为枢纽、联系太平洋和大西洋的新亚欧大陆桥逐步形成。浙江全面推动江海联运公共信息平台和国际贸易"单一窗口"深度融合，加快构建"一中心四平台"数字港航口岸综合信息服务体系，稳步推进船舶区域通关一体化改革，初步实现与张家港口岸通关数据对接应用。以重庆、成都、武汉、苏州、义乌等为起点，长江经济带区域共组织开行 30 余条中欧班列线路，开行班列数占中欧班列开行总数的三分之一左右。2016—2020 年间，长江经济带区域累计开行中欧班列 21842 列，发送集装箱 196.7万 TEU。

（五）绿色智慧旅游交通等新业态快速发展

水上交通污染治理进展明显。船舶排放治理进一步强化。顶层设计不断完善，《关于推进长江经济带绿色航运发展的指导意见》《长江经济带船舶和港口污染突出问题整治方案》等陆续出台。船舶污染物接收设施建设步伐加快，"船—港—城、收集—接收—转运处置"一体化链条和长效机制逐步确立，长江经济带船舶垃圾接收设施已实现全覆盖。上海、江苏、浙江、江西、湖南、四川等六省市已完成船舶垃圾、生活污水、含油污水接收设施码头覆盖率 100%。船舶生活污水收集和处理装置建设改造有序推进，已完成2.3 万余艘船舶的生活污水防污染改造。船舶污染物排放监督检查不断强化，处罚力度大幅提升，长江干线船舶水污染物联合监管与服务信息系统全面上线试运行。长江干线化学品洗舱站建设稳步推进，规划布局的 13 座水上洗舱站建成投运 5 座，其余已全部开工建设。

新能源和清洁能源利用水平不断提高。全面完成《港口岸电布局方案》，截至 2020 年底，长江经济带岸电设施覆盖泊位 4700 多个，累计使用约 23 万次、231 万小时、5000 万千瓦时，较 2019 年岸电用电量（约 2250 万千瓦时）翻了一番，减排硫氧化物、氮氧化物、颗粒物约 720 吨，二氧化碳 3.5 万吨。长江干线船舶 LNG 加注站建设有序推进，重庆 LNG 加注站投入试运行，上海、江苏、江西、安徽、湖南、湖北各省 LNG 加注站已开工建设。延续允许 LNG 动力船试运行通过三峡船闸政策，并给予优先过闸，2020 年 10 艘次

LNG 动力船安全过闸。目前，长江经济带已建船舶 LNG 加注站 17 个，其中 3 个已投入运营或试运营，LNG 动力船达到 250 余艘。新能源车辆发展加快，截至 2019 年底，长江经济带相关省份推广应用新能源公交车 11.2 万辆，占全部公交车的 39.6%，巡游出租汽车推广应用新能源车辆 1.5 万辆。

船岸联动、水路结合的美丽风景走廊基本形成。航道绿色建设和养护标准持续完善，生态友好的整治技术和施工工艺在航道建设过程中得到推广应用，航道绿色维护水平不断提高，疏浚土综合利用、水生态保护、生态修复和补偿、水生环境修复重建成效显著。按照把长江沿线培育成为国际黄金旅游带的要求，航道两岸生态环境保护和景观升级不断取得突破，沿重要运输通道、交通走廊逐步形成交通、生态、生活、生产、旅游等协同发展的美丽廊道。

智能交通发展快速。信息化智能化水平加快提升。上海洋山深水港四期自动化码头工程竣工投运，是目前全球最大规模、自动化程度最高的集装箱码头。长江干线数字航道基本建成，初步实现数字化维护管理。长江电子航道图推广应用取得积极进展，APP 下载量达 8 万余次。北斗系统在长江航运应用全面推进，地基增强系统基本建成，长航系统公务船艇单北斗应用实现全覆盖。行业信息服务持续优化，长江航运物流公共信息平台与国家平台实现对接，与重点港航企业、航交所等实现数据共享。沿江省市应急指挥、路政执法、安全生产监管、危险货物监管、路网交通量调查等信息化水平稳步提高，江苏、浙江、江西等地智慧公路试点建设工作有序推进。

旅游交通新业态新消费不断涌现。交通与旅游融合发展走向深入。沿江高铁旅游、低空旅游等通道布局和建设有序推进，旅游航道和旅游风景道建设持续提速，游轮母港和游船码头规划建设有序开展，豪华游船、新型环保观光游船、游艇和城市、湖泊观光船等旅游交通模式日益增多。旅游公路主线和自行车道、步道等慢行系统协同发展。公路服务区经济等新业态茁壮成长，江苏通过对经营 10 年以上的服务区进行功能改造，增强多元服务及旅游观光元素，培育出了阳澄湖、梅村、芳茂山、东庐山、仪征等一批明星服务区，成为全国样板。依托长江沿线精品生态旅游线路及国家生态风景道建设，自驾车房车营地等设施加快形成网络，沿江省市旅游交通服务体系逐步完善，旅游客运产品不断推陈出新。

三、存在的问题与困难

总的来看，长江经济带交通发展取得了显著进展，交通通达性、运输高效性、枢纽联结性、绿色发展性等综合水平提升巨大，但是在轴带效应发挥、多式联运发展、对外通道建设、枢纽高效衔接、绿色发展等方面仍存在不足，有待于进一步提升。

（一）长江轴带引领效应有待释放

长江大通道是我国国土空间开发最重要的东西轴线，担当着支撑长江经济带大发展，进而辐射带动全国共同繁荣的重要使命。近年来，长江大通道综合交通发展突飞猛进，但轴带引领效应还没有充分发挥，带动沿江地区大发展的效果还不明显，上中下游经济发展不平衡不充分的矛盾还比较尖锐，呈现出明显的"东强西弱""下强上弱"的特点。

一方面，长江经济带下游发达地区与上游和中游发展差距进一步拉大值得重点关注。长江经济带上中下游经济发展水平存在明显的梯度差异性，由下及上发展水平依次递减。从人均地区生产总值看，2020 年下游地区的上海市为 155768 元，中游地区的湖北省为 74440 元，上游的贵州省为 46267 元，上中下游地区之比为 1：1.6：3.4；2015 年，下游地区的上海市为 103796 元，中游地区的湖北省为 50654 元，上游的贵州省为 26437 元，上中下游地区之比为 1：1.9：3.9；不难发现，上游和中游地区差距缩小，但是上游和中游、下游地区的差距却扩大了，说明下游地区强大的经济发展动能并没有经由长江大通道的轴带效应带动中游地区发展，进而辐射到上游地区。

另一方面，长江干线航段利用率仅有 30%，严重制约了长江大通道的轴带效应的发挥。上游地区因陆路集疏运能力不足、航道通行条件欠缺、港口众多但联运能力有限等因素制约着沿线航运的发展。长江中游地区受到桥梁高度、水深瓶颈、干线航道枯水期、长江支流航道等级难以调配等因素制约，航运的规模效应还未显现。长江干支联动的功能尚未充分发挥，港口、码头数量众多，但现代物流增值服务功能不强、航运服务功能薄弱，存在一定的同质化竞争现象。

（二）多式联运发展方式需要丰富

多式联运是衡量一个国家地区运输组织与方式的重要指标，发展多式联运从交通运输的本源来看，对提升长江经济带立体交通走廊的效率以及提升物流综合成本具有重要意义。往外延伸来看，它对实现东西双向开放也是一条重要的路径。尽管长江经济带多式联运发展已近 40 年，但由于市场经济的发展水平和各方面因素导致总体发展仍稍显缓慢。

铁水联运发展相对缓慢。虽然铁水联运发展势头比较良好，进入了快速发展时期，但实际上长江经济带的铁水联运还是比较落后，这与我国铁水联运发展总体起步比较晚有关。从相关统计数据来看，全国有 7 个主要的铁水联运港口，长江经济带发展得比较好的仅有一个宁波港。此外，长江干线港口与铁路的直接衔接的码头泊位有 70 个，通过铁路转运的大概 1.5 亿吨，这个数字只占到港口运输的 7%，和欧美发达国家相比仍有较大差距。

重要枢纽和节点不能很好地满足多式联运发展的要求。一方面，港口总体服务水平不高，主要表现为沿线港口的一些企业规模偏小，市场知名度较低，业务方式比较单一，没有对多式联运的服务体系很好地发挥自身作用。另一方面，港口集疏运体系不够完善，目前长江经济带的港口运输方式仍以公路为主，港口与铁路的衔接还不够充分，难以满足水路运输大批次大运量的需求。

通关一体化水平还需进一步提高。目前长江经济带的海关虽然已经实现了通关一体化，但涉及到的检验检疫、海事、边检、港航等有关部门的对接协调难度仍然较大，大通关门户服务环境尚未真正形成，一定程度上影响了多式联运的经济性和便捷性。

（三）对外通道建设进程仍需提速

长江经济带东西具有双向开放、陆海统筹兼具的区位优势，目前向东、向西、向南、内陆四个方向的对外通道建设仍难以满足长江经济带发展的需要，需要进一步加力提速。

向东开放方面，外贸集装箱和大宗散货运输网络建设滞后。目前以上海港为核心的外贸集装箱运输网络尚未全面建成，上海港与其他港口的交通联系通畅性和高效性难以保障，制约了上海港发挥最大效能。以宁波舟山港为主体的大宗散货外贸运输网络建设仍旧滞后，集疏运体系建设仍需提速，海河联运、内贸业务等业务发展仍存在难点堵点，难以发挥双向枢纽功能。

向西开放方面，与南亚、东南亚特别是东盟十国的交通基础设施联通建设程度仍然滞后。2019 年 11 月第 22 次中国—东盟（10+1）领导人会议期间，中国和东盟就"一带一路"倡议和《东盟互联互通总体规划 2025》对接发布了声明。中国通过与东盟各国的共同努力，中老高速和铁路已经建成通车，但中泰铁路、印尼雅万高铁、马来西亚东海岸铁路和国际陆海贸易新通道等一大批重点项目的进展仍需提速。

向南开放方面西部陆海新通道建设仍要加强，内陆开放方面南北纵向通道与长江黄金水道的有机衔接仍需强化。西部陆海新通道建设方面，西线通路还不畅通，还存在缺失路段，中线通路运力不足，东线通路既有线路运力尚未完全释放，通道内联辐射和对外联通还有待增强。南北纵向通道建设方面，尚未真正建立起长江黄金水道和南北纵向通道高效有机衔接的机制和模式，水铁联运、江海联运等模式仍有待进一步探索挖掘。

（四）枢纽高效衔接模式仍要拓展

枢纽高效衔接，是提升综合交通运输效率的关键所在。长江经济带客货运枢纽众多，但尚未形成高效优化的枢纽衔接模式，有待进一步拓展升级。立体化换乘的综合客运枢纽数量偏少，枢纽换乘距离普遍较长。大型综合物流园区建设不足，物流资源缺乏有效集聚整合。集疏运铁路、公路建设有待加强；枢纽集群化发展程度不足。客运枢纽方面，尚未有效探索出枢纽场站与所在城市快速、大容量公共交通有机融合的方式，运输通道和市域内枢纽场站的衔接仍存在机制不清、效率不高、举措不明的问题。货运枢纽方面，市域内各种有利于通道与场站联系的各类连接线尚未全面建立，距离无缝衔接的要求还有距离，导致货运枢纽网络内联外通、高效安全的目标无法实现。

（五）交通绿色发展特色有待突出

"生态优先、绿色发展"是长江经济带的总定位，但当前交通发展绿色化水平与特色仍有待进一步突出。船舶港口污染问题尚未根除，部分地区还存在船舶偷排或违规排放污水、港口不具备污水接收设施、接收处理设施不能正常使用、接收转运设施衔接不畅、码头废水直排等现象。绿色交通分担率较低，轨道、公交、慢行交通三网融合程度不高。绿色设施建设仍处于起步阶段，绿色运输装备占比较低，新能源运输装备比例有待提升。运输结构存在有待优化的问题，节约集约土地、通道、岸线等资源利用还没有达到节约集约高效的要求，交通污染排放和能源资源消耗仍有待进一步降低。

第四节　城乡区域协调发展

长江经济带发展战略实施以来，在"一轴、两翼、三极、多点"的发展格局指引下，积极推动城市群建设，健全区域合作机制，落实脱贫攻坚和乡村振兴有关政策，推动城乡建设绿色低碳转型，保护沿江城市历史文化风貌，上中下游区域发展差距进一步缩小，新型城镇化建设稳步推进，脱贫攻坚工作取得决定性胜利，长江经济带区域协调发展水平实现了历史性提升。

一、主要政策举措和经验做法

长江经济带发展上升为国家战略以来，在城乡区域层面出台了一系列重大举措，推动城市群、都市圈建设，加强上中下游区域合作，形成了一些经验做法。

（一）区域协调发展水平提升

区域整体发展的协调性明显提高，特别是中上游地区发展水平、内生动力和活力逐步增强，长江经济带正在成为中国特色的流域区域协调发展的样板。2016 年以来，长江上游和中游地区经济增长较快，明显高于下游地区，区域发展差距进一步缩小，区域协调发展水平显著上升。从地区生产总值来看，疫情前的 2019 年与 2015 年相比，上游地区与下游地区之比提高了 4 个百分点，达到 55%；中游地区与下游地区之比提高 3 个百分点，接近 74%。从人均地区生产总值来看，五年间，上游地区占下游地区的比重提高 3 个百分点，接近 53%；中游地区占比提高近 6 个百分点，接近 88%，区域协调发展水平进一步提升。2021 年，长江经济带地区生产总值达到 53.02 万亿元，同比增长 8.7%，是我国增长速度最快的区域。

特别值得注意的是，2020 年以来，长江经济带沿线各省市积极应对国内外复杂形势和新冠肺炎疫情影响，全力推进企业复工复产、产业转型升级和创新开放发展，经受住了疫情考验，率先实现协同防控、率先实现复工复产，率先实现经济增长，实现了经济强劲复苏。

（二）城市群都市圈建设稳步推进

城市群规划不断完善。城市群建设是长江经济带发展规划纲要在城镇化发展领域的重点任务。长三角、长江中游、成渝城市群加快发展，人口和经济集聚能力进一步增强，黔中、滇中城市群稳步提升，成为省内及周边地区人口集聚、产业发展的重要地区。2016 年编制出台了《长江三角洲城市群发展规划》《成渝城市群发展规划》，再加上"十二五"期间出台的《长江中游城市群发展规划》，长江经济带三大城市群的规划编制工作全部完成。除了三大城市群外，滇中、黔中城市群的规划也由相关省份出台。在规划引领下，生态、交通、产业等领域加快推进，城市群的辐射带动作用逐步发挥。《长江经济带空间规划》有序推进。2018 年长江三角洲区域一体化发展上升为国家战略，2019 年底出台了《长江三角洲区域一体化发展规划纲要》，2020 年初，中央财经委第六次会上研究了成渝双城经济圈发展问题。

大力推进都市圈建设。各地积极贯彻落实《关于培育发展现代化都市圈的指导意见》，加快培育发展现代化都市圈，上海大都市圈"1+8"格局（上海市，江苏省的苏州、无锡、常州、南通4市，浙江省的嘉兴、宁波、舟山、湖州4市）基本形成。上海地铁 11 号线直通苏州昆山花桥，成为中国第一条跨省地铁，"沪苏同城"实现破局。沪苏通长江公铁大桥建成通车，南通到上海将由 5 小时缩短至 1 小时左右，南通市融入一小时经济圈。《杭州都市圈发展规划（2020—2035 年）》推动构建"一脉三区、一主五副、一环六带"的网络空间格局，向建成具有全球影响力的国际化现代化都市圈目标快步迈进。《南京都市圈一体化高质量发展行动计划》深度推进宁扬、宁镇、宁马、宁滁同城化发展。宁波都市圈加快培育，甬舟一体化基本成型。武汉城市圈建设深入推进，武鄂同城迈出坚实步伐，都市圈高速公路、轨道交通网络基本成型，武汉城市圈在引领支撑中部地区崛起中的作用更加突出。重庆都市圈发展提速，"两江四岸"核心区整体提升，中心城区城市名片更加靓丽，"一日生活圈""一小时通勤圈"加快培育。成都围绕国家中心城市建设，积极落实省委、省政府"一干多支"战略，加快都市圈建设，行政区划调整稳步实施，成都天府新机场等重大工程有序推进。

（三）推进农民工市民化和户籍改革

按照中共中央、国务院统一部署，切实把推进户籍制度改革、促进农业转移人口市民化作为一项全局性、战略性的重大改革任务来抓，采取有力措施，推动农业转移人口市民化取得了明显成效。

拓宽农民进城落户渠道。公安部会同有关部门指导督促 11 省市认真贯彻落实中共中央、国务院户籍制度改革有关文件精神，紧密结合实际，坚持因地制宜、因城施策，加快推进户籍制度改革，进一步放宽农业转移人口进城落户条件，全面放开放宽重点群体落户限制，让农业转移人口进城落户之路更顺畅。到 2020 年 10 月，安徽、江西、湖北、湖南、四川、云南、贵州等

7省全面放开了除省会城市外其他城市的落户限制，江苏、浙江两省的一些大城市也大大降低了落户门槛，上海、重庆、南京、杭州、苏州等超大、特大城市健全完善了公开透明的积分落户制度，进一步拓宽农业转移人口落户通道。

全力推动居住证制度落地。截至 2020 年 10 月，长江经济带多个省市均已出台居住证制度实施办法，所有城市和县均已发放居住证。2016 年以来，沿江 11 省市累计发放居住证 5000 多万张。通过实施居住证制度，建立健全与居住年限等条件相挂钩的基本公共服务提供机制，有效解决了暂不具备条件落户或不愿落户城镇农业转移人口当前在就业、教育、医疗、养老、住房保障等方面面临的突出问题，大大提升了流动人口的幸福感和满意度。

（四）加强沿江城市风貌保护

强化城市风貌管理。2020 年 4 月，住房城乡建设部会同国家发展改革委印发《关于进一步加强城市与建筑风貌管理的通知》，指导各地贯彻落实新时期建筑方针，加强对超大体量公共建筑、超高层地标建筑、重点地段建筑的管理，延续城市文脉，展现时代风貌，彰显中国特色。

推进生态修复城市修补试点工作。2017 年以来，住房城乡建设部指导长江经济带的 21 个城市将生态文明理念和要求融入生态修复城市修补工作中，恢复被破坏的生态环境，促进城市绿色发展，有效保护了沿江城市风貌。例如，江西省景德镇市积极保护"一江三河六山"城市自然山水格局，重点打造昌江百里风光带，有效改善城市水环境的同时，对城市山水景观进行全面升级。

加强城市雕塑管理。2020 年 9 月，住房城乡建设部印发《关于加强大型城市雕塑建设管理的通知》，指导各地加强大型城市雕塑管控，加强重要地区雕塑管理，加强重大题材雕塑审查，严禁以传承文化、发展旅游、提升形象等名义盲目建设脱离实际、脱离群众的大型雕塑。同时，住房城乡建设部通报了湖北省荆州市巨型关公雕像项目和贵州省独山县水司楼项目有关问题，指导荆州市、独山县做好项目整改，完善管理制度，坚决杜绝滥建"文化地标"等形象工作、政绩工程。

二、取得的成效

经过几年的努力，在城市群建设、城乡融合发展、脱贫攻坚等方面取得了明显进展，成效显著。

（一）城市群都市圈同城化一体化水平提升

城市群人口集聚能力不断增强。"十三五"时期长江经济带城市群发展迅速，长三角、长江中游、成渝城市群加快发展，人口和经济集聚能力进一步增强，黔中、滇中城市群稳步提升，成为省内及周边地区人口集聚、产业发展的重要地区。特别是三大城市群，涵盖 74 个地级以上行政单元，总面积约81.4 万平方千米，疫情前的 2019 年共实现地区生产总值约 36.3 万亿元，常住总人口约 3.97 亿人，分别约占全国的 8.5%、36.6%、28.4%。其中，长三角城市群 27 市以占全国约 2.3% 的土地面积，创造了全国约 20.6% 的经济总量，集聚了全国约 11.8% 的常住人口；长江中游城市群 31 市以占全国约 3.6% 的土地面积，产出了全国约 9.5% 的经济总量，集聚了全国约 9.4% 的常住人口；成渝城市群 16 市以占全国约 2.5% 的土地面积，产出了全国约 6.6% 的经济总量，集聚了全国约 7.2% 的常住人口。

（二）城市综合承载能力显著增强

城市供水安全保障不断加强。2019 年，长江经济带城市供水生产能力达1.2 亿立方米 / 日、供水管网长约 45.2 万千米，较 2016 年分别提高 12.2%、29.4%；长江经济带城市公共供水普及率达 98.1%，较 2016 年增长 1.8 个百分点。在《城镇供水管网漏损控制与评定标准》和《城镇供水管网分区计量管理工作指南——供水管网漏损管控体系构建（试行）》指导下，截至 2019年底，长江经济带城市公共供水管网漏损率为 9.4%，较 2016 年有显著改善。城市节水量约 24 亿立方米，相当于城市供水总量的 10%。江苏省南京市、湖北省武汉市和四川省绵阳市设立国家应急供水救援中心，配备应急供水设备，负责各片区的供水应急救援工作。

城市污水收集处理设施建设持续推进。城镇污水处理能力不断提升，长江干流沿线城市、县城均已实现集中式污水处理设施全覆盖，长三角地区城市生活污水处理设施全部达到一级 A 排放标准，上海市、浙江省、湖北省、重庆市、江苏省等 5 省市实现重点镇污水收集处理能力全覆盖，2019 年城市污水处理率达 96.8%，较 2014 年提高 2.8 个百分点。城市生活污水收集效能不断增强，根据《城镇污水处理提质增效三年行动方案（2019—2021 年）》和《城镇生活污水处理设施补短板强弱项实施方案》，长江经济带沿线城市加快推进污水管网建设改造，因地制宜开展雨污分流改造，加快补齐污水收集处理设施短板，2019 年至 2020 年 9 月底，关停地级及以上城市建成区生活污水直排口近 7500 个，消除设施空白区 318 平方千米。

城市生活垃圾处理系统不断完善。城市生活垃圾已基本实现无害化处理，无害化处理率为 99.1%，上海、江苏、安徽、江西、浙江生活垃圾无害化处理率达 100%。建制镇的生活垃圾处理率也有大幅提升，截至 2018 年底，长江经济带建制镇生活垃圾处理率较 2016 年提升了 3.22 个百分点。生活垃圾处理结构不断优化，焚烧处理能力占总能力的 60% 以上。生活垃圾分类工作不断推进，上海等城市已形成可复制、可推广的经验，其他地区也已全面展开。

（三）城乡融合发展水平提升

城乡融合走在全国前列。长江经济带在推进城乡融合体制机制上也走在全国前列。在国家发展改革委等部门公布的《国家城乡融合发展试验区改革方案》中，长江经济带有 5 个地区入选了国家城乡融合发展试验区（表 3-4-1），分别是浙江嘉湖片区、江苏宁锡常接合片区、江西鹰潭、四川成都西部片区、重庆西部片区，数量占到了全国 11 个试验区的一半。主要开展城乡有序流动的人口迁徙制度，进城落户农民依法自愿有偿转让退出农村权益制度，农村集体经营性建设用地入市制度，农村产权抵押担保权能，科技成果入乡转化机制，城中村改造合作平台等机制。

表 3-4-1　长江经济带上的国家城乡融合发展试验区

地区	试验范围	面积	试验重点
浙江嘉湖片区	嘉兴市全域（南湖区、秀洲区、平湖市、海宁市、桐乡市、嘉善县、海盐县），湖州市全域（南浔区、吴兴区、德清县、长兴县、安吉县）	约 10043 平方千米	建立进城落户农民依法自愿有偿转让退出农村权益制度； 建立农村集体经营性建设用地入市制度； 搭建城乡产业协同发展平台； 建立生态产品价值实现机制； 建立城乡基本公共服务均等化发展体制机制
江苏宁锡常接合片区	南京市溧水区、高淳区，宜兴市，常州市金坛区、溧阳市	约 6361 平方千米	建立农村集体经营性建设用地入市制度； 建立科技成果入乡转化机制； 搭建城乡产业协同发展平台； 建立生态产品价值实现机制； 健全农民持续增收体制机制
江西鹰潭	鹰潭市全域（月湖区、余江区、贵溪市）	约 3557 平方千米	建立农村集体经营性建设用地入市制度； 完善农村产权抵押担保权能； 建立城乡基础设施一体化发展体制机制； 建立城乡基本公共服务均等化发展体制机制； 健全农民持续增收体制机制
四川成都西部片区	成都市温江区、郫都区、彭州市、都江堰市、崇州市、邛崃市、大邑县、蒲江县	约 7672 平方千米	建立城乡有序流动的人口迁徙制度； 建立农村集体经营性建设用地入市制度； 完善农村产权抵押担保权能； 搭建城乡产业协同发展平台； 建立生态产品价值实现机制
重庆西部片区	重庆市荣昌区、潼南区、大足区、合川区、铜梁区、永川区、璧山区、江津区、巴南区	约 15323 平方千米	建立城乡有序流动的人口迁徙制度； 建立进城落户农民依法自愿有偿转让退出农村权益制度； 建立农村集体经营性建设用地入市制度； 搭建城中村改造合作平台； 搭建城乡产业协同发展平台

（四）脱贫攻坚取得历史性成就

按照中共中央、国务院决策部署，有关部门指导长江经济带各省市集中全社会力量，全方位攻克贫困堡垒、创新扶贫模式、完善扶贫政策体系，脱贫攻坚工作呈现出系统推进、标本兼治的良好局面。

产业扶贫方面，长江经济带相关省市统筹推动贫困地区特色产业精准扶贫。多次组织产业扶贫现场观摩活动，及时总结和推广典型经验，促进产业扶贫工程的协调发展。强化特惠金融支持，为有发展产业需求的建档立卡贫困户提供扶贫小额信贷支持。2016年以来，累计发放扶贫小额贷款惠及贫困户约700万户（次）。通过建设光伏扶贫电站，电站收益惠及3.4万个村，利用光伏扶贫收益设置公益岗位近31万个。

就业扶贫方面，指导有关省市开展扶贫就业专项行动，针对务工需求，开展就业培训，实现贫困劳动力外出稳定务工就业。拓展农业龙头企业、农民专业合作社、扶贫车间等新型经营主体就业带动能力，吸纳贫困劳动力在家门口就近就业。出台支持政策允许安排各级财政专项扶贫资金统筹支持边缘人口公益岗位安置。面对突发疫情，定期组织调度，把疫情对贫困劳动力务工就业的影响降到最低。2020年，长江经济带（除上海、江苏、浙江外）涉及省市贫困劳动力外出务工约1600万人，较2016年增加约750万人，增幅超过80%。

教育扶贫方面，建立学籍系统和建档立卡贫困人口数据比对机制，核查义务教育阶段贫困家庭辍学学生，确保贫困家庭学生义务教育有保障。指导各地出台控辍保学实施方案，对失学辍学高发县进行监测评估，健全控辍保学责任制。做好贫困地区乡村教育队伍建设，不断提升农村学校教学质量。持续实施特岗教师计划、师范生公费教育计划、"三区"人才支持计划、教师专项计划、国培计划等。

健康扶贫方面，推进健康扶贫工作，实施大病集中救治一批、慢病签约服务管理一批、重病兜底保障一批。动员三级医院与贫困县县级医院结对帮扶，医疗卫生投入向贫困地区倾斜，加快推进长江经济带涉及地区基层医疗卫生能力水平提升。实施倾斜性医疗保障政策，对贫困人口参加医保给予财政补贴，看病报销比例达到80%以上，减轻贫困患者看病负担。

三、存在的问题与困难

（一）上中下游发展不平衡不协调

上中下游地区发展条件差异大，基础设施、公共服务和人民生活水平差距大。下游的长三角地区城镇化率远高于全国平均水平，中上游 7 省市中除湖北、重庆外，其余 5 省均低于全国平均水平。区域合作虚多实少，城市群缺乏协同，带动力不足。省际协商合作、政府间协商议价等机制仍待建立完善，"东高西低"与"南快北慢"发展不平衡特征并存。

（二）长三角与中上游地区衔接不足

沿"黄金水道"溯江而上的广阔腹地是长三角地区的一大优势，也是其在我国沿海地区率先崛起的重要支撑动力。2015 年以来，长江经济带中上游省市经济增速较快，高出全国增速 1—1.5 个百分点，如中游沿江省份、上游成渝地区在全国经济版图中的重要性日益显现，中上游地区与长三角地区内生的经济联系更加紧密，在航运、贸易、金融、研发等功能上都需要向长三角地区寻找服务，对长三角地区的支撑能力也有所增强，长三角地区完全有望借势获得更为持久的发展动能。然而目前各地推进长三角一体化中，有关省市的视野范围和工作重心仍在"三省一市"范围内，尚未将中上游腹地进行统筹系统考虑，这不利于构建基于上中下游比较优势的产业链，也不利于长三角地区的长久发展。

（三）城市群一体化机制还不健全

以城市群为重点的区域城镇协调联动发展机制不够健全。城市群内部的协调联动机制滞后，城市间产业、生态合作不足，长江中游、成渝城市群一体化程度还需要提升，整体竞争力还需要进一步提升。跨区域推动新型城镇化的机制尚未建立，中上游地区农村转移到下游地区城镇就业的人口，还难以在就业地落户并享受与当地居民相同的基本公共服务，仍没有完全实现市民化。一些地区尽管城镇化水平提升较快，但市民化程度、城市建设水平、城市发展方式等方面与发达地区相比还有不小差距，城镇化质量还有较大提升空间。

（四）农业转移人口市民化进展缓慢

与全国整体情况类似，长江经济带各地在推进农业转移人口市民化的有关户籍、土地、社保、投融资等体制机制改革方面进入了瓶颈期，一些地区农业转移人口落户仍然存在困难，"落户难"与"不愿落"现象并存，推进农业转移人口市民化仍任重道远。尽管各地都在依托国家新型城镇化试点进行积极探索，但总体上缺少能带来较大增量突破的关键举措，一些试点地区取得的典型经验也由于种种原因难以在其他地区推广，特别是在城乡两方面联动改革方面的有关探索还有不足。

（五）工商资本下乡面临诸多制约

工商资本是推动乡村振兴的重要力量，鼓励工商资本下乡也是推动城乡融合发展的重要举措，但从试点情况来看，工商资本下乡面临着较多障碍，使得工商资本下乡的规模和领域受到较大限制，影响城乡融合取得实质性进展。突出表现在以下几个方面：一是农村"人地钱"要素供给难以满足下乡资本多样化需求。土地制度改革缓慢，"用地难"成为普遍的难题，许多空置宅基地无法用于农业产业用地。融资问题突出，农村资产抵押贷款成效不突出。农村劳动力素质普遍不高，产业工人和科技人才存在较大短板，"用工难"问题严重。二是工商资本下乡依然存在制度门槛。许多地区从保护农民利益的角度出发，施行准入制度、层层备案管理、强制工商企业二次分红等办法，对工商资本下乡设置较多门槛，影响工商资本下乡的积极性。三是农村地区依然存在基础设施短板。许多农村地区基础设施非常薄弱，涉农项目周边、内部基础设施配套不到位，吸引工商资本动力不足。

第五节　对外开放

2016 年以来，长江经济带充分发挥沿海、沿江、内陆和沿边开放优势，依托进口博览会、9 个自由贸易试验区、中欧班列、西部陆海新通道、海关区域通关一体化等举措，不断加快发展开放型经济、提升通道建设、制度创新引领、对外交流合作，为形成陆海内外联动、东西双向互济的全面开放新格局打下良好基础、积累了丰富经验。

一、主要政策举措

近年来，长江经济带沿线省市抢抓国家战略发展机遇，在拓展对外开放方面推出一系列政策举措，上海成功举办四届国际进口博览会，沿江自由贸易试验区、海关特殊监管区域持续探索规则、管理、标准新制度，中欧班列、西部陆海新通道加快建设，各类开放合作交流平台持续搭建，海关区域一体化深入推进。

（一）进一步提升中国国际进口博览会办会质量

2018—2021 年间，上海成功举办四届国际进口博览会，展馆面积从第一届的 30 万平方米扩大到了第四届的 36.6 万平方米，按一年计的意向成交额从 578.3 亿美元增长至 707.2 亿美元，在形式和内容上不断创新，受到越来越多的国家关注和参与。

持续优化升级展示交易平台。四届进口博览会除不断扩大展馆面积外，均采用了"线上＋线下"的模式，为展示交易提供更简捷的渠道。如首届进口博览会便搭建了"6+365 天"一站式交易服务平台，建设集保税展示、商品交易、物流仓储、通关服务于一体的虹桥常年保税展示交易场所。第二届进口博览会成功举办虹桥国际经济论坛和上海城市推介大会，实现保税展示展销常态化。第四届进口博览会进一步实现了首次线上国家展，依托三维建模、虚拟引擎等数字化技术搭建虚拟展厅，充分展示参展国的产业、文化等特色。线上国家展成功克服了新冠肺炎疫情造成的展示困难，获得了参展国政府的大力支持，同时也充分展示了我国数字化技术的优势与价值。

注重首发首展新产品、新技术、新服务。每届进口博览会都会有大量新产品和新技术亮相，其中有很多产品是全球首次发布，这也是进口博览会对国际企业的重要吸引力所在，国际企业可以通过参加进口博览会来了解全球新产品的发展趋势，优化自身产品体系、调整生产策略。如首届进口博览会有来自通用电气、杜邦、佳能、日立、施耐德、微软、戴尔、库卡、ABB、发那科、霍尼韦尔、西门子、三菱电机等国际顶尖高科技制造企业的 100 多项新产品和新技术发布。第四届进口博览会展示新产品、新技术、新服务 422 项，食品及农产品、汽车、技术装备、消费品、医疗器械及医药保健、服务贸易等 6 大类首发首展新产品、新技术均超过前三届。其中医疗器械及医药保健展区首发新产品、新技术数量 135 项，为六大类之首。新能源类新产品也是一大亮点，氢燃料电池汽车、都市共享型移动出行概念车 M vision X、新一代混合动力车用电池包等以新能源、概念车等新产品以及"零碳工厂"等绿色低碳新技术的首发首展吸引了更多参展商的注意力，也为全球商品交流带来机遇。

举办高规格、内容多样化的配套现场活动。配套活动是每一届进口博览会的重要亮点之一，不仅发挥着贸易交流的辅助作用，而且对加强不同国家的文化交流起到了积极影响。第四届进口博览会期间配套了 100 余场高规格、高质量、高水平的现场活动，包括政策解读、对接签约、新品展示、投资促进、研究发布等多种形式。如海关总署、中国贸促会联合主办"双循环"新发展格局下高水平对外开放高峰论坛，围绕"深化海关改革 服务构建新发展格局""推进单一窗口建设提升营商环境""把握全球贸易格局演化趋势 推动外贸高质量发展""推动对外贸易创新发展服务贸易强国建设"等重要议题展开讨论。2021 中国国际公共采购论坛以"共享公共采购市场的未来"为主题，由国际多边开发银行、国际组织和联合国机构、外国政府驻华使馆高级官员、中央相关部门和全国政府采购监管机构负责人等分享国际机构和外国政府 2020 年以来有关采购情况及政策、未来工作计划与重大项目，探讨国际公共采购市场的热点问题、动态趋势及潜在的市场机遇。

专栏 3-3　第一届至第四届进口博览会成绩

第一届（2018 年 11 月 5—10 日）：共有 172 个国家、地区和国际组织参会，3617 家境外企业参展，展览总面积达 30 万平方米。展会采购交易成果丰硕，按一年计累计意向成交 578.3 亿美元。100 多项新产品和新技术发布。

第二届（2019 年 11 月 5—10 日）：共有 126 个外国政府团组参会，共有 64 个国家、3 个国际组织以及 3800 多家企业参展，展览总面积达 36 万平方米，比首届增加 6 万平方米。按一年计，累计意向成交 711.3 亿美元，比首届增长 23%。391 件全球或中国大陆首发新产品、新技术或服务亮相。

第三届（2020年11月5—10日）：来自124个国家（地区）的企业踊跃参展，二十国集团、金砖国家、上合组织全部成员国均有企业参展，数十家龙头企业连续签约未来三届。按一年计，累计意向成交726.2亿美元，比上届增长2.1%。

第四届（2021年11月5—10日）：共有来自127个国家和地区的2900多家企业参展，展览面积达到36.6万平方米，再创历史新高，展示新产品、新技术、新服务422项。受新冠肺炎疫情等因素影响，按一年计意向成交金额707.2亿美元，比第三届略降2.6%。

数据来源：根据网络公开材料整理。

（二）推动自由贸易试验区、海关特殊监管区域制度创新

2016年9月以来，长江经济带新增9个自由贸易试验区，沿江11个省市中已有9个省市设立自由贸易试验区，增设综合保税区24个，海关特殊监管区域数量达到75个，在推动长江经济带高水平开放中发挥了重要的排头兵和试验田作用。

持续开展自贸区规则、管理、标准等制度创新。2013年上海自由贸易试验区挂牌之际，推出了我国第一张外商投资准入负面清单——《中国（上海）自由贸易试验区外商投资准入特别管理措施（负面清单）（2013年）》，清单之外的外资企业设立和变更由审批改为备案，2016年9月该制度在全国复制推广。湖南自由贸易试验区自2020年设立以来，构建起非洲非资源性产品直采供应链，目前已培育100多个非洲品牌产品，形成咖啡、可可、腰果、小五金、小农机等10条进出口产业链。2021年，上海自贸试验区临港新片区率先取消外商直接投资人民币资本金专户，率先开展境内贸易融资资产跨境转让、本外币合一跨境资金池、高新技术企业跨境融资便利化额度等试点。此外，沿江各自由贸易试验区加快完善"一站式"服务体系，如四川自由贸易试验区推行"小时清单制"，实现企业开办从原来的225个工作日缩减至1个工作日。云南自由贸易试验区挂牌4个月已办理"证照分离"改革事项企业登记业务近5万件，有效降低了企业制度性交易成本，至设立1周年时已新增市场主体达32775户，其中每天新诞生约160户市场主体，约每4天引进1户外资企业落地①。

---

① 云南自贸区. 发挥特色优势 打造"沿边＋跨境"开放高地［DB/OL］. http://www.ccud.org.cn/phone/article/22824.html.

支持海关特殊监管区域加快建设，与自由贸易试验区联动发展。2020年1—9月75个海关特殊监管区域进出口额为27万亿元，占同期长江经济带进出口额的25.16%，有效发挥了产业集聚和推动开放型经济发展的积极作用。2016—2021年，长江沿线增设24个综合保税区，其中超六成（15个）为新设的综合保税区，其余9个为通过整合其他类型海关特殊监管区域转为综合保税区。国家相关部门和沿长江省市出台一系列政策措施，支持相关综合保税区打造成为具有全球影响力和竞争力的加工制造中心、研发设计中心、物流分拨中心、检测维修中心和销售服务中心。如武汉市政府、武汉海关在2022年联合发布"加快综合保税区发展20条"，支持武汉东湖综保区发挥示范引领作用，推动光芯屏端网、生物医药全产业链发展；引导综保区与自由贸易试验区联动发展，将自由贸易试验区改革试点经验优先向综保区复制推广；推动综合保税区与口岸功能叠加、区港联动发展。此外，长江中上游地区口岸开放扎实推进、口岸布局得到进一步优化，2016年以来批准九江港口岸、黄石港口岸、武汉港口岸和重庆港口岸扩大开放，宜昌港、泸州港实现临时开放，部分口岸通过验收投入使用。详见表3-5-1。

表3-5-1 长江沿线省市自由贸易试验区提供"一站式"服务情况

自由贸易试验区	"一站式"服务举措
上海自由贸易试验区	建成"一网通办"总平台，接入2035个政务服务事项
浙江自由贸易试验区	一窗受理、受办分离、集成服务
湖北自由贸易试验区	"一网覆盖、一次办好"的"互联网＋放管"
重庆自由贸易试验区	商事主体注册登记"四办"（网上办、马上办、辅导办、帮你办）
四川自由贸易试验区	一窗受理、协同审批的"一站式"政务服务专区
云南自由贸易试验区	"三个一"的审批服务体系，即"一窗受理、一网通办、一次办成"

资料来源：相关各省市自由贸易试验区网站。

（三）加快中欧班列、西部陆海新通道建设

长江经济带各省市围绕东中西互动合作协调发展、沿海沿江沿边全面对内对外开放，不断提升通道建设，为更好畅联"一带"和"一路"提供了重要基础、积累了丰富经验。

量质并重推动中欧班列快速发展。目前长江经济带沿线省（直辖市）均已开通中欧班列，成为推进中欧班列发展的主力军。重庆、成都作为中欧班列集结中心，至2020年底，成渝两地累计开行中欧班列14000列，占全国开行总量40%以上。2021年两地开始统一使用"中欧班列（成渝）"品牌，当年开行班列超4800列。浙江义乌目前开通了全国运营方向最多、载重率最高、跨越国家最多、运输线路最长的中欧班列，自2014年首次开通"义新欧"班列以来，已累计开通国际线路近40条，开行班列超过3700列，联通亚欧大陆50多个国家和地区。2021年，长江沿线多个城市开行班列数增长显著，如长沙增长92.3%、武汉增长91%、金华增长59%、苏州增长21.1%、连云港增长11.7%、合肥增长15%，长沙、义乌、苏州、武汉等城市实现日均开行超1列。上海和贵阳的首趟中欧班列分别于2021年9月和11月发车，可分别实现2周抵达德国汉堡和俄罗斯莫斯科。在新冠肺炎疫情频频反弹情况下，长江沿线省份中欧班列仍然实现逆势增长，成为我国对外贸易一大亮点和特色。更为重要的是，平稳运行的中欧班列将我国生产的防疫物资源源不断地运抵欧洲国家。如武汉铁路部门将防疫物资运输纳入中欧班列重点保障范围，2022年1月，中欧班列（武汉）共计向德国、波兰、意大利等欧洲国家运送口罩、防护服、手术衣等防疫物资1274.26吨，同比增长95.6%。

积极参与西部新通道共建共享。重庆稳步推进通道物流和运营组织中心建设，已形成"一主两辅多节点"始发集结体系，在国内加强与四川、甘肃等省份对接、强化货源组织，在国际上辐射94个国家（地区）的248个港口。至2021年底，经通道累计运输超27万标箱，运输货值超470亿元。去回程货运量比重达到54∶46、货值比重达到51∶49，实现双向运输平衡。口岸进、出口整体通关时间较2017年分别压缩71.46%、97.4%，单个集装箱进

出口环节常规收费压减至 400 美元以内。川黔滇等省份积极参与共建共享新通道，四川 2021 年开行国际班列 4358 列，成都中欧班列境外城市站点增加 10 个、达 68 个。开辟涪陵至泸州"散改集"航线，泸州、宜宾至重庆"水水中转"班轮实现常态化运行，成都经钦州至东盟海铁联运班列"天天班"实现稳定运行，宜宾、内江、自贡、泸州、广安、达州等市均开通了铁海联运国际货运班列或至北部湾班列。贵州加快贵阳至南宁铁路、改貌铁路口岸建设，组建贵州多式联运公司，已开通 6 条集装箱班列线路。云南加快联通缅甸皎漂港，拓展通道出海口。开通澜沧江—湄公河国际航道，持续推进澜沧江 244 界碑至临沧港四级航道、右江百色库区（云南段）高等级航道、水富至宜宾三级航道等建设。随着通道建设的持续推进，贸易覆盖范围及产品品类大幅拓展，如重庆—东盟公路班车实现对中南半岛全覆盖，在越南河内、泰国拉卡邦、柬埔寨西哈努克等地设立 30 个分拨中心，可运输摩托车配件、机电设备、电子产品等。铁海联运班列在新加坡、越南和中国香港设立 5 个国际集散分拨中心，可运输机械设备及电器、轻工产品及医药、粮食、化工原料等 640 种产品。

专栏 3-4　长江沿线省市中欧班列主要运行线路

中欧班列（重庆—杜伊斯堡）：从重庆团结村站始发，由阿拉山口出境，途经哈萨克斯坦、俄罗斯、白俄罗斯、波兰至德国杜伊斯堡站，全程约 11000 千米，运行时间约 15 天。

中欧班列（成都—罗兹）：从成都城厢站始发，由阿拉山口出境，途经哈萨克斯坦、俄罗斯、白俄罗斯，至波兰罗兹站，全程 9965 千米，运行时间约 14 天。货源主要是本地生产的 IT 产品及其他出口货物。

中欧班列（苏州—华沙）：从苏州始发，由满洲里出境，途经俄罗斯、白俄罗斯至波兰华沙站，全程 11200 千米，运行时间约 15 天。货源为苏州本地及周边的笔记本电脑、平板电脑、液晶显示屏、硬盘、芯片等 IT 产品。

中欧班列（武汉—捷克、波兰）：从武汉吴家山站始发，由阿拉山口出境，途经哈萨克斯坦、俄罗斯、白俄罗斯到达波兰、捷克斯洛伐克等国家的相关城市，全程 10700 千米左右，运行时间约 15 天。

中欧班列（长沙—杜伊斯堡）：始发站在长沙霞凝货场，具体实行"一主两辅"运行路线。"一主"为长沙至德国杜伊斯堡，通过新疆阿拉山口出境，途经哈萨克斯坦、俄罗斯、白俄罗斯、波兰、德国，全程 11808 千米，运行时间 18 天。"两辅"一是经新疆霍尔果斯出境，最终抵达乌兹别克斯坦的塔什干，全程6146千米，运行时间11天；"两辅"另一条经二连浩特（或满洲里）出境后，到达俄罗斯莫斯科，全程8047千米（或10090千米），运行时间13天（或15天）。

中欧班列（义乌—马德里）：自义乌铁路西站始发，作为铁路中欧班列重要组成部分，中欧班列（义乌—马德里）的首发线路，将贯穿新丝绸之路经济带，从义乌铁路西站到西班牙马德里，通过新疆阿拉山口口岸出境，途经哈萨克斯坦、俄罗斯、白俄罗斯、波兰、德国、法国、西班牙，全程13052千米，运行时间约21天。首趟中欧班列（义乌—马德里）有41节列车，运载82个标准集装箱出口，全长550多米。

中欧班列（连云港—伊斯坦布尔）：连云港中欧班列开行3年以来首次实现"连云港—哈萨克斯坦—阿塞拜疆—格鲁吉亚—土耳其"沿线站到站全程铁路运输。

中欧班列（义乌—列日）：从浙江义乌启程，途经哈萨克斯坦、俄罗斯、白俄罗斯、波兰和德国，最后到达比利时列日，运行17天。通过菜鸟网络部署在列日的物流枢纽、欧洲卡车网络和欧洲配送自提网络，班列所运载的跨境包裹将从列日快速分发至德国、法国、荷兰等欧洲国家。该班列将维持一周发运一列的频率。

中欧班列（合肥—德国汉堡、阿拉木图）：即"合新欧"国际货运班列。合肥北站始发，自新疆阿拉山口口岸出境，途经哈萨克斯坦、俄罗斯、白俄罗斯、波兰到达德国汉堡。"合新欧"铁路货运班列共分为两类：一类是开往中亚阿拉木图的货运班列，运行时间为9天，行程4954千米，自开通后已经实行"一月两列"的常态化运行模式，运载的出口货物主要是家电产品；一类是新开通的直通德国汉堡的货运班列，行程11000千米，运行时间为15天。

中欧班列（苏州—米兰）：于2022年1月24日首发。

中欧班列（泸州—德国杜伊斯堡）：于2022年1月25日从四川泸州首发。

中欧班列（九江—莫斯科）：2022年4月15日九江中欧班列复航。

数据来源：根据网络公开材料整理。

（四）积极搭建各类开放合作交流平台

"十三五"以来，沿江省市因地制宜、多措并举融入共建"一带一路"，搭建多种类型合作平台，促进与"一带一路"沿线国家贸易合作、文化交流。

加快境外经贸合作区建设。支持建设有带动作用和聚集效应的境内外经贸合作区和创新产业园，扩大行业优势企业对外投资和外来资本投资等双向贸易投资，构建安全高效、分工协作的国际产业链供应链网络。如南京市加快推动安美德中国（南京）智慧城、中阿产能合作示范园等国际合作项目建设，争创国家级"一带一路"建设综合改革开放试验区。江苏、浙江等长江下游省份加快将国内园区建设经验推广到"一带一路"沿线国家地区，截至2020年，长三角三省一市在"一带一路"沿线国家共建了15个境外园区，在通过商务部验收的 20 个高水平境外园区中，长三角占据 7 席，泰国泰中罗勇工业园等已成为我国境外园区建设的重要典范，助力当地工业化进程加快。详见表 3-5-2。

表 3-5-2　长三角地区的部分国家级境外经贸合作区

名称	位置	实施企业	相关产业	优惠措施
柬埔寨西哈努克港经济特区	距离西哈努克国际深水港及火车站 12 千米、西港国际机场仅 3 千米	江苏太湖柬埔寨国际经济合作区投资有限公司	纺织服装、箱包皮具、五金机械、木业制品、机械、建材等	豁免关税及提供免税期等
中国印尼综合产业园园区青山园区	印度尼西亚中苏拉威西省摩罗瓦里县	上海鼎信投资（集团）有限公司	镍、铬、铁矿资源综合开发利用型产业	提供税收优惠，自用设备免征进口关税等
泰中罗勇工业园	距离泰国曼谷市区 114 千米、芭堤雅市 36 千米	华立产业集团有限公司	汽车配件、机械、电子、电器、建材五金等	豁免企业所得税、进口机器关税等
越南龙江工业园	距胡志明市中心、国际机场及西贡港均约为 50 千米	浙江前江投资管理有限责任公司	电子、电器、机械、轻工业、建材、食品、生物制药业、农林产品加工等	豁免所得税、进口税和产品出口税等
乌兹别克斯坦鹏盛工业园	乌兹别克斯坦共和国锡尔河州	温州市金盛贸易有限公司	瓷砖、制革、制鞋、水龙头阀门、卫浴设施等	免除土地税、利润税、法人财产税等
埃塞俄比亚东方工业园	埃塞俄比亚奥罗米亚州，距离首都亚的斯亚贝巴和博莱国际机场约 30 千米	江苏永元投资有限公司	纺织服装、建材、日用轻工、金属制品等	免进口税和提供所得税免税期等

资料来源：根据中国境外经贸合作区投促办公室、香港贸发局相关资料整理。

设立跨境电子商务综合试验区。2015 年以来，全国共分 6 批设立了 132 个跨境电子商务综合试验区，其中长江经济带沿线省市有 57 个，占比 43.2%。一些沿江省份如江苏已经实现 13 个设区市跨境电子商务综合试验区全覆盖。

杭州作为国家设立的首批唯一一个跨境电子商务综合试验区，成立七年来优势资源不断集聚，已形成良好的跨境电商卖家生态圈。大批企业在杭州综试区设立运营中心总部、借助长三角区域优质工厂供应链完成跨境出海，如浙江泰普森实业集团是杭州一家从事户外休闲用品生产的传统外贸企业，其运营中心设在杭州，生产基地放在取材便利、家具工业基础发达的德清县，自从2017年进入跨境电商市场以来，年跨境电商交易额从260万美元增长至2021年的8000万美元。详见表3-5-3。

表3-5-3　全国6批跨境电子商务综合试验区及其在长江经济带省市分布情况

批次	涉及城市
第一批 2015年	共1个，杭州市
第二批 2016年	共12个，涉及长江沿线城市6个：上海市、重庆市、合肥市、成都市、宁波市、苏州市
第三批 2018年	共22个，涉及长江沿线城市9个：南京市、南昌市、武汉市、长沙市、南宁市、贵阳市、昆明市、无锡市、义乌市
第四批 2019年	共24个，涉及长江沿线城市9个：徐州市、南通市、温州市、绍兴市、芜湖市、赣州市、黄石市、岳阳市、泸州市
第五批 2020年	共46个，涉及长江沿线城市与自治州19个：常州市、连云港市、淮安市、盐城市、宿迁市、湖州市、嘉兴市、衢州市、台州市、丽水市、安庆市、九江市、宜昌市、湘潭市、郴州市、德阳市、绵阳市、遵义市、德宏傣族景颇族自治州
第六批 2022年	共27个，涉及长江沿线城市与自治州13个：扬州市、镇江市、泰州市、金华市、舟山市、马鞍山市、宣城市、景德镇市、上饶市、襄阳市、南充市、眉山市、红河哈尼族彝族自治州

数据来源：编者根据网络公开材料整理。

打造高水平国际文化交流平台。扩大国际文化交流，培育具有竞争力的文化产品和品牌；务实推进与沿线国家、地区友好往来，推动更多国家在市内设立领事机构和办事机构等，发展国际友好城市和友好合作关系。如杭州实施"新杭线"文创品牌国内外巡展计划，深化发展友好城市，推动优秀文化产品、服务和文化企业走出去，策划举办杭州歌剧舞剧院、杭州爱乐乐团等文化单位赴国外演出等系列高水平国际文化艺术交流活动，讲好杭州故事发挥国际影响力，持续推进杭州海外交流基地及对外交流人文体验点建设；成都市集聚"一带一路"国际美食品牌，全力推进成都美食文化传播，实施"一带一路"天府文化推广计划，大力开展"大熊猫与世界"等重大活动，举办"天府文化周"主题交流活动，打造"一带一路"沿线国家和地区媒体联盟和"媒体访友城"等外宣品牌。云南高校新增 6 个南亚、东南亚语种本科专业，在南亚、东南亚设立 15 个办学机构和项目。

（五）持续提升长江经济带海关区域通关效率

长江经济带涉及 9 省 2 市 12 个直属海关，区域内进出口货值、报关单量占全国比重高。2016 年以来，沿江省市在长江经济带海关区域通关一体化改革基础上，持续探索通关模式创新、加快复制上海自由贸易试验区通关先进经验。

创新作业模式提升通关便利度。2020 年 12 月 1 日，经海关总署批准，苏州工业园区海关与浦东机场海关率先开展长三角一体化海关真空包装等高新技术货物布控查验协同试点。对不宜在口岸海关监管区实施入境查验的真空包装、防光包装、恒温存储等货物，通过"口岸外观查验 + 目的地综合处置"的联动模式，创新推出事前风险评估备案、事中两段布控处置、事后风险验证管理的长三角一体化海关风险防控工作机制。2022 年 4 月 27 日，长江中上游地区规模最大的海关集中查验中心——武汉阳逻港集中查验中心正式启用，实现阳逻港一二三期的三个码头外贸货物共享通关和进出口货物报关业务的集中办理，通关效率较以往可以提高 50%。接下来武汉阳逻港查验中心将进一步与周边的阳逻综保区、阳逻铁水联运基地的互联互通，查验量将突破 60 万标箱。

复制推广上海自由贸易试验区通关经验。在沿江条件成熟的海关中复制推广上海自由贸易试验区"先进区、后报关""区内自行运输""加工贸易工单式核销""保税展示交易""境外维修""期货保税交割""融资租赁""批次进出、集中申报"简化通关作业随附单证"等制度改革和功能创新。规范和统一区间保税货物流转业务操作流程和信息化管理系统，整合改造现有业务系统及各关辅助管理系统流转管理功能，实现海关特殊监管区间保税货物流转的结转申报、物流、底账核注数据的互通互联和对碰，满足料号级管理需要，方便保税货物流动。

二、取得的成效

长江经济带以统筹沿海沿江沿边和内陆开放，深化商品和要素流动型开放，加强规则等制度型开放等为方向，加快形成全面开放新格局，长三角的开放引领作用进一步增强，内陆及沿边开放能力增强，参与共建"一带一路"走深走实。

（一）长三角引领开放作用进一步释放

长三角地区是长江经济带对外开放要素最集中、开放型经济最活跃的地区，对长江经济带乃至全国对外开放都具有重要的示范引领作用。2020年，长三角地区三省一市进出口总额为17139亿美元，同2015年相比名义增幅为23.4%，占长江经济带的比重为79.2%。长三角地区对外投资活跃度不断提升，投资领域大幅拓宽，"一带一路"沿线国家成为长三角地区的重要对外投资目的地。其中，上海对外投资总额中"一带一路"沿线国家占比已接近20%，新加坡、印度尼西亚、柬埔寨是上海在"一带一路"沿线国家中的重要投资目的地。上海自由贸易试验区在外资准入前国民待遇加负面清单管理制度、与国际接轨的贸易监管模式、金融开放以及深化"放管服"改革、提升政府治理效能等方面有超过120项经验在长江经济带和全国复制推广。浙江2020年对"一带一路"沿线国家投资714127.6万美元，占全省境外投资备案额的64.7%。江苏全年新增对"一带一路"沿线国家投资项目247个，中方协议投资额23.6亿美元。安徽积极融入长三角一体化开放大格局，承接产业和要素的能力不断增强。此外，长三角境外经贸合作领域也日趋多元化，早些年主要以纺织服装、家电、机械、电子等加工制造业为主，近年来商贸物流园区、高新技术园区等服务型、科技研发型园区不断涌现。

（二）内陆开放型经济高地建设成效明显

长江中上游内陆省份开放型经济实现跨越式发展。2020年湖南对外贸易额为707亿美元，较2015年（293亿美元）名义增幅达到141.2%，五年增幅在全国位居第一，贸易伙伴趋向多元，前三大贸易伙伴（东盟、美国和欧盟）均保持较高增速，对拉丁美洲、非洲、RCEP协议成员国和"一带一路"沿线国家进出口也保持快速增长态势。四川的外贸增速也较快，2020年对外贸易额为1169亿美元，较2015年（512亿美元），名义增幅为128.4%，超过长江经济带的同期增幅98.8个百分点，其中成都2020年对外贸易额为7154亿元，增速22.4%，一举上升到全国城市中的第九位，超过了厦门、青岛等沿海经济重镇。2019年，武汉、长沙、南昌利用外资分别为123亿美元、64亿美元和38亿美元，较2015年分别增长67.6%、44.7%和39.4%。此外，内陆地区积极推进规则等制度型开放，贵州、江西获批内陆开放型经济试验区，重庆搭建以两江新区为龙头的"1+2+7+8"开放平台体系，四川省聚焦现代政府治理等"五大制度体系"创新，梳理形成四川自贸试验区"黄金政策48条"。湖北、湖南着力找准痛点和堵点，推进各具特色的开放型经济新体制建设。长江经济带一些内陆省份营商环境市场化、法治化、国际化程度明显提升，竞争力显著增强。

（三）云南面向南亚东南亚辐射中心建设稳步推进

云南以建设面向南亚东南亚的区域性国际经济贸易中心、科技创新中心、金融服务中心等为方向，扎实推进对外开放。经贸规模上，2015—2020年间，云南对外进出口额从245亿美元增长到391亿美元，名义增幅达到59.8%，其中昆明市对外进出口总额从66.13亿美元提高到265.7亿美元，增幅超过300%。全省2021年新落户5家世界500强企业，引进省外到位资金增长16.8%，实际利用外资增长17.1%。中国（云南）自由贸易试验区形成39项全国首创经验案例，新增两个国家外贸转型升级基地，国际贸易"单一窗口"实现口岸全覆盖，跨境电商交易额增长317.4%，进出口总额增长

16.8%。设施联通方面，中越铁路境内段已建成并实现全线准轨电气化。科技合作上，2015 年在昆明启动的"中国—南亚科技伙伴计划""中国南亚—技术转移中心""中国—东盟创新中心"，已成为我国与南亚东南亚地区开展技术交流的重要平台，在现代农业、生物医药健康、电子信息、矿冶与新材料、生物多样性与保护等领域取得显著成绩，云南企业已在老挝等国家建设了 5 个海外农业科技合作示范园，搭建了中老可再生能源联合实验室等公共技术服务平台。金融开放上，云南自贸试验区成功搭建跨境支付平台，在缅甸设立全国首个非现金跨境支付服务点，2020 年上半年，云南自贸试验区内银行跨境人民币结算共 108.4 亿元。

（四）同"一带一路"沿线经贸合作不断深化

长江沿线省市以对外工程承包和产业投资为重点，持续鼓励本土企业"走出去"，工程承包从最初以房屋建筑和交通基础设施等为主，逐步向水利、石油、化工、电力、工业建设等领域拓展，投资涉及采矿、制造、批发零售业、金融、商务服务、农业、科研等多个领域。各省市企业在"一带一路"沿线国家建设的产业园区数量不断增加，如中国—比利时科技园、华坚埃塞俄比亚轻工业城、柬埔寨西哈努克港经济特区等，推动了当地工业化进程，为当地创造了大量的就业机会，成为"一带一路"务实合作样板。同时，各种新型经贸合作模式蓬勃兴起，如上海企业以连云港为基地打造"一带一路"供应链，有力促进了我国与相关国家和地区的经贸合作。此外，中欧班列、西部陆海新通道等的建设也显著提升了长江沿线地区，尤其是内陆城市在"一带一路"沿线国家市场的外贸竞争力。如成都通过与宜宾、泸州实现铁水联运，与攀枝花、凉山等地建立蓉欧班列基地，与德阳共建"姊妹"物流园区，逐步成为辐射周边的转口贸易高地。成都国际铁路港开行的"成都—俄罗斯班列"已经成为内陆往返俄罗斯最便捷贸易通道之一，助力四川蔬菜、云南茶叶、"成都造"整车、服装、鞋帽、箱包等逐步开拓俄罗斯市场，俄罗斯木材、巧克力、糖果、纸浆等货物也源源不断地运往我国国内。

专栏 3-5　柬埔寨西哈努克港经济特区："一带一路"务实合作的样板

作为"一带一路"务实合作样板的柬埔寨西哈努克港经济特区，是由江苏企业联合中柬多家企业，在柬埔寨共同投资打造的首批国家级境外经贸合作区之一。

西哈努克港经济特区经过较长时间开发建设，已形成自身独特的发展优势。截至 2019 年初，特区内引入来自中国、欧美、东南亚等国家和地区的 153 家企业，涵盖纺织服装、五金机械、建材家居、汽车配件、医疗用品等行业。截至 2019 年，西哈努克港经济特区累计实现投资总额 6.56 亿美元，总产值 9.86 亿美元，吸纳当地员工 2.2 万人。西港特区通过为"走出去"企业搭建集群式投资贸易服务平台，成功帮助中国企业解决因法律、文化、语言等差异造成的"水土不服"等问题。

三、存在的问题与困难

也应看到，长江经济带在对外开放上还面临着一些自身和外部的困难，表现为下游地区产业"引进来、走出去"的根植性不足，中上游地区外贸仍以资源、劳动密集型产品为主，制度型开放在实践运作中存在制约因素，内陆开放同质竞争，互联互通面临资金、地缘政治等风险。

（一）下游地区"引进来、走出去"的根植性有待提升

长三角地区是我国经济开放程度最高的区域之一，引进了大量外资企业，同时也有本地企业走向全球，尤其是"一带一路"沿线国家，但"引进来"的外资企业和"走出去"的长三角地区企业均存在融入当地经济社会发展深度不够、根植性不强的问题。从"引进来"看，长三角地区引进的大多数外资企业在利用我国劳动力、土地等资源优势的同时也进行了一些技术转移，但并未与我国国内企业深入融合，关键核心技术仍然掌握在外资企业及其母国公司手中。从"走出去"看，长三角地区走出去的企业在海外进行了大量投资，但尚未完全融入当地经济社会文化发展中，对促进当地群众社会就业和收入增加的带动作用还不强。在"一带一路"沿线国家的境外经贸合作区，有些投资项目的运营模式在争取当地群众更大程度的认同感方面仍有改进空间。同时境外园区的融资问题突出，海外园区入驻的企业，难以获得国内银行的信贷支持；国内银行的全球授信体系不够完善，企业的境外子公

司也难以利用国内母公司的信誉和授信额度，国内母公司不能为其境外子公司在中国境外机构贷款提供担保，企业境外投资形成的资产不能作为抵押担保在境内贷款。

（二）中上游地区外贸结构仍以资源、劳动密集型产品为主

川渝近年来依托中欧班列、西部陆海新通道等实现了外贸进出口的快速增长，但在规模上与长三角地区差距仍很显著，更为关键的是在对外进出口商品结构方面，主要还是以劳动密集型产品为主，产品附加值较低，随着劳动力成本的上升，劳动密集型产品的竞争优势大幅度下降。云南对外进出口仍呈现明显的资源依赖性特征，主要出口产品的技术含量较低，出口的机电产品主要包括金属制品（以锡为主，占金属制品出口总额的一半以上）、机械设备（主要包括发动机和建筑工程机械），这些产品技术含量和产品附加值较低，特别是金属制品对资源依赖性很强，容易对环境造成破坏。同时，云南主要贸易合作伙伴为欠发达经济体，不利于产业升级。云南最大的贸易伙伴为缅甸，主要的出口产品为机电产品、纺织品和服装、钢铁制品和石蜡，主要进口产品为原木、农产品和金属矿砂。2020年，云南与南亚、东南亚的贸易达到174亿美元，但主要贸易产品为鲜花、摩托车和水果等产品，对于云南及流域沿线制造业的产业升级带动性有限。

（三）制度型开放水平还不高

长江经济带兼具沿海沿江沿边和内陆区位优势，2016年以来新增设了9个自由贸易试验区和24个综合保税区，在对标更高标准国际经贸规则方面应更加积极主动，在全国发挥支撑和带动作用。但从运作实践来看，制度型开放实践探索仍需进一步深入。沿江自由贸易试验区改革仍侧重于货物贸易便利化，制度创新以程序创新和便利措施创新为主，贸易和投资管理体制的改革力度不足。目前"一线放开、二线管住"的行政手段对货物贸易更有效，但服务业开放并非单纯是"边境"意义上的开放，大多服务贸易也难以被限制在某一区域内。与负面清单相配套的自然人流动政策、货币兑付政策、外国人保障服务等尚未完全建立，也一定程度上制约了相关

服务业对外开放的步伐。沿江自由贸易试验区的金融交易主协议、终止净额结算等制度与国际高水平规则的衔接力度不够，政府对外资在金融、保险、证券等领域的投资仍具有较大的自由裁量权，跨境资本流动仍受到较大限制。此外，沿江自由贸易试验区改革方案还存在明显的同质化、表层化问题，大部分集中在审批程序、通关便利化和海关监管制度改革上，个性化措施较少。

（四）内陆开放存在同质竞争、重复建设现象

目前，长江沿线内陆省市的对外开放多数仍以复制沿海招商引资和扩大货物出口的经验为主，通过融入向西开放的国际经济走廊，解决货物运输通道问题，或者通过承接国际和沿海产业转移，培育外向型产业集群。这种开放模式确实带动了重庆、四川、湖南等内陆省市近年来对外贸易和外资利用规模的快速增长，但也出现了同质竞争、重复建设的问题。如中欧班列市场化水平仍不高，目前中欧班列大多数线路仍未根据商品成本、时间、规模等因素来细分目标市场。为维持或增加车次、争抢货源，各地都通过补贴方式来提供接近于海运的报价。中央与地方政府、线路平台公司、境内承运公司等主体之间的利益关系并未理顺。长江沿线省市与港口项目相配套的物流园区规模越建越大，但利用率并不乐观，存在闲置和浪费情况。此外，中亚和东欧政局的波动也对班列运行造成潜在冲击。又如皖江城市带、湘南、湖北荆州、江西赣南、重庆沿江等承接产业转移示范区在承接重点产业方面存在错位不足问题，同时存在着优惠政策比拼、同质化发展和竞争机制不良等问题。

（五）互联互通面临资金紧张、地缘政治等风险

打造六大国际经济走廊是推进丝绸之路经济带建设的核心抓手，也是长江经济带扩大向西开放的主要平台。目前，中缅、中老泰、中越等与长江经济带关系密切的国际运输大通道建设虽然在逐步推进，但遇到不少新困难、新挑战。一方面，廊道沿线基本都是经济社会发展相对落后的发展中国家，基础设施建设资金主要依靠我国筹措，缺口巨大。按照亚洲开发银行测算，

2010—2020 年亚洲国家基础设施投资需求约 8 万亿元，我国"一带一路"建设资金总供给规模不足 2000 亿美元[1]。另一方面，国外政局不稳，基础设施联通的政治风险上升，对跨欧亚大陆的国际运输通道建设带来严重干扰。设施互联互通标准不一，给经济走廊建设带来困扰，如铁路准轨和窄轨转换影响国际联运效率。此外，从特朗普政府推行"印太战略"，到拜登政府当下主推的"印太经济框架"，孤立中国意图明显，都将对长江经济带参与国内国际双循环，优化和稳定产业链供应链造成更大挑战。

---

[1] 国务院参事室长江经济带发展研究中心，中国宏观经济研究院. 长江经济带高质量发展研究报告[M]. 北京：社会科学文献出版社，2019.

第四章

今后一个时期推动长江经济带发展
面临形势和总体思路

保护好长江流域生态环境，是推动长江经济带高质量发展的前提，也是守护好中华文明摇篮的必然要求。习近平总书记站在历史和全局的高度，从中华民族长远利益出发，系统谋划了长江经济带发展的全局性、根本性、战略性重大举措，为推动长江经济带发展掌舵领航、把脉定向，立下规矩、划定红线，是新时代深入推动长江经济带高质量发展的理论指导和根本遵循。今后一个时期，要以习近平总书记关于长江经济带发展重要论述为指导，在充分肯定取得阶段性成效的同时，也要清醒认识推动长江经济带发展面临的机遇挑战，勇于担当、主动作为，坚持生态优先、绿色发展的理念，坚持共抓大保护、不搞大开发的战略导向，推动长江经济带高质量发展。

第一节　新机遇

总体上看，随着国际国内形势的发展变化，推动长江经济带发展站在了新的历史起点，面临着新机遇，必须牢牢抓住机遇，落实好党中央决策部署，深入推动长江经济带发展。

一、总书记三次座谈会重要讲话指明方向

习近平总书记一直心系长江经济带发展，亲自谋划、亲自部署、亲自推动，先后来到长江上游、中游、下游沿线考察调研，足迹遍布九省二市，三次主持召开座谈会，多次对长江经济带发展作出重要指示批示，多次主持召开会议并发表重要讲话。

2016 年 1 月 5 日，习近平总书记在推动长江经济带发展座谈会上指出，"必须从中华民族长远利益考虑，把修复长江生态环境摆在压倒性位置，共抓大保护、不搞大开发，努力把长江经济带建设成为生态更优美、交通更顺畅、经济更协调、市场更统一、机制更科学的黄金经济带，探索出一条生态优先、绿色发展新路子"。

2018 年 4 月 26 日，习近平总书记在深入推动长江经济带发展座谈会上指出，"要清醒看到面临的困难挑战和突出问题，如对长江经济带发展战略仍存在一些片面认识，生态环境形势依然严峻，生态环境协同保护体制机制亟待建立健全，流域发展不平衡不协调问题突出，有关方面主观能动性有待提高"，并提出要正确把握 5 个关系，即正确把握整体推进和重点突破的关系、生态环境保护和经济发展的关系、总体谋划和久久为功的关系、破除旧动能和培育新动能的关系、自身发展和协同发展的关系。

2020 年 11 月 14 日，习近平总书记在全面推动长江经济带发展座谈会上指出，长江经济带应该在践行新发展理念、构建新发展格局、推动高质量发展中发挥重要作用，沿江省市要在国内国际双循环相互促进的新发展格局中找准各自定位，坚定不移贯彻新发展理念，推动长江经济带高质量发展，打造"五新三主"，即新发展阶段长江经济带要谱写生态优先绿色发展新篇章、打造区域协调发展新样板、构筑高水平对外开放新高地、塑造创新驱动发展新优势、绘就山水人城和谐相融新画卷，成为我国生态优先绿色发展主战场，畅通国内国际双循环主动脉，引领经济高质量发展主力军。

二、新发展格局对长江经济带发展提出了新要求

中共十九届五中全会提出"加快构建以国内大循环为主体、国内国际双循环相互促进的新发展格局",这是以习近平同志为核心的党中央,着眼实现"两个一百年"奋斗目标和中华民族伟大复兴中国梦,全面统筹国内国际两个大局,与时俱进提升我国经济发展水平、塑造我国国际经济合作和竞争新优势作出的重大战略抉择,是适应我国经济发展阶段变化的主动选择,也是发挥我国超大规模经济体优势的内在要求,大国经济的重要特征,就是必须实现内部可循环,经过改革开放40多年发展,国内大循环的条件和基础日益完善,我国已经形成拥有14亿人口、4亿多中等收入群体的全球最大最有潜力市场,拥有全球最完整、规模最大的工业体系和完善的配套能力,拥有1.3亿户市场主体和1.7亿多受过高等教育或拥有各种专业技能的人才,必须利用好大国经济纵深广阔的优势,使规模效应和集聚效应充分发挥。

长江是我国最重要的东西向发展轴,长江经济带经济系统活跃度高、开放性强,既是国内大循环的重要组成部分,也是我国衔接国内国际双循环的重要天然纽带,一头连着开放水平最高、与国际循环对接的长三角地区,一头连着广袤的中西部内陆腹地,还可以衔接欧亚内陆和南亚、东南亚地区,长江"横跨东西、内连外拓"的独特优势决定了其在畅通"双循环"中具有特殊重要地位,这为在长江经济带打造区域协调发展新样板、构筑高水平对外开放新高地提供了新契机。

三、国际形势错综复杂进一步凸显长江经济带"压舱石"地位

国际环境日趋复杂,新冠肺炎疫情全球大流行加速百年未有之大变局的演变,对大国关系和全球化进程产生重大影响,我国发展面临的不确定性不稳定性因素增多。疫情发生以来各国采取的交通运输管制和限制人口流动等措施,对全球产业链供应链产生严重冲击,大宗商品价格居高不下。美国等

西方国家出现近40年以来的最大通胀，已经成为世界经济稳定运行的最大风险，引发了人们对世界经济复苏的担忧。与此同时，西方国家恶意鼓吹炒作全球产业链"去中国化"，加速跨国公司在中国的生产环节向东南亚等地转移，试图给我国经济发展制造麻烦。

长江经济带人口和经济体量大，创新能力强，辐射范围广，国际化程度高，是我国经济的"压舱石"，长江经济带内的上海、南京、合肥、武汉、成都、长沙、重庆等都是我国重要的教育科研重地，普通高等院校数量、研发经费支出、有效发明专利数等指标均占全国的"半壁江山"，也是我国高质量发展的排头兵，创新、绿色、开放发展水平走在全国前列。新形势下，需要长江经济带发挥优势，勇挑重担，提高科技创新水平和对外开放水平，增强全球资源配置能力，加快转型升级步伐，优化升级经济体系，提升发展质量和效益，保持经济稳定增长，为全国稳增长和高质量发展提供支撑。

四、《长江保护法》实施夯实了长江大保护的制度保障

根据习近平总书记关于长江保护的重要指示要求和党中央重大决策部署，把有关指示要求和重大决策部署转化为国家意志和全社会的行为准则，2020年12月26日，十三届全国人大常委会第二十四次会议表决通过《中华人民共和国长江保护法》（以下简称《长江保护法》），自2021年3月1日施行，对长江经济带绿色发展战略部署以法律形式予以贯彻落实，从根本上夯实了长江经济带生态环境保护和绿色发展的制度保障。

《长江保护法》统筹资源、生态、环境保护与治理，体现了"山水林田湖草统筹治理"的生态系统观，将长江流域资源的相关要素、多种价值和生态服务功能进行综合平衡，是我国第一部立足流域综合治理的法律，为长江流域综合治理提供新遵循，为长江经济带谱写生态优先绿色发展立下新规矩，把建立流域协调机制放在立法核心位置，依法建立形成统筹协调流域保护重大政策、重大规划、重大事项的体制机制，依法建立形成上中下游、江河湖

库、左右岸、干支流协同治理的体制机制和相应的生态补偿机制，用法律破解制约流域保护的热点、难点、痛点问题。《长江保护法》是第一部针对特定流域的全国性法律，其立法理念、制度设计和立法工作经验对其他流域立法包括黄河保护立法，提供了完整性、系统性立法创新与实践参考，具有重要借鉴意义。

第二节　新挑战

一、长江生态环境长期向好的基础仍不牢固

长江水生生物资源衰退的趋势尚未得到根本性扭转，各类污染物排放总量依然较大，废水排放量占全国的四成以上，化学需氧量、氨氮、总氮、总磷排放量都仍然较大。岸线资源过度开发问题仍然存在，岸线管理利用粗放，环保设施跟不上，矿产开采遗留问题多，有的地方煤矿、磷渣废水通过支流进入长江，有的直接渗入地下水，治理难度和费用都很高。长江生物完整性指数还比较低，长江"双肾"洞庭湖、鄱阳湖频频干旱见底，长江上接近30%的重要湖库仍处于富营养化状态，中华鲟、胭脂鱼、"四大家鱼"（青鱼、草鱼、鲢鱼、鳙鱼）等鱼卵和鱼苗大幅减少，白鳍豚已功能性消失，江豚面临极危态势，野生扬子鳄处于极度濒危状态。

二、沿江省市绿色转型发展任务仍然繁重

由于受"先污染后治理""先破坏后修复"等旧观念影响，一些地区没有树立科学的政绩观，简单把政绩与经济指标画等号，为了快出政绩，有的地区搞破坏式开发、污染性增长和"黑色GDP"。长江干流沿线不少城市产业结构偏重，化工、钢铁等沿江布局、规模较大，"化工围江"难题日益凸显，化工产业搬迁改造、转型升级还需要较大投入。一些支流上游地区矿产

资源开发普遍，尾矿库等问题比较突出，治理难度比较大，这些地区局限于依托资源发展，转型动力不足。一些地方对于推动供给侧结构性改革、建设现代化经济体系的路径还不明，方法还不多，还在比拼要素投入、搞政策竞争。此外，高耗能产业聚集、农业碳排放等问题也比较突出。

三、上中下游协同发展水平仍然有待提高

长江经济带上中下游产业发展不平衡矛盾比较突出，沿江高污染高环境风险产业项目量多面广，相邻地区支柱产业同质化现象较为普遍，抢占发展资源、破坏产业链条的连接和延伸等无序低效竞争的现象时有发生，企业、城市和区域之间竞争大于合作，产业要素过于分散，难以在更大的地域空间中流动、集聚和优化组合。地方政府为争取利益最大化，通过政府采购、推荐指定、法规政策等手段对本地企业和产品进行地方保护，对经济资源和产业要素的流动形成障碍。亟须在长江经济带建立统一的现代市场体系，促进跨区跨产业合作和要素自由流动，构建上中下游优势互补的产业链条。

四、流域管理上仍有诸多需协调的突出问题

长江经济带流域管理协调力度还不强，其中既有全流域统筹不力的问题，也有各区域间合作不够的矛盾。从全流域来看，条块分割，缺乏高层次协调机制。特别是省际沟通协商成本较高，跨部门、跨区域联动协调不够，导致沿江省市在水资源开发利用和生态补偿等方面矛盾依然突出。比如，水利、环保的监测站点多有重合，容易造成数据来源多头、相关监测口径不一致的问题。从流域内各区域来看，合作虚多实少，缺乏硬约束。当前"九龙治水"和"划江而治"的管理困境，导致区域环境污染联防联治、交通互联互通、生产力布局和一体化市场建设等方面的合作口号多、落实少。特别是环境污染联防联治方面，还存在推诿扯皮现象。

第三节　总体思路

一、总体要求

"十四五"时期推动长江经济带生态保护和高质量发展，要以习近平新时代中国特色社会主义思想为指导，全面贯彻党的十九大和中共十九届历次全会精神，坚持稳中求进工作总基调，坚持新发展理念，构建新发展格局，推动高质量发展，统筹发展和安全，坚持生态优先、绿色发展，坚持共抓大保护、不搞大开发，突出长期性战略性，逐步引导工作目标从"补短板"转为"提质量"，工作方法从"西医思维"转为"中医思维"，深入实施"1+N"规划体系，巩固"4+1"整治成果，把保护好长江生态环境为前置要求，把生态环境突出问题整改作为主要工作方法，以培育增强创新能力为重点，加快引导产业升级、扩大区域协作、畅通综合运输体系、促进全方位开放、弘扬长江文化、创新体制机制促进高质量发展，以实施一批重大工程为支撑，让长江经济带在全国高质量发展和基本实现现代化新征程中发挥引领作用，努力打造国内国际双循环相互促进的主动脉、生态优先绿色发展主战场、引领经济高质量发展主力军，成为世界大河流域绿色发展典范。

二、基本原则

系统谋划、整体推进。从长江经济带生态整体性和长江流域系统性出发，统筹发展和安全，加强前瞻性思考、全局性谋划，统筹上下游、左右岸、干支流，坚持山水林田湖草综合治理、系统治理、源头治理，合理调整优化生态、生产、生活空间，从源头上系统开展生态环境保护修复工作，增强各项措施的关联性和耦合性，实现整体推进和重点突破相统一，推动生产生活绿色低碳，加快经济社会发展全面绿色转型。

问题导向，重点突破。抓住主要矛盾和矛盾的主要方面，坚持将生态环保突出问题整改作为推动长江大保护的抓手和工作方式，采取有针对性的具体措施，全面排查生态环境问题及风险隐患，采取有力措施，逐项开展整改。抓好重点领域和关键环节保护治理，带动全领域和全流域绿色发展。

创新驱动，自立自强。坚持科技创新、制度创新，增强市场主体创新能力，完善创新生态和创新市场，发挥创新资源富集优势，优化战略科技力量布局，推进基础领域和关键技术创新，推动产业基础高级化和产业链现代化，在支撑科技和产业自立自强中发挥更重要作用。

深化改革，先行示范。把制度建设作为推动长江经济带发展的重要保障，采取因地制宜、分类探索的方式，推动各类国家级新区、综改区和试点示范地区大胆先行先试，通过先行示范来推动改革破题，实现绿色发展水平和治理能力提升的协同，为实现人与自然和谐共生的现代化提供制度经验。

内外互促、开放融合。统筹沿海内陆开放，扩大沿边开放，发挥东西陆海双向互济的全方位开放优势，高水平建设自由贸易试验区，积极参与高质量共建"一带一路"，更好推动国内大循环和国际循环相互促进，构建开放型经济新体制，加快与其他重大战略融合发展。

通道支撑、联通联动。以沿江综合运输大通道为支撑，加强江海联运、铁水联运，深化与西部陆海新通道的衔接融合，积极引导城镇、产业园区合理布局、集聚发展，围绕产业链部署创新链，围绕创新链布局产业链，促进上中下游要素合理流动、产业分工协作。

三、发展定位

优先绿色发展主战场。长江是中华民族的母亲河，不仅哺育沿江 4 亿人民，还通过南水北调惠泽华北广大地区。长江流域山水林田湖草浑然一体，是我国重要的生态安全屏障和生物基因宝库，更是子孙后代生生不息、永续发展的重要支撑。推动长江经济带高质量发展，必须坚持把保护长江生态环境摆在压倒性位置上，统筹考虑水环境、水生态、水资源、水安全、水文化和岸线等多个方面，全面推进长江上中下游、江河湖库、左右岸、干支流协同治理，进一步改善长江生态环境和水域生态功能，提升生态系统质量和稳定性。要加快建立生态产品价值实现机制，让保护修复生态环境获得合理回报，让破坏生态环境付出相应代价。在严格保护生态环境的前提下，全面提高资源利用效率，加快推动绿色低碳发展，努力建设人与自然和谐共生的绿色发展示范带，谱写生态优先绿色发展新篇章。与此同时，要保护传承弘扬好长江文化，绘就山水人城和谐相融新画卷。

畅通国内国际双循环主动脉。长江经济带区位独特，一头连着开放水平最高的长三角地区，一头连着巨大的中西部内陆腹地，具有"横跨东西、内连外拓、通江达海"发展优势，最有条件联通和利用国际国内两个市场、两种资源，深化内外经济联系、拓展经济纵深、支撑国内大循环和国内国际双循环相互促进发展。推动长江经济带高质量发展，要坚持"全国一盘棋"思想，在全国发展大局中明确自我发展定位，构建统一开放有序的运输市场，探索有利于推进畅通国内大循环的有效途径，促进下游地区的创新要素、品牌、服务与中上游地区劳动力、市场和消费潜力相结合，率先在国内构建自主可控、一体高效的产业链、供应链、创新链和销售网，逐步形成以内为主、内外联动的内需体系，努力打造区域协调发展新样板。同时，要统筹沿海沿江沿边和内陆开放，加快培育更多内陆开放高地，推动长江经济带发展和共建"一带一路"融合，提升沿边开放水平。加快推进规则标准等制度型开放，完善自由贸易试验区布局，建设更高水平开放型经济新体制，努力构筑高水平对外开放新高地。

引领经济高质量发展主力军。长江经济带科教资源富集，普通高等院校数量占全国的43%，研发经费支出占全国的46.7%，有效发明专利数占全国40%以上。长江经济带集聚了2个综合性国家科学中心、9个国家级自主创新示范区、9个国家级高新区、161个国家重点实验室、667个企业技术中心，占据全国的"半壁江山"。当前，长江经济带增长动力正在由要素驱动、投资驱动向创新驱动转换，从引领经济高质量发展的生力军向主力军转变。推动长江经济带高质量发展，必须按照质量第一、效益优先的要求，把经济发展的着力点放在实体经济上，围绕产业基础高级化和产业链现代化，发挥协同联动的整体优势，推动产业结构转型升级。要建立促进产学研有效衔接、跨区域通力合作的体制机制，加紧布局一批重大创新平台，加快突破一批关键核心技术，强化关键环节、关键领域、关键产品的保障能力，强化企业创新的主体地位，全面塑造创新驱动发展新优势。

四、发展策略

要加强生态环境系统保护修复，谱写生态优先绿色发展新篇章。要从生态系统整体性和流域系统性出发，追根溯源、系统治疗，防止头痛医头、脚痛医脚。要找出问题根源，从源头上系统开展生态环境修复和保护。要加强协同联动，强化山水林田湖草等各种生态要素的协同治理，推动上中下游地区的互动协作，增强各项举措的关联性和耦合性。要在严格保护生态环境的前提下，全面提高资源利用效率，加快推动绿色低碳发展，努力建设人与自然和谐共生的绿色发展示范带。要把修复长江生态环境摆在压倒性位置，构建综合治理新体系，提升生态系统质量和稳定性。要强化国土空间管控和负面清单管理，严守生态红线，持续开展生态修复和环境污染治理工程，保持长江生态原真性和完整性。要加快建立生态产品价值实现机制，让保护修复生态环境获得合理回报，让破坏生态环境付出相应代价。要健全长江水灾害监测预警、灾害防治、应急救援体系，推进河道综合治理和堤岸加固，建设安澜长江。

要推进畅通国内大循环，打造区域协调发展新样板。要坚持"全国一盘棋"思想，在全国发展大局中明确自我发展定位，探索有利于推进畅通国内大循环的有效途径。要把需求牵引和供给创造有机结合起来，推进上中下游协同联动发展，强化生态环境、基础设施、公共服务共建共享，引导下游地区资金、技术、劳动密集型产业向中上游地区有序转移，留住产业链关键环节。要推进以人为核心的新型城镇化，处理好中心城市和区域发展的关系，推进以县城为重要载体的城镇化建设，促进城乡融合发展。要增强城市防洪排涝能力。要提升人民生活品质，巩固提升脱贫攻坚成果，加强同乡村振兴有效衔接。要提高人民收入水平，加大就业、教育、社保、医疗投入力度，促进便利共享，扎实推动共同富裕。要构建统一开放有序的运输市场，优化调整运输结构，创新运输组织模式。

要统筹沿海沿江沿边和内陆开放，构筑高水平对外开放新高地。加快培育更多内陆开放高地，提升沿边开放水平，实现高质量引进来和高水平走出去，推动贸易创新发展，更高质量利用外资。要加快推进规则标准等制度型开放，完善自由贸易试验区布局，建设更高水平开放型经济新体制。要把握好开放和安全的关系，织密织牢开放安全网。沿江省市要在国内国际双循环相互促进的新发展格局中找准各自定位，主动向全球开放市场。要推动长江经济带发展和共建"一带一路"的融合，加快长江经济带上的"一带一路"战略支点建设，扩大投资和贸易，促进人文交流和民心相通。

要加快产业基础高级化、产业链现代化，塑造创新驱动发展新优势。要勇于创新，坚持把经济发展的着力点放在实体经济上，围绕产业基础高级化、产业链现代化，发挥协同联动的整体优势，全面塑造创新驱动发展新优势。要建立促进产学研有效衔接、跨区域通力合作的体制机制，加紧布局一批重大创新平台，加快突破一批关键核心技术，强化关键环节、关键领域、关键产品的保障能力。要推动科技创新中心和综合性国家实验室建设，提升原始创新能力和水平。要强化企业创新主体地位，打造有国际竞争力的先进制造业集群，打造自主可控、安全高效并为全国服务的产业链供应链。要激发各类主体活力，破除制约要素自由流动的制度藩篱，推动科技成果转化。要高度重视粮食安全问题。

要保护传承弘扬长江文化，绘就山水人城和谐相融新画卷。长江造就了从巴山蜀水到江南水乡的千年文脉，是中华民族的代表性符号和中华文明的标志性象征，是涵养社会主义核心价值观的重要源泉。要把长江文化保护好、传承好、弘扬好，延续历史文脉，坚定文化自信。要保护好长江文物和文化遗产，深入研究长江文化内涵，推动优秀传统文化创造性转化、创新性发展。要将长江的历史文化、山水文化与城乡发展相融合，突出地方特色，更多采用"微改造"的"绣花"功夫，对历史文化街区进行修复。

第四节　发展目标

到2025年，长江经济带生态环境系统功能整体提升，创新驱动优势显著增强，综合交通运输体系整体效率大幅提高，产业基础高级化、产业链现代化水平明显提高，城乡区域发展协调性进一步增强，更高水平开放型经济新体制基本形成，长江文化得到良好保护传承弘扬，适应流域特征的现代化治理体系更加完善。长江经济带率先迈进高收入门槛，人均地区生产总值超过1.2万美元，城乡居民可支配收入高于全国平均水平，人民群众生活幸福感进一步提升，长江经济带对全国经济增长的贡献率进一步提升。对全国经济高质量发展的引领、带动、辐射作用显著增强，基本建成我国生态优先绿色发展的主战场、畅通国内国际双循环的主动脉、引领经济高质量发展的主力军。

长江生态系统功能全面提升。长江流域协调机制建立并高效运转，依法治江的合力进一步增强，联动应对突发公共事件能力增强，成为全国流域发展的标杆。江河湖库和谐发展，水资源配置能力和利用效率明显提高。山水林田湖草等各种生态要素实现协同治理，湿地、河湖生态功能进一步增强。长江经济带优良水质比例超过95%，森林覆盖率达到46%以上，长江水生生物多样性等级明显提升。

创新驱动绿色发展取得更大进步。科技创新支撑能力显著提高，研发经费投入强度达到2.6%以上。战略性新兴产业持续壮大，产业链供应链安全稳定，在基础装备、关键零部件、关键基础材料、工业软件、检验检测平台等领域突破一批关键核心技术。综合性国家科学中心、国家实验室等国家战略科技力量布局更加合理。经济发展质量和效益进一步提升。生态产品价值实现机制基本建立，绿色发展试点示范和生态产品价值实现机制试点经验全面推广。

综合交通运输体系整体效率大幅提高。长江大通道功能更加完善，干支线高等级航道达到 1.1 万千米，高速铁路里程达 1.75 万千米，国家高速公路里程达 6.5 万千米，输油（气）管道里程达到 5.5 万千米。交通运输结构进一步优化，多式联运发展水平大幅提升，铁路、水运货物周转量占比提高至 75%，主要港口铁水联运量占比达到 10%。

区域发展协调联动水平更高。生态功能区生态产品价值合理转化，下游地区带动中上游地区产业升级和对外开放取得明显进展，长江经济带与"一带一路"建设有机融合，陆海统筹、双向开放的功能布局更加完善。基本公共服务均等化总体实现，上中下游地区发展差距持续缩小，人民群众获得感、幸福感、安全感进一步增强。

长江文化传播力影响力显著增强。长江文物和文化遗产得到系统性保护，长江文化和红船、长江抗洪、武汉抗疫等伟大精神得到大力弘扬。赓续红色血脉，革命老区精神得到良好继承发扬。新时代文明实践中心试点建设全面推进，沿江省市人民群众思想觉悟、道德水准、文明素养得到进一步提升，城乡风貌进一步体现长江特色。

第五章

"十四五"及今后一个时期
推动长江经济带发展的重点任务

第一节 持续改善长江生态环境

一、强化流域生态环境整体管控力度

推动长江流域生态环境保护修复要坚持"一盘棋"思维，继续保持生态优先的战略定力，不动摇、不松劲、不开口子，以《长江保护法》为遵循，依法加强流域整体系统管理，以长江经济带国土空间规划为蓝本，加强全域国土空间管控，以产业负面清单管控和突出问题整改为重要抓手，持续推进生态优先绿色发展，以长江经济带统一监测、信息共享和联动执法为支撑，推进全流域共抓大保护。

（一）贯彻落实《长江保护法》

严格执行《长江保护法》及相关法律法规，推动各部门和地方加快制定和完善与之相配套的政府规章、地方性法规、单行条例，严格规范各类规划、治理、开发、利用等活动。建立长江流域协调机制，统一指导、统筹协调长江保护工作。对长江流域跨行政区域、生态敏感区域和生态环境违法案件高发区域以及重大违法案件，加大执法力度。进一步完善各级河湖长、林

长制管理。建立更完善严格的长江流域生态环境标准体系。开展全方位、多角度、立体式的法治宣传教育，凝聚保护长江的法治共识。

（二）加大空间管控力度

严格实施长江经济带国土空间规划，严格划定落实生态保护红线、永久基本农田和城镇开发边界等空间管控边界，实现流域控制单元精细化管理。按照最大程度保护生态安全、构建生态屏障的要求，加强水源涵养、水土保持、水源地保护、生物多样性维护、自然生态岸线等生态功能空间保护。统筹考虑农业生产资源布局和条件，重点加强农田保障、耕地优化调整、生态隔离带和重点村庄等空间管控。按照资源环境承载能力状况和国土空间开发适应性评价要求，兼顾城镇布局和功能优化的弹性需要，科学划定城镇开发边界和城镇空间。

（三）完善负面清单管理制度

开展长江经济带"负面清单指南＋沿江11省市实施细则"的负面清单管理制度实施情况评估，适时优化调整清单内容。加快建立健全负面清单监管机制，做好国土空间用途管控、生态环境准入清单与负面清单的衔接，促进经济社会发展格局、城镇空间布局、产业结构调整与资源环境承载能力相适应，坚决把最需要管住的岸线、河段、区域管住，坚决把产能严重过剩、污染物排放量大、环境风险突出的产业管住。

（四）强化突出问题整改

扎实做好长江经济带生态环境警示片披露问题整改工作，摸清污染来源及成因，排查同类问题及风险隐患，补齐污染治理短板弱项，推动系统彻底整改。强化举一反三，以点带面推进问题整改，分类开展专项整治，防止同类型问题反复出现。完善问题发现机制，强化问题整改全过程执法监管，逐步消除问题存量，持续巩固整改成效。

（五）推动长江经济带统一监测、信息共享和联动执法

按照流域系统监管、协同共治的要求建立长江流域区域生态环境监测网络，加强生态环境领域相关部门合作，推动生态环境、自然资源、水利等现

有数据管理和监测平台的共建共享，打通资源、环境、生态三类调查监测体系，完善监测点空间布局，丰富监测点信息采集数据种类和数量，为"五水一岸"共治的综合调度打下坚实基础。建立上下游、左右岸、干支流统一规范的生态环境和自然资源基础数据库和标准体系，有关数据向公众开放，建设各区域统一的生态环境信息发布平台。充分运用物联网、大数据、云计算、"互联网+"等先进技术手段，完善大气、水生态环境常态化监测，建立土壤环境、生物多样性常态化监测体系，提高常态环保监管的准确性和透明度，降低环保监督执法的人力、物力消耗。打破行政区划治理模式，在全流域建立河湖系统执法体系，推动开展联合执法、异地执法。

二、以"4+1"工程为抓手实施环境污染综合整治

城镇污水垃圾污染、化工污染、农业面源污染、船舶污染和尾矿库污染是造成长江经济带水污染的主要因素，实施"4+1"工程既是长江大保护污染治理的重要内容，也是从源头上系统开展生态环境保护修复的治本之策。2018年以来，沿江11省市和有关部门大力推进"4+1"工程，不断完善治理设施，加强运行管理，消除水环境污染隐患，各项工作取得阶段性进展。站在新时期新起点，面对长江经济带生态环境污染治理的新要求，需要加快推进"4+1"工程，按照"十四五"长江经济带城镇污水垃圾处理、化工污染治理、农业面源污染综合治理、船舶污染治理和尾矿库污染治理"4+1"工程实施方案要求，补齐流域污染治理的短板弱项。

（一）深入开展水环境系统治理

坚持标本兼治，统筹末端治理和源头防控，持续实施城镇污水垃圾处理、化工污染治理、农业面源污染治理、船舶污染治理和尾矿库污染治理等污染治理"4+1"工程，增强治理措施关联性，提高多污染要素协同治理能力，有效控制长江流域主要污染物排放总量。城镇污水垃圾处理方面，聚焦截污治污，系统排查、下大力气解决雨污管网"混错接"问题，加快"老旧破"污水管网更新改造，提高城镇污水厂处理能力，推动垃圾渗滤液全收集

全处理，推进垃圾分类投放、收集、运输和处理系统建设，完善城镇污水垃圾收集处理及资源化利用体系。化工污染治理方面，重点推进化工园区评价认定，建立化工企业和化工园区两张清单。严格落实依证排污，推动化工企业和化工园区稳定达标排放；按照"严控增量、淘汰落后、优化布局、改造升级"的原则，稳步推进沿江化工企业关改搬转工作。加快化工园区绿色化、循环化、智能化改造，通过技术升级减少源头污染。农业面源污染治理方面，着力提升畜禽粪污资源化利用效率，加快规模化养殖场畜禽粪污处理配套设施建设，加强整县制粪肥还田和粪肥检测能力建设；推进化肥农药减量增效，加强农作物病虫害绿色防控和统防统治，从严控制水产养殖抗生素使用。船舶污染治理方面，深入推进船舶污水垃圾收集转运处置设施建设，完善船舶污染物接收转运处置联合监管机制；推进船舶岸电受电设施和船岸插接件标准化改造，提高船舶靠港使用岸电比例；大力推广节能环保型、清洁能源动力船舶，加强水上洗舱站、绿色综合服务区管理。尾矿库污染治理方面，全面排查复核尾矿库治理情况，完善尾矿库渗滤液和废水收集处理设施、截洪沟等截排水设施，推进尾矿库闭库治理和销号；探索尾矿库尾砂的高效综合利用，健全尾矿库安全环境风险监测预警机制，防范化解尾矿库风险隐患。

（二）扎实推进大气和土壤污染防治

深入推进大气污染物排放和碳排放协同控制，积极发展可再生能源，强化煤炭消费减量替代，开展大规模国土绿化行动，提升林业碳汇能力，推动沿江主要城市碳排放提前达峰。以化工产业、城市交通为重点，加强挥发性有机物排放重点行业整治。加大机动车尾气治理力度，大力推广新能源汽车。强化土壤重金属污染防治，全面推进土壤污染治理与修复。大力推行清洁生产、循环农业和生态农业，降低农药和化肥使用强度。全面推进垃圾分类，建立全过程分类的垃圾处理系统。严格执行"限塑令"，研究在涉水区域实施更加严格的管控措施，加强水体微塑料监控。

三、推进山水林田湖草一体化保护修复

2018 年 4 月，习近平总书记在深入推动长江经济带发展座谈会上的讲话为长江经济带生态优先绿色发展指明了方向，指出"要从生态系统整体性和长江流域系统性着眼，统筹山水林田湖草等生态要素，实施好生态修复和环境保护工程。要坚持整体推进，增强各项措施的关联性和耦合性，防止畸重畸轻、单兵突进、顾此失彼"。要坚持重点突破，在整体推进的基础上抓主要矛盾和矛盾的主要方面，采取有针对性的具体措施，努力做到全局和局部相配套、治本和治标相结合、渐进和突破相衔接，实现整体推进和重点突破相统一。从生态系统和流域完整性的角度，建议将长江源头的青海、西藏纳入长江经济带共抓大保护整体布局，重点在推动长江流域源头治理、系统治理、综合治理，布局山水林田湖草一体化治理项目时将青海、西藏两省区纳入考虑范围。按照"山水林田湖草是一个生命共同体"的理念，强调生态环境治理的全面性、协调性、系统性，改变过去"头痛医头、脚痛医脚"的方法，防范治理环境的过程中"按下葫芦起了瓢"，强化各自然要素之间、各污染物之间、各地区、各领域环境管理政策和技术方法之间的系统协调。

（一）推进重要生态系统综合保护修复

综合运用自然恢复、人工修复等措施，考虑自然生态系统整体性，推动河湖、湿地、森林生态系统的综合整治和自然恢复，防止出现生态修复过度景观化现象。开展大规模国土绿化行动，完善长江防护林体系，提升森林草原系统质量，增强生态系统碳汇能力。继续实施水系连通、天然林保护、矿山生态修复和土地综合整治，依法依规推进退耕退牧还林还草、退田（圩）还湖还湿，增强区域水源涵养、水土保持等生态功能。

（二）强化重点区域生态保护修复

全面加强长江上游及横断山区、大巴山区湿地生态系统保护，提升丹江口库区及其上游等重点湿地区域水土保持与水源涵养功能。采取生物措施与工程措施相结合的综合治理手段，系统推进长江上中游岩溶地区石漠化综合

治理。开展洞庭湖、鄱阳湖等长江沿线重要湖泊湿地和大别山区、武陵山区重点湿地保护和恢复，修复治理河湖岸线，提高江河湖泊连通性。以消落带治理为重点，推进三峡库区生态保护修复。加强洱海、草海等重要高原湖泊保护修复。研究解决长江入海口盐水入侵等问题。

（三）加强生物多样性保护

系统建立生物多样性监测体系，开展珍稀物种普查和水生生物资源调查监测，定期发布监测结果。实施长江"拯救江豚行动"，建设江豚及其他珍稀特有水生生物保护中心。继续推进长江上游特有鱼类、金沙江绥江段特有鱼类、长江宜昌中华鲟、长江新螺段白鱀豚、安徽铜陵淡水豚、安徽扬子鳄、镇江长江豚类等长江干流、支流及重要湖泊水生生物类型自然保护区达标建设，加大保护区保护和管理力度。打通水生生物洄游通道及候鸟迁徙通道，恢复重要栖息地。

（四）实施长江"十年禁渔"

加强渔政监督执法队伍和能力建设，加强渔政、公安、交通运输、水利、林草等部门联合执法，提升跨部门、跨地区执法合力，形成打击非法捕捞行为的长效监管机制。根据渔民年龄结构、受教育程度、技能水平等情况，开展有针对性的转产转业安置方案，切实维护退捕渔民的社会保障权益，完善就业帮扶、社会保障等政策。推进长江流域重点水域禁渔后其他渔业行为的规范化管理。

四、扎实做好"碳达峰、碳中和"工作

自2020年9月22日在第七十五届联合国大会一般性辩论上发表讲话以来，习近平总书记又多次在重大国际场合强调"中国力争于2030年前二氧化碳排放达到峰值、2060年前实现碳中和"。碳达峰碳中和将成为未来一段时期推动生态文明建设和绿色发展的重要抓手。长江经济带碳排放量约占全国总排放量的三分之一，且长江经济带经济体量占全国的将近一半（表5-1-1），推动长江经济带碳达峰、碳中和，对全国碳达峰、碳中和目标的实现具有重要意义。

表 5-1-1　2017 年长江经济带碳排放量情况

地区	碳排放量（百万吨）
上海	190
江苏	736
浙江	382
安徽	371
江西	224
湖北	325
湖南	310
重庆	158
四川	309
贵州	255
云南	195
长江经济带	3455
全国	9866

数据来源：中国碳核算数据库（CEADs）。

（一）加快发展方式绿色低碳转型

推动钢铁、建材、有色、化工、石化、电力等重点行业制定碳达峰目标，支持有条件的地方率先达到碳排放峰值。深入推进工业园区循环化改造，补齐和延伸产业链，推进资源能源梯级利用、废物循环利用和污染物集中处置。大力发展绿色建筑，推广超低能耗建筑，加大既有建筑节能改造力度。持续推进新能源汽车大发展，加强城际轨道交通体系建设，全面推广港口岸电系统，积极发展内河及海运 LNG 动力船舶。

（二）推动节能和清洁能源发展

落实能源消费总量和强度"双控"制度，重点控制化石能源消费。加强煤炭消费总量控制及减量替代，大力削减工业锅炉燃煤，推动煤炭等化石能源清洁高效利用。对钢铁、建材、化工等高耗能行业实施更加严格的能效和排放标准，新增产能主要耗能设备能效达到国际先进水平。深化工业、建筑、交通等领域和公共机构节能，推动5G、大数据中心等新兴领域能效提升，强化重点用能单位节能管理，实施能量系统优化、节能技术改造等重点工程。加快长江上游大中型水电基地建设，稳妥推进重点区域（四川、云南）和重点河流（金沙江、雅砻江、大渡河、澜沧江）生态友好型大型水电建设，有序增加"西电东送"规模。集中式和分布式并举，积极开发上游风电、光伏发电基地，打造风光水储一体化清洁能源基地，在长江中下游大力发展分布式风电、光伏发电项目。因地制宜发展地热、生物质供暖，合理推动冬季清洁取暖。

（三）加快推进碳交易为主的生态资源权益交易

全国统一的碳交易市场交易中心设在上海，登记中心设在武汉，7个试点的地方交易市场继续运营，这是长江经济带开展碳交易等生态资源权益交易的重要倚仗。支持上海、武汉碳排放交易和登记中心建设，建立线上线下相融合的交易平台，完善交易平台交易职能，提高交易效率。实施登记、交易中心增资扩股，加强与沿江兄弟省市合作，形成共同建设、共同管理、共同受益的共同体，提高市场覆盖面。加强碳排放权为重点的资源环境权益交易的市场风险管控，逐步扩大交易主体范围，鼓励金融机构在场内进行做市交易，提高市场流动性，减少交易摩擦成本，鼓励标准合约的推广，促进环境权益合约的标准化，同时充分利用大数据、区块链、物联网等新技术手段，有效降低相关核算成本。持续推进"碳汇+"生态产品价值实现试点，建立碳履约、碳中和、碳普惠等价值实现体系。不断完善碳资产的会计确认和计量，在管控金融风险基础上，支持金融机构积极开发与碳排放权相关的金融产品和服务，有序发展碳远期、碳期权、碳租赁、碳债券、碳资产证券化、碳基金等碳金融产品和衍生工具，探索碳排放权期货交易。

（四）提升生态系统碳汇能力

强化国土空间规划和用途管控，稳定森林、草原、湿地、农田等固碳作用，推进林业碳汇体系建设，推进低产低效林改造、重点防护林工程，高质量实施长江经济带国土绿化试点示范项目。加大湿地保护和修复力度。鼓励发展气候友好型种植结构。加强城市公园绿地、区域绿地、防护绿地等建设，推动长江支流和洞庭湖、鄱阳湖、太湖、巢湖、滇池等沿岸绿色生态廊道建设。结合矿区修复挖掘二氧化碳封存潜力。完善碳排放监测、报告和核查体系，推动生态系统碳汇纳入碳市场交易体系。

（五）建设低碳／零碳发展示范区

长江经济带已建成上海崇明岛、湖北武汉、重庆广阳岛、江西九江、湖南岳阳 5 个绿色发展示范体系，取得了良好成效，形成了一批可复制可推广的经验模式。新时期要继续发挥试点示范的引领带动作用，支持现有绿色发展示范地区加大探索实践，聚焦低碳发展的重点领域和关键环节，瞄准碳达峰、碳中和目标，创新实现路径和重大举措，解决影响绿色发展的深层次矛盾和体制机制障碍，建设低碳／零碳发展示范区，形成一批有效管用、可复制可推广的经验做法，并进一步考虑在其他具备条件的地区，新增一批低碳／零碳示范区。引导沿江省市在开展生态环境系统保护修复的基础上，加快推进生态产业化、产业生态化，培育绿色低碳转型发展的新业态、新模式。

五、推动"安澜长江"建设

习近平总书记高度重视长江安澜，多次亲临长江视察，强调"要健全长江水灾害监测预警、灾害防治、应急救援体系，推进河道综合治理和堤岸加固，建设安澜长江"，为做好长江水旱灾害防御工作提供了根本遵循。虽然长江流域防洪体系基本建成，近年来抵御大洪水能力不断增强。但随着全球气候变化不断演进和经济社会发展对水安全要求的提高，安澜长江建设仍面临严峻形势。新时期对"安澜长江"的新形势新要求主要有：一是防洪情势发生新变化，清水下泄导致河道长距离冲刷，影响河势稳定；短历时强降雨事件频发，对中小水库防洪、中小河流洪水防御、城市和农田涝区排涝、山洪灾害防御等均带来了新挑战。二是防洪风险新变化，支流防洪整治、沿河沿江片区排涝能力提高后，洪水风险由主要支流、湖泊转移到干流。三是《长江保护法》规定，要建立与经济社会发展相适应的防洪减灾工程和非工程体系，提高防御水旱灾害的整体能力。要立足从"有没有"到"好不好"，将水安全融入长江"五水一岸"建设，系统推动河道综合治理和堤岸加固，加快完善流域防洪减灾工程体系，全面建设安澜长江。

（一）进一步健全长江防洪工程体系

加快推进蓄滞洪区工程建设，优化调整长江蓄滞洪区布局，加快推进城陵矶附近钱粮湖、共双茶、大通湖东、洪湖东分块，武汉附近杜家台，湖口附近康山等重要蓄滞洪区安全建设，有序推进一般蓄滞洪区建设。逐步提升长江干流堤防等级，推进重要支流堤防尽快达标，对江西、安徽部分4、5级堤防提质升级，推进堤防生态化修复，加强隐患排查和治理，推进干支流堤防提质增效。推进长江上中游防洪控制性水库建设，开展病险水库除险加固，科学开展水库清淤，探索水库洪水资源化利用与砂石利用路径。持续加强河道河势控制和系统治理，加强长江中下游干流崩岸治理，实施汉江、岷江、嘉陵江等主要支流下游河道整治，稳定河道行蓄洪水平。针对洞庭湖区、江汉平原区、鄱阳湖区、安徽沿江圩区等重点涝区，坚持涝区排涝与流域防洪统筹协调，合理确定涝区治理标准及工程布局。

（二）加强海绵城市和气候韧性城市建设

贯彻海绵城市与韧性城市理念，将其贯彻到城市规划和建设全过程，推动城市防洪与流域防洪有机衔接，逐步形成与城市规模、功能、定位相适应的城市防洪排涝体系。探索并提出沿江城市特点的海绵城市建设地方标准。加强城市水系连通、低洼地段的排涝设施、地下排水系统建设，在推进新城建设和老城改造的同时，结合清水绿岸治理提升、缺失老旧管网补建改造、排水防涝补短板等系统推进，采取"渗、滞、净、用、排"等措施，加快推进海绵型建筑、透水式道路、下沉式绿地、植草式边沟、生态型岸线等相关基础设施建设。

（三）优化提升全流域联合调度

完善水工程联合调度方案预案，发挥干支流水库群联合调度和调峰错峰作用，逐步将重要支流部分调节库容较大且径流调节效果显著的大型水库、长江中下游大型排涝闸站、洲滩民垸等尽快纳入联合调度范围，降低长江洪峰危害。进一步完善长江流域综合监测站网体系，强化流域区域水雨情信息共享，加强新技术应用，着力提高监测预报精度，延长预见期，提高洪涝干旱灾害监测预警预报能力。进一步厘清并明晰水工程联合调度管理权责，建立健全联合调度管理体制机制和利益补偿机制。

六、建立健全生态产品价值实现机制

习近平总书记多次在推动长江经济带发展座谈会上强调要建立健全生态产品价值实现机制。长江经济带生态产品类型丰富、供给能力较强，为探索开展生态产品价值实现机制试点工作奠定了基础；上中下游不同地区经济发展水平和生态产品供需的差异性，为长江经济带推动生态产品价值实现机制试点创造了内在的市场需求；建立健全生态产品价值实现机制既可以改善上游地区人民的生活水平，又能满足中下游地区人民群众对优美生态环境的需求，能够产生良好的经济、社会和生态效益；浙江丽水、江西抚州两个国家级生态产品价值实现机制试点全部分布在长江经济带，长江经济带理应成为我国建立健全生态产品价值实现的先行区和示范带。

2021年4月，中共中央办公厅、国务院办公厅印发《关于建立健全生态产品价值实现机制的意见》，明确了建立健全生态产品价值实现机制的指导思想、工作原则、战略取向、主要目标和重点任务，对生态产品价值实现机制作出顶层设计。文件提出建立健全生态产品价值实现六大机制，其中，建立调查监测机制是重要前提，建立价值评价机制是关键基础，健全经营开发机制是发挥市场配置资源的价值实现路径，健全保护补偿机制是发挥政府主导作用的价值实现路径，健全价值实现保障机制是重要支撑，建立价值实现推进机制是重要保障。这一顶层设计的出台，成为长江经济带建立健全生态产品价值实现机制的蓝图，为下一步推进相关工作指明了方向。

（一）推动生态产品总值（GEP）核算和考核全覆盖

加快开展自然资源调查监测和统一确权登记，清晰界定自然资源资产的产权主体和边界。结合土壤环境调查等生态环境专项调查、生态系统服务评价、自然资源资产负债表编制、环境质量监测等工作基础，探索建立生态产品分类—监测—调查机制，摸清生态产品数量分布、质量等级、功能特点等底数，建立长江经济带生态产品目录清单。充分对接国家出台的生态产品总值核算规范，结合长江经济带自身特点特征，完成指标和参数选择的本地化，逐步完善生态产品总值核算体系。制定生态产品总值核算统计制度，推动各地区常态化、规范化开展生态产品总值核算统计工作。科学应用生态产品价值核算结果，重点在政府绩效考核中纳入生态产品总值核算结果，实施GEP和GDP（国内生产总值）的双考核，对任期内造成GEP明显下降的领导干部，要加大追责力度。同时，推动生态产品价值核算作为生态保护补偿、生态环境损害赔偿、经营开发融资、生态资源权益交易等方面的重要参考。

（二）建立健全长江流域横向生态保护补偿机制

结合新安江、赤水河等流域横向生态补偿经验，率先在长江重要支流建立横向生态保护补偿制度，推进长江流域横向补偿相关各方协调沟通，编制长江流域横向生态补偿实施方案。将西藏、青海纳入横向生态补偿范围，加大中下游对长江源头水质水量的补偿力度。积极探索流域下游和上游之间合作园区建设等补偿模式，发挥上游绿色能源、特色农业和生态资源优势，围绕农林牧特色产业，合作建设一批现代化农业综合园、主导产业示范园和特色精品农业园，共建一批绿色工厂和园区。积极推进通过资金补偿、对口协作、产业转移、人才培训等方式建立横向补偿关系。

（三）推动生态产品可持续经营开发

搭建生态产品经营开发供需对接平台。引入社会资本，建立促进供需信息衔接的平台，吸引特色资源向平台聚集，建立生态产品经营开发项目库和企业库，收集生态产品经营开发者意向信息和生态资源信息，促进生态产品经营开发项目落地，共同推动绿色产品交易体系建设。

建立质量保障体系。加强品牌安全监管，坚持源头治理、标本兼治、综合施策，着力构建质量追溯制度、企业诚信机制、质量监管体系"三位一体"的安全监管模式。完善绿色产品标准认证标识体系，要求商家公布绿色产品来源地的生态产品质量信息，供消费者选择产品时参考。规范现有的环境、生态、绿色等各类产品认证机构，结合原产地认证体系，建立与绿色产品来源地生态产品质量挂钩的绿色产品认证制度，实施统一的绿色产品评价标准清单和认证目录，健全绿色产品认证有效性评估与监督机制，培育生态价值评估、绿色产品认证等服务机构，加强信息平台建设，规范展示绿色产品的"含绿量"，提升其"含金量"。

建立全过程产品质量追溯体系。开展产品追溯标准化工作，推进多部门协同，积极推动应用物联网、区块链等现代信息技术建设追溯体系，发挥"标准化＋互联网＋流通"作用，注重追溯技术与产品追溯需求、虚拟信息与实物产品等多方面、多维度结合，加强标准制定工作统筹和协调，支撑产品追溯体系建设，提升企业质量管理能力、促进监管方式创新、保障消费安全。

加强区域公共品牌建设。推进生态产品品牌标准化建设，加大品牌整合力度，把小品牌、散品牌、弱品牌整合成区域性生态产品大品牌，形成规模优势，统一标准、统一要求、统一宣传，加大品牌推广力度，扩大品牌知名度和影响力。通过政府背书方式，有效打通绿色产品的销售渠道，提高产品溢价价值。市场监管部门应支持有条件的地区注册区域性公用品牌，加大对生态地区的区域性公共品牌和特色产品的宣传工作力度，扩大产品及品牌的影响力。

（四）推动绿色金融创新支持生态产品价值实现

完善绿色信贷支持政策。大力发展绿色信贷，建立财政补助、金融机构融资相互协作担保机制，对于生态产品经营开发项目，按规定给予适当的利率、贴息、贷款周期等金融政策支持。地方政府探索建立运营平台公司，整合各方面绿色发展资金投入生态产品经营开发，为符合条件的生态产品经营主体提供担保服务，有效解决经营开发主体资金短缺和缺乏抵押物难题。

设立生态产品价值实现引导基金。统筹相关财政资金，积极吸纳社会资本，设立相关支持和引导基金，设立基金投资运营公司，重点支持生态产品价值实现类项目。推广政府和社会资本合作模式，大力推动生态环境治理修复与生态产品经营开发相绑定的运营模式，推动社会资本参与生态产品经营开发。

探索生态产品资产化、资本化、证券化。在森林、草原、湿地、水流等不同领域探索和开展资源资产化、证券化、资本化改革，鼓励金融机构探索生态资产抵押模式，开发水权、林权等使用权抵押、公益林补偿收益权质押、信用担保等多种金融产品。将生态地区丰富的自然资源通过制度设计，以资源未来产生的现金流为支撑发行证券进行资产证券化运作，将资源优势转化为资本优势，提高资源的流动性和可交易性。

（五）拓展生态产品价值实现试点

形成三层三类试点体系。以省级行政单元、副省级以上城市、地级市为主形成试点扩围的三大层次。省级行政单元重点从顶层设计与系统谋划方面着力探索生态产品价值实现机制如何融入新发展格局；副省级城市层面重点从机制设计与协调联动方面着力探索生态产品价值实现机制如何与其他重大改革诉求和高质量发展要求进行匹配衔接；地级市层面重点从特色领域着力探索生态产品价值实现机制如何在市域单元落地生根。以生态功能区、城市化地区、农产品主产区等三类主体功能区为主形成试点扩围的三大类别。基于不同主体功能区的本地特征和优势，设计主体功能差异化的生态产品价值实现模式，引导形成生态环境与经济社会发展协同推进的新路径。生态功能区主要目标是形成保护生态环境的利益导向机制；城市化地区要创建更多生态产品消费场景，形成供给与消费的有效链接；农产品主产区要探索农业生态化、绿色化转型发展的新业态新模式。

抓紧落实"五项先行"试点任务。扩展长江经济带生态产品价值实现机制试点范围，明确任务抓手是关键。一是尽快制定统一的生态产品价值核算与应用标准体系。依托丽水、成都、普洱等地区实践经验，开展系统化、标准化、模块化的生态产品价值核算。二是抓紧出台具有指导意义的生态产品经营开发指南。梳理总结各地区生态产品经营开发的好做法好模式，形成可复制可借鉴的经营开发指南。三是加快健全不同尺度的生态补偿机制。推动长江经济带上中下游间建立横向生态补偿机制，在省市间建立涵盖水质、水量、水生态等指标的水流补偿和奖惩制度。四是推动形成生态产品供需精准对接。充分利用长江上中下游、大中小城市和城乡的差异，依托黄金水道、立体综合交通网络、通达便利的物流体系等优势，加快生态产品与市场的精准对接。五是全面形成生态产品价值实现的流域保障机制。充分释放和挖掘长江经济带在绿色金融、绿色科技、绿色能源等方面的强大优势与潜力，形成全流域标准通用的保障机制体系。

第二节　提升综合交通运输体系整体效率

以枢纽型、功能性、网络化和智能化为导向，统筹传统和新型基础设施发展，提高各类基础设施规模能力、运行效率和服务品质，健全现代流通体系，增强畅通国民经济循环的支撑力。

一、提升黄金水道综合功能

畅通长江干线航道，完善支线航运网络，优化港口功能布局，加快发展江海直达运输，提升黄金水道功能。

（一）加快推进长江干线航道畅通

围绕提升"长三角—成渝主轴"的航运支撑能力，持续开展长江干线航道系统治理，加快推进区段标准统一。完善南京以下12.5米深水航道和长江口辅助航道条件，改善南京至安庆段航道条件，保障安庆至武汉段6米水深航道稳定运行。加强航道建设维护与水库调度相结合，按4.5米水深标准逐步稳妥改善武汉至重庆段航道条件，按3.5米水深标准积极推进重庆至宜宾段航道建设。重点实施上游朝天门至涪陵、涪陵至丰都，中游荆江二期，下游安庆水道、南京以下12.5米深水航道完善、南槽二期等工程。

（二）推动干支航道互联互通

积极推动岷江、嘉陵江、乌江、汉江、赣江等支流高等级航道建设和扩能升级，促进干支联通。推动完善长三角高等级航道网，形成支撑长三角一体化发展的区域航道网络。推动湘桂运河、赣粤运河等跨水系运河工程的前期研究。扩大长江电子航道图覆盖范围，加快向嘉陵江、湘江、信江、京杭运河等重要航道延伸，促进干支航道信息互联互通。

（三）优化港口枢纽功能布局

有序推动区域港口一体化改革和跨省区港口合作，强化港口资源整合，促进集装箱、煤炭、铁矿石、商品汽车、旅游客运等码头合理布局，提升港口专业化、规模化水平与服务能力。强化港口集疏运铁路设施建设，推动主要港口全部实现铁路进港；推动完善港口集疏运公路体系，重点解决城市段疏港公路发展瓶颈问题，促进以主要港口为节点的沿江交通网络有效衔接。加强沿江港口与沿海港口联动，发挥沿江港口"一带一路"支点作用，推动长江航运与国际班列有效衔接。

（四）大力推进江海联运发展

完善江海直达、江海联运船型系列和运输体系，扩大长江主要港口、长三角地区至上海洋山的江海直达运输船舶运力规模和航线，支持集装箱运输班轮化、江海直达运输，打造快捷高效的集装箱运输服务体系；提升嘉陵江、湘江、汉江、赣江、京杭运河等至长江干线港口的干支联运水平，完善干支直达航线网络；强化舟山江海联运服务中心、长江南京及以下港口的干散货江海联运服务功能，合理布局煤炭、铁矿石等联运转运体系，推动江河海运输有效互动、无缝衔接。推进中长距离大宗散货船队运输和"公转水"，引导内贸适箱货物集装箱化运输。

（五）提升三峡枢纽通航效能

打造三峡通航智能管理中心，优化完善过坝船舶联动调度。提高通航设施快速检修和运行保障能力，完善通航管理设施装备配备。推动实施葛洲坝三江下引航道整治工程，提高航道尺度及通过能力；开展三峡水运新通道建设有关航运技术专项研究，完善通航建筑物运维和船舶调度排档制度，为三峡水运新通道和葛洲坝船闸扩能工程建设提供决策咨询和技术支撑。

二、畅通重大战略性交通通道

以黄金水道干线航道升级改造为引领，以重要通道建设为核心，不断优化完善交通枢纽高效集疏通道，全面畅通重大战略性交通通道。

（一）有序推进长江黄金水道干线航道升级改造

上游安徽段以"一纵两横"为核心，推动航道由轴线向网络化联通转型。加快建成"一纵"，全面建成引江济淮一期工程，加快推进引江济淮二期航运工程建设，实施合裕线、沙颖河扩容改造工程，疏通局部堵航节点。优化提升"两横"，与交通运输部长江航务管理局共建皖江深水航道，力争实现10.5米维护水深常年到芜湖、8米维护水深常年到安庆、合裕线入江口段裕溪水道航道维护水深至4米以上。着力畅通"五干"，加快推进沱浍河和涡河航道整治工程，建成临涣、蒙城船闸，开工建设蕲县、大寺复线船闸，提升皖北地区航道通过能力。

中游荆江段以提能升级为核心，推进干线航道升级。完成干线航道整治，推进长江干线武汉至安庆6米水深航道整治工程，推动长江中游荆江河段航道整治二期工程开工建设，畅通中部出海通道。推进汉江航道梯级开发枢纽项目建设，提升汉江通航能力；开工唐白河、松西河航道整治，打通水运南北通道。提升港口吞吐能力，加快推进武汉、宜昌、黄石、荆州等主要港口具备枢纽功能的重点港区项目建设，发挥长江中游规模最大港口群的集约效应。推动以阳逻港为核心的智慧港口建设。借助5G、云计算、大数据分析、人工智能、区块链、工业互联网等技术，在阳逻国际港集装箱铁水联运二期项目中实现码头堆场场桥自动化远程操控、集卡全场智能调度、智能理货、无人驾驶等功能。

下游川江段加快构建"一横五纵多线"航道网，协同推动长江干线航道扩能提升。有序实施嘉陵江、岷江、渠江航道梯级建设和航道整治，推动岷江全线达标、嘉陵江全线复航、渠江全线渠化，加强金沙江翻坝转运系统建设和库区航道整治，推动沱江、涪江下段与长江下游干支衔接，加强老旧船闸改造。深入推进四川全省港口资源整合，加快完善"两核四翼多点"港口体系，推进泸州港、宜宾港、乐山港一体化发展，推动广元港、南充港、广安港融入重庆港，加强专业化、规模化、现代化港区建设，完善公共锚地、水上服务区等设施。因地制宜建设旅游客运码头和库区便民码头。

（二）推进重大通道建设

加快推动沿江高铁、川藏铁路等战略性骨干铁路建设。完善通达互联的战略性骨干铁路建设，重点贯通成都、重庆至上海沿江高铁、厦渝高铁、呼南高铁等干线铁路，加快推进渝万、渝宜、成达万等高铁建设，形成高标准的沿江高铁通道，力争开工建设沿江高速公路南线，建设长江经济带综合立体交通走廊，构建多向立体的综合交通运输大通道。建设川藏铁路雅安至林芝段，推进青藏铁路格尔木至拉萨段电气化改造、日喀则至吉隆铁路等项目前期工作，适时启动新藏铁路重点路段建设。

加快推进陆海新通道主通道建设。一是畅通西线通路，以打通缺失路段为重点，优化完善自成都经泸州（宜宾）、百色至北部湾出海口西通路，建设黄桶至百色铁路，加强既有铁路扩能改造。二是扩能中线通路，以打造大能力通路为重点，加快提升自重庆经贵阳、南宁至北部湾出海口（北部湾港、洋浦港）中通路运输能力，有序推进贵阳至南宁高铁建设，释放既有干线货运能力。三是完善东线通路，以提升既有线路运输能力为重点，进一步完善自重庆经怀化、柳州至北部湾出海口东通路。四是加强通道内联辐射和推进通道对外联通，重点推进核心覆盖区与辐射延展带、长江经济带、粤港澳大湾区紧密衔接，并注重陆路跨境通道建设，推动与周边国家设施互联互通。

推动长三角沿江城市群铁路建设。加强上海铁路对外通道建设,基本建成沪苏湖铁路、沪杭客专上海南联络线,加快沪通铁路二期等项目建设,推进沿江高铁、沪乍杭铁路建设,提升沿线城镇、重点功能区与长三角周边城市互联互通水平。规划建设南京至淮安铁路、宁黄铁路、宁扬宁马铁路、南京—仪征—扬州线、南京—滁州线、南京—马鞍山线等;苏锡常地区强化跨江城镇组团和毗邻地区一体化衔接,规划建设泰兴—常州线、无锡—江阴—靖江线及无锡—宜兴线、如东—南通—苏州—吴江—湖州线、南通(启东)—上海(崇明)线。

推进实施沪甬、沪舟甬等复合型跨海通道建设。依托多向立体、内联外通的运输主通道,以上海为核心,南京、杭州、合肥、宁波为中心,强化沪宁合、沪杭、合杭甬、宁杭、沪甬、合安、宁芜安、甬舟等城际运输通道功能。新建宁波东站、奉化站、舟山白泉站、马岙站、金塘站,发挥沪舟甬跨海大通道主轴上的重要节点功能。结合甬舟铁路、宁波舟山港主通道等重大对外通道建设,加快海岛水陆枢纽配套建设。

加快干线铁路布局建设,提升沿江铁路货运能力。上游地区实施成渝铁路成都至隆昌段、隆黄铁路隆昌至叙永段、成昆铁路峨眉至米易段扩能改造,协同推进黄桶至百色铁路建设,加快构建至北部湾、滇中的铁路货运通道。实施广巴、达万铁路扩能改造工程,畅通东向铁水联运通道。中游地区拓展铁路货运通道,开通、加密至中西部主要城市、沿江主要城市、沿海港口城市、边境口岸城市的铁路货运班列和铁海联运班列,积极发展铁路重载直达、班列直达、高铁快运等先进运输组织模式。下游地区加快建设连云港亚欧陆海联运通道、淮河出海通道。加强内河高等级航道网建设,推动长江淮河干流、京杭大运河和浙北高等级航道网集装箱运输通道建设,提高集装箱水水联运比重。

(三)优化交通枢纽高效集疏通道

提升沿海港口群现代化水平,推进港口与腹地的运输通道。研究推进连接宁波舟山、上海洋山、通州湾等重点港区与后方腹地园区的铁路集装箱双层箱通道、专用重载高速公路等建设。加快推进甬金铁路双层高柜集装箱海铁联运示范工程，规划建设头门港铁路支线二期、梅山铁路支线等项目，建成义乌苏溪国际枢纽港，推进港站一体化运营。实施义甬舟开放大通道西延工程，加快义乌建设宁波舟山港"第六港区"，推动宁波舟山港港务、船务、关务等功能向义乌前移，汇聚浙中西及中西部内陆地区箱源、船代、集卡等物流供应链区域资源，打造长江经济带南翼集装箱运营中心，构筑联动内陆腹地和浙东沿海的海铁联运样板通道。谋划开展共享托盘、共享集装箱循环共用系统在海铁联运中的试点应用。

研究推进三峡水运新通道建设，探索有效疏解三峡枢纽运输瓶颈方案。加强制度顶层设计，对《长江水系过闸运输船舶标准船型主尺度系列》进行修订，增加船舶大型化的船型主尺度系列范围，以满足三峡工程第二道建设后船舶发展的需要。推动长江上游江海直达，加快重庆—洋山港江海直达的立项和研究。成立江海直达船型开发机构，由政府相关部门组织包括船舶公司、设计单位、船建机构、协会等共同参与，搭建具有开放性、包容性的标准示范船型研发平台，鼓励航运企业、科研院所和设计单位等开展联合攻关。加强港口航道等基础设施建设，积极推进万吨轮港口建设，三峡新通道建成后将使长江上游实现万吨轮直达，但现有基础设施还无法满足万吨轮停泊要求，因此，要逐步完善长江上游航运中心基础设施，建设万吨级泊位。大力推动重庆库区建设万吨级泊位，与下游航道的汛期衔接顺利。积极推进长江航道清淤整治工作，增加航道水深，清除航道障碍物。制定计划，提前排除武汉长江大桥、奉节长江大桥，以及今后在三峡库区、整个长江上的跨江建筑、设施建设中有可能影响船舶通航高度的各种障碍物。

推进沪杭甬等智慧高速公路示范项目建设。构建长三角地区智慧公路体系，共同谋划打造连接宁波—杭州—上海—南京—合肥的"Z"字形新一代国家交通控制网和智慧公路示范通道，推进杭绍甬、沪宁智慧高速公路建设。构建车路协同环境，在长三角地区部分高速公路和城市主要道路开展车用无线通信网络（5G-V2X）示范应用。

三、大力培育枢纽经济

强化综合交通枢纽和国家物流枢纽战略牵引功能，实施长三角港口群建设、长江航运中心建设、长三角机场群建设、物流枢纽建设等一系列重大工程，大力培育枢纽经济。

（一）实施长三角世界级港口群建设战略

完成上海国际航运中心建设。进一步提升港口设施能力，开展新一轮《上海港总体规划》修编，统筹岸线资源，完善港口布局，优化港区功能；实现洋山深水港区四期自动化码头全面达产；推进长三角地区沿江、沿海多模式合作，加快与长三角共建辐射全球的航运枢纽。打造高效畅达的集疏运体系，推进沪乍杭铁路、外高桥港区铁路专用线及疏港道路建设；加快构建洋山港水公铁集疏运系统，建设临港集疏运中心和东海大桥智能重卡系统，推进南港码头铁路专用线相关前期工作；推进苏申内港线、油墩港等航道整治工程，规划建设大芦线等河海直达通道，继续推广江海直达及河海直达运输模式。

打造宁波舟山江海联运中心。高品质推进舟山江海联运服务中心建设，构建国际一流的江海河联运枢纽港、航运服务基地和国际大宗商品储运加工交易基地。优化宁波舟山港"一体四联"发展格局，畅通内河千吨级海河联运航道网络，促进港口、产业、城市融合发展，主动服务新发展格局，融入共建"一带一路"、长江经济带、长三角一体化等国家战略。加强舟山江海联运服务中心与芜湖港、马鞍山港、南通港等港口联动合作，提高揽货能力。浙沪协同推进小洋山北侧江海联运集装箱码头建设，推动大小洋山全域一体化开发合作，研究发展至长江主要目的港的中小型运输船队，打造长三角江海联运集聚区。浙苏协同推进与中远海运长江中下游港口码头运营合作，加强与安徽境内物流园区合作，推动集装箱、铁矿石等江海联运发展。

研究推动通州湾港口联动开发。统筹海洋经济与陆域经济、新型工业化与新型城镇化、经济建设与体制创新、资源开发与环境保护，实施陆海联动、江海联动，推动港口、产业、城市一体化发展。加快通州湾、通海港区开发建设，实施江海河、公铁水联运工程，开发大宗散货海进江中转功能，打造海运直达运输集散基地、多式联运物流中心，努力发展为承载南通、江苏及长江经济带沿线产业转移转型的新高地，构建临海临港特色产业体系，建设现代化港城，在长江经济带建设特别是陆海统筹、江海联运、江海产业联动等方面发挥先导作用和示范效应。

（二）推进长江航运枢纽建设

加快建设武汉长江中游航运中心。推进武汉与上游重要港口，下游枢纽港业务上相互契合，形成运输功能嵌入式的新型运输模式，推动产业及贸易、分拨等核心功能发展。打造长江流域新型标准船队，将"汉海1140型"等新型化标准船型列为长江航运标准船型，在长江流域广泛推广，加快推进系统化、标准化船队建设，加快实现长江流域船舶运力供给侧结构性改革。建设陆海贸易通道，建设高水平武汉长江中游航运中心，建设武汉实施近海贸易通道工程、扩充多类型近洋主力船队规模，构建武汉至东盟、东南亚等地区贸易通道等。提升武汉港口岸服务功能与武汉新港空港综合保税区发展。

提速重庆长江上游航运中心建设。加快畅通"一干两支"航道主骨架，推进支流航道成网。构建以"六线为重点、支小为补充"的多层级次支流航道体系，全面畅通成渝地区双城经济圈支流航道网络。加快建设涪江双江航电枢纽，推动涪江渭沱、安居、富金坝等船闸改造升级，构建涪江智能美丽航道。提速推进渠江、黛溪河等航道整治和绿化美化工程，提高对航运沿线主要节点城市、物流产业基地、大型工矿园区的服务能力。大力实施阿蓬江、酉水河等高品质旅游航道建设，打造航旅融合发展美丽风景线。建成三大战略性枢纽型港口。依托多式联运枢纽型港口广泛的运输辐射腹地和强大的货物集聚能力，提速构建"覆盖成渝、沟通国际"的现代化、专业化、标志性港口群，全面建成中心城区果园、万州新田和涪陵龙头三大世界一流国际内河港口。高标准推进现代化港口物流园和产业园建设，推动传统港口向"港口＋现代物流"转型升级发展，有力支撑重庆长江上游航运中心在"一带一路"、长江经济带、西部陆海新通道联动发展中发挥引领带动作用，成为成渝地区双城经济圈战略性国际航运枢纽。

加快南京区域性航运枢纽建设。围绕南京区域性航运物流中心的战略定位，打造物流要素聚集、航运服务完善、航运物流市场繁荣、江海转运功能突出、辐射带动效应显著、具有国际资源配置能力的区域性航运物流中心。加快推进南京下关长江国际航运物流服务集聚区建设，围绕长江流域重要的口岸服务、航运总部经济、航运物流综合服务、航运物流交易和航运人才交流等五大中心建设，打造企业总部集聚、配套服务完善、政务集中的现代航运物流服务集聚区。以龙潭国际综合物流集聚区、江北化工物流园、滨江钢铁物流园等临港物流园区、物流配送和分拨中心为依托，第三方物流公司为主体，打造形成专业物流交易和集散基地，促进专业物流与专业产品交易市场一体化发展。积极引入云计算作为港口物联网服务体系的基础，大力发展港口＋物流、港口＋金融贸易、港口＋电商、港口＋法律等新型业态，积极向信息服务、交易和研发等增值领域发展。

（三）推动长江经济带世界级机场群建设

打造长三角世界级机场群，推进南通新机场等重点机场建设。统筹长三角地区航空运输市场需求和机场功能定位，优化配置各类资源，通盘考虑上海周边城市机场布局规划和建设，巩固提升上海国际航空枢纽地位，增强面向全国乃至全球的辐射能力。优化提升杭州、南京、合肥区域航空枢纽功能，增强宁波、温州等区域航空服务能力，支持苏南硕放机场建设区域性枢纽机场。规划建设南通新机场，作为上海国际航空枢纽的重要组成部分。积极推动航空货运发展，加强现有机场货运基础设施建设，优化货运网络布局，充分挖掘航空货运能力，有序推进以货运功能为主的机场建设。加快通用航空发展，建设南京、宁波、绍兴、芜湖通用航空产业综合示范区。

建成成都天府国际机场，研究推进重庆等中心城市新机场建设。成都以天府机场为核心打造引领西部开发开放的国际航空枢纽，巩固提升双流机场区域航空枢纽功能，重点服务国内商务、地区等航线，构建"两场一体"运营体系。重庆以江北机场为核心打造引领内陆开放的国际航空枢纽，加快江北机场扩建，规划建设重庆新机场，培育区域航空枢纽和货运枢纽功能。以区域市场一体化和便利化为导向，推进成渝两地在国际航线、中转联程等方面开展务实合作，携手构建一体规划、协同运营、共同保障的新模式，合力提升机场群国际航线服务水平和竞争力。以向西、向南开放为重点，提高成渝世界级机场群国际航权开放和资源配置水平，推进第五航权落地实施，基于成渝市场一体化统筹优化成渝地区中远程国际航权配置。

（四）推进专业货运机场建设，形成一批国际物流枢纽

推进鄂州专业货运机场建设。拓展国际航空货运航线，稳定欧美等洲际航线，巩固完善亚洲国际中短程航线，有序开通欧盟、东南亚等航线，打造全球 72 小时航空货运骨干网络。积极引进基地货运航空公司，推动航空货运公司、大型货运代理企业、国内外大型快递企业、卡车航班公司等集聚发展。提高机场通关效率，落实"7×24 小时"预约通关服务。完善机场货运服务功能，提升冷链物流、航空快件、活体动物、危险品、超规货物等特殊物品的专业化运输服务能力。建立航空公司、邮政快递、货站等互通共享的物流信息平台，实现货运单证简单化、无纸化、透明化。

加快建设重庆、成都、宁波、宜昌、义乌等国家物流枢纽。围绕成都、鄂州等在建机场以及新规划机场，实施干线、城际等铁路以及城市轨道交通与航站楼衔接工程。全力建设中心城区国际性综合货运枢纽港。加快建设重庆公运公铁联运中心、中新（重庆）多式联运示范基地等重大项目，有序推进兴隆场编组站改扩建工程、鱼嘴等铁路货运枢纽建设，全力支持重庆国际物流枢纽园区、果园港、江北国际机场和重庆公路物流基地四大综合货运枢纽建设，全力打造陆港型和港口型国家物流枢纽，扩大全方位高水平开放。充分发挥宁波跨境电商及空港试验区政策优势，加快引入基地货运航司，协同宁波舟山港打造海空联动的国际物流枢纽，义乌着力优化机场货运功能布局，加强与大型快递企业战略合作，构筑浙中、浙南及闽北航空物流枢纽。

（五）围绕宁波舟山、武汉、重庆等重要港区，实施一批疏港铁路进港区工程

宁波舟山强化港口集疏运网络沿海、沿江、沿河、沿陆顺畅联通和上下游物流一体化衔接。高标准打造南北向沿海（沪苏温台福方向，以海上水水中转和海公联运为主）、西北向沿江（宁波舟山港至长江经济带沿线地区，以江海联运为主）、西向沿河（杭绍皖方向，以海河联运为主）、西南向沿陆（金衢丽赣方向，以海铁联运为主）四大联运通道，提升宁波舟山港海铁、江海、海河及水水中转等联运组织效率和辐射能级。

武汉加快完善港区集疏运体系建设。着力推进主要港口核心港区的疏港铁路、公路建设，加强机场、铁路站场等集疏运道路建设，完善物流园区、大型产业园区进港铁路建设，有效解决"最后一千米"问题，实现港内铁路和码头作业区的无缝衔接、重要港口二级及以上千米高效联通、年货运量150万吨及以上的大型工矿企业和新建物流园区铁路进场（园）率达到90%。

重庆完善港站集疏运通道建设。加快推进万州新田、涪陵龙头等重要港口集疏运铁路建设，实现铁路与港口无缝衔接，扩大港口对成渝地区、西部地区辐射纵深和覆盖范围，力争铁水联运比重提高到15%。加快万州新田、渝北洛碛、江津兰家沱、丰都水天坪等港口集疏运公路项目，完善港口集疏运配套设施建设。

四、推进新型基础设施建设

以数字基础设施建设为"先手棋"，创新实施长三角地区高等级航道网畅通联网，推动交通基础设施网与运输服务网、信息网及能源网联通融合，加快在城市群都市圈等重点区域布局互联互通的新型基础设施。

（一）加快长江经济带第五代移动通信、工业互联网、大数据中心等数字基础设施建设

加快第五代移动通信（5G）网络规模化部署和拓展应用，推进千兆光纤接入网络广泛覆盖，全面推进互联网协议第六版（IPv6）商用部署和单栈

试点，优化上海、南京、武汉、合肥、重庆、南昌国家级互联网骨干直联点建设。升级完善国家超级计算长沙、无锡、昆山、成都中心，按照全国一体化大数据中心体系总体规划要求，优化数据中心建设布局，打造具有地方特色、服务本地、规模适度的算力服务。完善武汉工业互联网标识解析国家顶级节点功能，加快建设二级节点。加快交通、水利、能源、市政等传统基础设施数字化改造，加强泛在感知、终端联网、智能调度体系建设。加强通信网络、重要信息系统和数据资源保护，增强关键信息基础设施安全防护能力。

（二）创新实施长三角地区高等级航道网畅通联网工程

服务长江黄金水道，打造水生态绿色走廊，着力突出水运主通道、主网络建设。巩固深水航道建设成果，适时推进长江南京以下12.5米深水航道后续完善工程，进一步挖掘和发挥长江黄金水道的优势和潜力。全面完善"两纵五横"骨干航道建设，构建省域水运通道，正确把握整体推进和重点突破的关系，加快内河碍航航段、桥梁建设改造。重点建设连申线、通扬线、淮河出海航道、徐宿连航道等区域骨干航道整治工程。提升内河航道通江达海能力，继续推进秦淮河、德胜河等通江航道贯通，推进徐圩港区、通州湾港区等疏港航道建设，做好其他沿海港区疏港航道规划预控。完善区域高等级航道网络形态，有序推进联络航道整治建设。积极推进苏申内港线、苏申外港线等省际航道整治实施，拓展长江主干线的辐射范围，助力跨省交通协调发展。把文化元素融入航运发展规划和工程设计，推进大运河航运文化载体建设，打造大运河文化带示范航段和文化标识，推动大运河从功能设施向文化品牌转变，形成新时代大运河航运文化体系。

（三）利用新技术推动交通基础设施与重要基础设施融合发展

推进交通基础设施网与运输服务网融合发展。推进基础设施、装备、标准、信息与管理的有机衔接，提高交通运输网动态运行管理服务智能化水平，打造以全链条快速化为导向的便捷运输服务网，构建空中、水上、地面与地下融合协同的多式联运网络，完善供应链服务体系。推进交通基础设施网与信息网融合发展。加强交通基础设施与信息基础设施统筹布局、协同建设，推动车联网部署和应用，强化与新型基础设施建设统筹，加强载运工具、通信、智能交通、交通管理相关标准跨行业协同。推进交通基础设施网与能源网融合发展。推进交通基础设施与能源设施统筹布局规划建设，充分考虑煤炭、油气、电力等各种能源输送特点，强化交通与能源基础设施共建共享，提高设施利用效率，减少能源资源消耗。促进交通基础设施网与智能电网融合，适应新能源发展要求。

（四）加快长江经济带城市群都市圈等重点区域新型基础设施建设

完善成渝双城都市圈、长江中游城市群多层次城际综合交通网络，构建滇中、黔中城市群城际交通骨架。成渝都市圈突出双城引领，强化双圈互动，构建一体化综合交通运输体系，形成"高铁双通道、高速八车道"的复合快速通道，全力打造成渝双核超大特大城市之间1小时通达、成渝双核至周边主要城市1小时通达、成渝地区相邻城市1小时通达、成渝都市圈1小时通勤4个"1小时交通圈"，建设成渝地区双城经济圈4个"1小时交通圈"。长江中游城市群以提升互联互通效率为重点，搭建综合交通网络，铁路方面规划建设武汉至宜昌、武汉至合肥、长沙至赣州、襄阳至常德、益阳至娄底、荆门至荆州、仙桃至监利、常德至岳阳至九江、南昌至九江等铁路；公路方面，实施G4京港澳高速军山桥段、G60沪昆高速昌傅至金鱼石段、G50沪渝高速武汉至黄石段等高速公路扩容改造工程，建设一批国道跨省路段。滇中城市群围绕打造"轨道上的滇中城市群"，推进干线铁路、城际铁路、市域（郊）铁路、城市轨道交通"四网融合"，提升滇中城市群面向南亚、东南亚辐射中心的交通能级，强化昆明与玉溪、曲靖、楚雄、红河等州（市）之间的互联互通，提高城市群综合交通枢纽体系整体效率和国际竞争力。黔中城市群围绕交通网络化，加快建设贵南、盘兴等高铁，提升贵广高铁运行时速，规划建设新渝贵、铜吉、泸遵、六威昭、都凯、水盘等高铁，适时布局建设贵阳—贵安—安顺和遵义都市圈城际轨道交通，形成有效覆盖的城际交通网络。

全面推动都市圈轨道交通建设，打造"轨道上的都市圈"。推动长三角多层次轨道交通建设，完善优化上海、南京、杭州等超大、特大城市轨道交通网络，推进合肥、宁波、苏州等城市轨道交通成网运行，有序推进无锡、常州、徐州等具备条件的城市轨道交通建设，加强城市轨道交通与城市重要交通枢纽高效衔接，强化城市轨道交通在现代大城市公共交通中的骨干作用。打造轨道上的双城经济圈，加快城际铁路互联互通，实施成都都市圈环线铁路、绵阳至遂宁至内江铁路等项目。续建渝昆、成达万等高铁，全面启动成渝中线高铁建设，推动成渝地区高铁网络高效融入国家"八纵八横"高铁主通道，积极推进重庆至自贡至乐山、重庆至广安以及汉中至南充至潼南至铜梁至大足至荣昌至泸州等城际铁路前期工作，加强主城市区与川东北、川南地区密切联系。

开展中心城市"四网融合"试点，构建高品质都市圈通勤网络。重庆推动干线铁路、城际铁路、市域（郊）铁路和城市轨道交通"四网"融合发展，完善多层次轨道交通网络体系，形成分工合理、衔接顺畅的多向出渝大通道，打造轨道上的双城经济圈，满足多层次、多样化、个性化交通需求。重庆按照"五年全开工、十年全开通"目标，东向拓展、西向提质、南向共建、北向挖潜，全力推进高铁网建设；统筹推进重庆北站南站房改造、重庆东站等铁路枢纽建设，打造一体化无缝换乘枢纽体系；全力推进 TOD 综合开发，强化轨道站点与常规公交无缝衔接。

五、构建现代化流通体系

推动交通运输与国土开发、产业布局、人口分布、环境承载、能源供给等深度融合，优化运输结构，在全国率先探索形成绿色出行和绿色物流新范式。

（一）着力优化交通运输结构

持续优化调整运输结构。加快推进港口集疏运铁路、物流园区及大型工矿企业铁路专用线建设，推动大宗货物及中长距离货物运输"公转铁""公转水"。推进港口、大型工矿企业大宗货物主要采用铁路、水运、封闭式皮带廊道、新能源和清洁能源汽车等绿色运输方式。统筹江海直达和江海联运发展，积极推进干散货、集装箱江海直达运输，提高水水中转货运量。

提高运输组织效率。深入推进多式联运发展，推进综合货运枢纽建设，推动铁水、公铁、公水、空陆等联运发展。推进多式联运示范工程建设，加快培育一批具有全球影响力的多式联运龙头企业。探索推广应用集装箱模块化汽车列车运输，提高多式联运占比。推动城市建筑材料及生活物资等采用公铁水联运、新能源和清洁能源汽车等运输方式。继续开展城市绿色货运配送示范工程建设，鼓励共同配送、集中配送、分时配送等集约化配送模式发展。引导网络平台道路货物运输规范发展，有效降低空驶率。

创新运输组织模式，畅通公铁水、江湖海联运衔接。探索长江上游库区自循环运输组织和三峡坝上坝下分区域协同运输组织方式，实质性破解三峡通道运输瓶颈。推动大宗物资"公转铁""公转水"。在运输结构调整重点区域，加强港口资源整合，鼓励工矿企业、粮食企业等将货物"散改集"，中长距离运输时主要采用铁路、水路运输，短距离运输时优先采用封闭式皮带廊道或新能源车船。探索推广大宗固体废物公铁水协同联运模式。深入开展公路货运车辆超限超载治理。加快长三角地区铁水联运、江海联运发展。加快建设小洋山北侧等水水中转码头，推动配套码头、锚地等设施升级改造，大幅降低公路集疏港比例。鼓励港口企业与铁路、航运等企业加强合作，统筹布局集装箱还箱点。因地制宜推进宁波至金华双层高集装箱运输示范通道建设，加快推进沪通铁路二期及外高桥港区装卸线工程、浦东铁路扩能改造工程、北仑支线复线改造工程和梅山港区铁路支线、南沙港区疏港铁路、平盐铁路复线、金甬铁路苏溪集装箱办理站等多式联运项目建设。推动企业充分利用项目资源，加快发展铁水联运、江海直达运输，形成一批江海河联运精品线路。

（二）增强国际国内运输链供应链组织能力

以鄂州专业货运机场为支点，推动构建国家专业航空货运网。加快航空物流供给侧结构性改革，推动传统航空物流向现代物流转型升级，鼓励发展多式联运，特别是鼓励货运航空公司与电商、快递企业合作联营，实现规模效益，逐步做强做大。率先推进与主要贸易伙伴和共建"一带一路"国家货运航权自由化谈判，让长江经济带航空货运企业在境外设点布网更加便利，打造海外转运中心，加快构筑全球可达且自主可控的国际物流网络。加快枢纽机场货运设施改造升级。在现有国际枢纽基础上，重点打造合肥、鄂州等国际航空货运枢纽，形成航空物流集散的产业集群。进一步优化航班资源时刻配置。根据机场定位，对货物供应能力强的机场放开高峰时段对货运航班的限制，支持航空公司构建货运航班波。进一步优化航空货运营商环境，加强与海关合作，在具备条件的国际航空货运枢纽实现"7×24"小时通关，满足航空货运快速通关需求。

（三）积极构建统一开放有序的运输市场

推进区域间设施、服务、标准、规则对接，推进运输服务规则衔接。以铁路与海运衔接为重点，推动建立与多式联运相适应的规则协调和互认机制。研究制定不同运输方式货物品名、危险货物划分等互认目录清单，建立完善货物装载交接、安全管理、支付结算等规则体系。深入推进多式联运"一单制"，探索应用集装箱多式联运运单，推动各类单证电子化。探索推进国际铁路联运运单、多式联运单证物权化，稳步扩大在"一带一路"运输贸易中的应用范围。加大信息资源共享力度。加强长江经济带铁路、港口、船公司、民航等企业信息系统对接和数据共享，开放列车到发时刻、货物装卸、船舶进离港等信息。在长江经济带加快推进北斗系统在营运车船上的应用，到2025年基本实现运输全程可监测、可追溯。

六、创新发展绿色交通

正确把握生态环境保护和经济发展的关系，把修复长江生态环境摆在压倒性位置，以长江生态环境承载力为约束，注重资源集约和循环利用，强化节能减排和低碳发展，加强生态保护和污染防治，加强创新驱动支持保障，有力保障长江沿线生态环境和经济社会的可持续发展。

（一）注重资源集约和循环利用

规范利用港口岸线资源。实施最严格的港口岸线审批与管控制度，完善岸线准入、退出及转让机制。引导岸线资源利用效率低下、经济贡献度低的码头通过市场化手段进行整合，提升已有港口岸线效率效能。充分发挥省（市）属大型港口企业在市场配置资源中的重要作用，积极引导小、散、乱码头集中布置，鼓励企业专用码头社会化经营管理，促进规模化公用港区（码头）建设。继续推进重点水域非法码头整治，并将整治范围由沿江拓展至内河。突出抓好危化品码头岸线管理，依据沿江化工产业布局调整，有序推进危化品码头布局调整，分类推进危化品入园进区和规范化管理。

节约循环利用其他资源。加强交通运输领域的生产生活污水循环利用，推广污水生态处理技术。推进废旧路面、沥青、航道疏浚土、港口疏浚土等资源再生利用，推广钢结构循环利用。推进交通基础设施科学选线选址，因地制宜采用工程措施，提高土地节约集约利用水平。加强隧道桥梁方案比选论证，优化整合渡口渡线，统筹安排、有序推进铁路、公路、城市交通合并过江，提高岸线使用效率。在已实现锚泊统一调度实体运作的基础上，进一步推动沿江锚地锚泊智能化管理，统筹、高效利用有限锚地资源。

（二）推广应用新能源，构建低碳交通运输体系

加快新能源和清洁能源运输装备推广应用。加快推进城市公交、出租、物流配送等领域新能源汽车推广应用。推进新增和更换港口作业机械、港内车辆和拖轮、货运场站作业车辆等优先使用新能源和清洁能源。推动公路服务区、客运枢纽等区域充（换）电设施建设，为绿色运输和绿色出行提供便利。因地制宜推进公路沿线、服务区等适宜区域合理布局光伏发电设施。深入推进内河LNG动力船舶推广应用，支持沿海及远洋LNG动力船舶发展，指导落实长江干线、LNG加注码头布局方案，推动加快内河船舶LNG加注站建设，推动沿海船舶LNG加注设施建设。因地制宜推动纯电动旅游客船应用。积极探索油电混合、氢燃料、氨燃料、甲醇动力船舶应用。

促进岸电设施常态化使用。加快现有营运船舶受电设施改造，不断提高

受电设施安装比例。有序推进现有码头岸电设施改造，主要港口的五类专业化泊位，长江干线 2000 吨级以上码头（油气化工码头除外）岸电覆盖率进一步提高。严格落实《中华人民共和国长江保护法》，加强岸电使用监管，确保已具备受电设施的船舶在具备岸电供电能力的泊位靠泊时按规定使用岸电。

（三）坚持标本兼治，推进交通污染深度治理

持续加强船舶污染防治。严格落实船舶大气污染物排放控制区各项要求，降低船舶硫氧化物、氮氧化物、颗粒物和挥发性有机物等排放，适时评估排放控制区实施效果。推进船舶大气污染物监测监管试验区建设，加强船舶污染设施设备配备及使用情况监督检查。持续推进港口船舶水污染物接收设施有效运行，并确保与城市公共转运处置设施顺畅衔接，积极推进船舶污染物电子联单管理，提高船舶水污染物联合监管信息化水平。严格执行长江经济带内河港口船舶生活垃圾免费接收政策。分级分类分区开展 400 总吨以下内河船舶的防污染设施改造和加装。严格执行船舶强制报废制度，鼓励提前淘汰高污染、高耗能老旧运输船舶。

进一步提升港口污染治理水平。统筹加强既有码头自身环保设施维护管理和新建码头环保设施建设使用，确保稳定运行，推进水资源循环利用。加快推进干散货码头堆场防风抑尘设施建设和设备配置。有序推进原油、成品油码头和船舶油气回收设施建设、改造及使用，完善操作管理规定和配套标准规范。提升水上化学品洗舱站运行效果，提高化学品洗舱水处置能力。

（四）坚持创新驱动，强化绿色交通科技支撑

推进绿色交通科技创新。构建市场导向的绿色技术创新体系，支持新能源运输装备和设施设备、氢燃料动力车辆及船舶、LNG 和生物质燃料船舶等应用研究；加快新能源汽车性能监控与保障技术、交通能源互联网技术、基础设施分布式光伏发电设备及并网技术研究。深化交通污染综合防治等关键技术研究，重点推进船舶大气污染和碳排放协同治理、港口与船舶水污染深度治理、交通能耗与污染排放监测监管等新技术、新工艺和新装备研发。推进交通廊道与基础设施生态优化、路域生态连通与生态重建、绿色建筑材料和技术等领域研究。推进绿色交通与智能交通融合发展。推进交通运输行业重点实验室等建设，积极培育国家级绿色交通科研平台。鼓励行业各类绿色交通创新主体建立创新联盟，建立绿色交通关键核心技术攻关机制。

加快节能环保技术推广应用。加大已发布的交通运输行业重点节能低碳技术推广应用力度，持续制定发布交通运输行业重点节能低碳技术目录，重点遴选一批减排潜力大、适用范围广的节能低碳技术，强化技术宣传、交流、培训和推广应用。依托交通运输科技示范工程强化节能环保技术集成应用示范与成果转化。

第三节 以创新驱动全面提升产业现代化水平

一、提升自主创新能力

通过技术创新并广泛运用先进技术，加快培育发展新动能。抓住新一轮科技革命和产业变革的历史机遇，发挥长三角地区龙头引领作用，聚焦集成电路、元器件、生物医药、工业软件、重大装备等领域，超前布局前瞻性技术研发，将长江经济带打造成为基础创新、前沿创新、原始创新的重要策源地，实实在在地拿出一批有分量、有影响、有效果的重大科技创新成果。

（一）加快建设区域性创新高地

支持上海加快建设具有全球影响力的科技创新，建设上海张江、合肥综合性国家科学中心，持续推动重庆、杭州、南京、武汉、成都等地创新平台载体建设。加强高等学校、科研院所和企业创新能力和资源共享，聚焦重大创新领域组建一批国家实验室，优化国家工程研究中心、国家技术创新中心等创新平台布局，提升科技前沿领域原始创新能力。支持长江三角洲、成渝地区建设国家工业互联网一体化示范区，打造工业互联网产业发展高地。推动长江三角洲 G60 等科创走廊和沿沪宁等产业创新带建设。

（二）突破一批前沿技术

系统推进基础研究、关键核心技术攻关，瞄准人工智能、集成电路、生命健康、量子信息、脑科学、生物育种、航空航天、高端材料等前沿领域，超前布局开展基础和应用技术研究，形成一批具有自主知识产权的原创性、标志性技术成果。在上海、江苏、安徽等地实施一批具有前瞻性、战略性的国家重大科技项目。聚焦产业发展重大技术需求，组建联合攻关"国家队"，实行"揭榜挂帅"、"赛马"机制，组织实施一批重大科技专项，在核心基础零部件、核心电子元器件、工业基础软硬件等领域加快补短板，打造自主可控、安全高效的产业技术供给体系。支持"两湖"和成渝地区在新发突发传染病和生物安全风险防控、医药和医疗设备、关键元器件、油气勘探开发等领域取得实质性进展。

（三）完善创新生态体系

深入推动上海、江苏、浙江、安徽、湖北、重庆、四川等全面创新改革试验，着力破除制约要素自由流动的制度藩篱。借鉴"两弹一星"的成功管理经验，发挥"集中力量办大事"的制度优势，整合科研机构、创业孵化、公共平台、股权投资、管理服务等各类要素，形成各主体深度链接的创新网络。打造一流科创载体，建设科技资源统筹服务平台，大力推进重大科技平台、国家实验室、重大产业创新载体、重大科技开放合作载体建设，积极建设新型研发机构，发展混合所有制产业技术研究机构。深化科研人员职务科技成果所有权或长期试用期改革探索，率先在长江三角洲、长江中游、成渝地区建立产学研有效衔接、跨区域通力合作的体制机制。

二、加快培育新兴产业

推动战略性新兴产业集群化发展，形成全域协同、重点突出的空间布局，打造若干个各具特色、优势互补、结构合理的新兴产业集聚区，在集成电路、生物医药、人工智能、新能源汽车等领域形成若干战略性新兴产业集群。积极促进先进技术与市场融合、创新与产业对接，推动制造业加速向数字化、网络化、智能化发展，加快发展"数字经济"，大力培育面向未来的新兴产业、业态和增长点，促进产业基础高级化、产业链现代化。推动实施一批产业跨界融合示范工程，打造未来技术应用场景，加速形成未来产业策源地。

（一）培育壮大未来产业

抢占未来产业发展先机，发挥科教资源和产业基础优势，在类脑科学、量子信息、基因技术、未来网络、氢能与储能等前沿科技和产业变革领域，谋划布局一批未来产业。以提升基础创新能力和释放应用场景双轮驱动，强化创新策源、突破底层技术，推动人工智能产业集群发展。以关键技术攻关和高端产品研制为主线，布局建设一批创新设施和转化平台，加速培育壮大一批生物医药创新型企业，实现生物技术药物、新型生物医学工程产品制备等一批关键核心技术自主可控，加快创新成果产业化。深入推进国家战略性新兴产业集群发展工程，大力发展高端装备制造、新一代信息技术、绿色环保、生物技术、新材料、新能源等新兴产业，推动建设一批共性技术创新平台，建设全国战略性新兴产业高地。

（二）打造世界级先进制造业集群

依托产业基础和龙头企业，整合各类开发区、产业园区，引导生产要素向更具竞争力的地区集聚，打造一批电子信息、高端装备、汽车、家电、纺织服装等先进制造业集群。以长三角、湖北、成渝为重点，推动集成电路全产业链发展，进一步提升先进制造工艺，强化芯片设计能力，加快提高光刻机、光刻胶等核心装备和关键材料国产化水平，基本形成自主可控的产业体系。

（三）提升服务业竞争力

加强服务业与制造业融合，提升服务实体经济的能力，大力发展服务业的新业态新模式，协同推动服务业走出去，抢占国际市场。大力提升研发设计、创业孵化、技术转移、科技金融、知识产权、科技咨询、检验检测认证、科学技术普及等科技服务能力，加快构建全价值链科技服务体系。聚焦工业软件、关键基础软件、安全软件、新兴平台软件、行业应用软件等领域开展关键核心技术攻关，重点突破一批软件核心技术和产品。鼓励发展科技金融、绿色金融、数字金融、消费金融、信托投资、金融租赁、证券承销与保存、责任保险、信用保险等金融产品和业务。

三、推动传统产业提质增效

以绿色作为长江经济带高质量发展的底色，充分发挥生态环境保护的倒逼、引导、优化和促进作用，促使结构调整优化最终落实到提高产业的整体素质和经济增长的质量和效益上，加快形成绿色的空间格局、产业结构、生产方式、生活方式。

（一）推动制造业绿色升级

推动传统产业绿色化改造。积极利用绿色新技术对存量经济进行升级改造，推动钢铁、石化、有色、机械、建材、船舶等产业绿色化改造升级。推动传统产业应用新技术、新能源、新材料，努力实现产业资源利用效率和污染排放处理水平尽快达到世界领先，促进产业由污染末端治理、达标排放的低水平绿色化向清洁生产、循环经济与产业共生的高水平绿色化转变，促进高耗能、高排放行业绿色减量化发展。

推动绿色低碳产业合作。加快在贵阳、成都、重庆、武汉、苏州、上海等建设"一带一路"绿色低碳产业以及环保技术和产业合作示范基地，重点面向东盟、中亚、南亚、中东欧、阿拉伯、非洲等国家开展绿色低碳产业合作。推动和支持战略支点绿色产业园区、循环经济工业园区、重点绿色低碳企业提升国际化水平，支持绿色低碳产业国际合作项目在战略支点落地，支撑绿色"一带一路"建设。

（二）推动产业链供应链现代化

加强产业基础能力建设。围绕基础零部件及元器件、基础软件、基础材料、基础工艺和产业技术基础等瓶颈短板，研究编制长江经济带提升产业基础能力建设清单，推动实施一批产业基础再造工程。促进长江三角洲、长江中游和成渝地区技术创新协同联动，加强重要产品和关键核心技术联合攻关，实施一批重大技术装备攻关工程，推动首台（套）装备、首批次材料、首版次软件应用，加快形成自主可控的产业链、供应链。提升产业链、供应链竞争力，强化企业创新主体地位，实施领航企业培育工程，在沿江省市培育一批具有生态主导力和核心竞争力的龙头企业。推动中小企业提升专业化优势，培育专精特新"隐形冠军""小巨人"企业。支持大中小企业之间、产业上下游之间加强产业协同和技术攻关，巩固提升长江经济带在电子信息、汽车、生物医药、化工、轻纺等领域的全产业链竞争力。研究建设产业备份基地，开展关键零部件、材料、设备等生产备份，形成安全可靠的产业备份系统。加快建设浙江、四川数字经济创新发展试验区，推动数字产业化和产业数字化。

（三）提升产业根植性和竞争力

促进产业有序转移。下游地区积极引导资源加工型、劳动密集型产业和以内需为主的资金、技术密集型产业加快向中上游地区转移。中上游地区因地制宜承接电子信息、汽车及零部件、装备制造、家用电器、纺织服装等产业，留住产业链关键环节。提高国家级新区产业转移承接能力，依托产业转移示范区和产业转型升级示范区，构建"下游研发设计和高端制造——中上游组装加工和生产"的沿江产业梯度转移模式，推动集群式、链条式、配套式发展，促进产业价值的整体提升。

加强产业园区和产业平台建设。加快提高国家级及省级经开区、高新区及各类工业园区基础设施和服务能力，统筹推动空间整合和体制机制创新，全面提升各类园区开发开放能级。依托各类开发园区打造承接产业转移平台和创建承接产业转移示范区，积极承接东中部地区产业转移。深入开展"双招双引"，引导支持社会资本投资兴业，助力有条件的地区建设培育新材料、能源化工、生物医药、电子信息、新能源汽车等特色优势产业集群。积极探索多种形式的产业转移合作模式，鼓励上海、江苏、浙江到中上游地区共建产业园区，发展"飞地经济"，共同拓展市场和发展空间，实现利益共享。

四、增强粮食安全保障能力

（一）保障种子耕地安全

深入实施藏粮于地、藏粮于技战略，着力解决好种子和耕地安全问题，保障粮食等重要农产品有效供给。严格基本农田保护，坚决遏制耕地"非农化"、防止"非粮化"。支持加强农田水利和高标准农田建设，推动土地整理和复垦开发、中低产田（园）提质改造，支持具备条件的整县（市）创建高标准农田建设示范县（市）。加强农业良种"卡脖子"技术联合攻关，加大种子资源保护，布局建设种子库，支持建设若干现代农作物良种繁育基地，有序推进生物育种产业化。加强粮食生产功能区和重要农产品生产保护区综合生产能力建设，以长江流域为重点建设水稻生产功能区，以长江中下游地区为重点建设小麦生产功能区，以长江流域的沿海沿江环湖地区为补充建设棉花生产保护区，以长江流域为重点扩大油菜生产保护区种植面积，稳定提升长江中下游地区油茶产量。加大粮食生产功能区政策支持力度，相关农业资金向粮食生产功能区倾斜，优先支持粮食生产功能区内目标作物种植。以产粮大县集中、基础条件良好的区域为重点，打造生产基础稳固、产业链条完善、集聚集群融合、绿色优质高效的国家粮食安全产业带。

（二）大力培育特色优势农业

做大做强特色农业。依托利用本地自然资源条件和生态环境优势，因地制宜发展设施农业、节水农业、寒旱农业，创新发展休闲农业、订单农业，构建现代高效农业生产体系。做大做强水果、蔬菜、杂粮、茶叶、食用菌、中药材、生态养殖等特色种养业，做优有机、富硒等区域特色农业。深入挖掘本地特色饮食，探索发展特色富民产业。实施特色种养业提升行动，开展农产品产销对接活动，强化市场对供给侧结构性改革的带动。规划建设一批特色农业发展示范带和示范县、示范乡（镇）、示范村，支持具备条件的地区打造一批具有全国知名度的本土特色品牌和区域公用品牌。

培育壮大农业龙头企业。鼓励社会资本参与乡村旅游、数字农业、农村电商等产业发展，促进革命老区农村三次产业融合发展。引入一批规模以上农业龙头企业，引导建立完善农林产业全产业链。支持发展一批立足当地优势资源、特色产业的农民合作社及联合社，培育建设一批本土农业龙头企业。

提升现代农业示范园区建设。统筹建设一批农村产业园、蔬菜标准园、农村产业融合发展园区、农业标准化示范区、现代林业产业示范区、有机产品认证示范区，构建多层级农产品批发市场体系，加强和规范农产品质量检验检测中心建设。深入实施电子商务进农村，加快农产品仓储保鲜、冷链物流设施和园区基地建设，支持建设多功能农村综合商贸服务中心，鼓励推动电商企业与革命老区共建农林全产业链加工、物流与交易平台。

（三）促进农业绿色高效发展

把生态产品价值实现与乡村振兴有机结合，积极发展生态农业、乡村旅游，在生态优势地区布局生态适应性和生态敏感工业，推进一二三产业融合发展，带动农民群众就地就近致富。加强绿色食品、有机农产品、富砷食品、地理标志农产品认证和管理，争取"十四五"期间每年新增建设一批绿色食品、有机农产品、地理标志农产品，推行食用农产品合格证制度，推动品种培优、品质提升、品牌打造和标准化生产。合力打造区域农业公用品牌，结合实际需要加大对脱贫县在绿色食品认证、标志使用等方面的政策支持力度。突出国家绿色发展基金等绿色金融的引导作用，持续加大长江经济带绿色发展示范和生态产品价值试点等示范试点地区的改革创新力度，探索差异化的绿色发展路径，尽快将取得的经验转化为制度性安排，加快形成绿色发展长效机制。

第四节 推动城镇化与城市群发展

按照"区域统筹、城乡融合、绿色宜居"理念，把长江流域的生态优势、山水优势、人文优势发挥出来，优化城乡区域格局，推动加快构建新型区域城乡关系，在我国城乡融合发展中发挥示范引领作用，在全国区域协调发展中发挥更强大的支撑能力。

一、优化形成以都市圈为主体形态的空间格局

近年来，长江经济带范围内的上海、成都、重庆、武汉、南京、杭州等主要中心城市发展态势良好，合肥、长沙、南昌、贵阳、昆明等省会城市首位度不断攀升，围绕中心城市的都市圈加快发育。下一步，要顺应这一趋势，支持中心城市和都市圈（城市群）加快发展，让优势地区得到更多的发展空间，强化其作为工业化城镇化主要载体的地位。支持上海、南京、杭州、武汉、重庆、成都等中心城市发展，推进中心城市与周边城市的一体化发展，从整体上谋划交通、产业、生态等领域融合发展。把优化都市圈分工协作作为重点，推进高端产业在中心城市集聚发展，夯实中小城市制造业基础，切实提升产业体系的供给质量，优化产业体系的空间布局，推动都市圈产业错位发展。支持都市圈中小城市利用中心城市产业转移与非核心功能疏解的契机，对照大都市标准不断提升基础设施的水平和层次，探索提高制造类企业集中的开发区配套用地比例，适度推动实现生产制造与生活服务相对混合，强化公共服务与中心城市的连接性与共享性。加强都市圈内部次级城市之间的交通运输线路建设，构建都市圈城市体系的交通和运输网络，加强非中心城市之间的交通连接效率。

二、全流域打造城乡融合发展示范区

从全国横向对比看，长江经济带在城乡统筹、融合方面的改革探索、政策经验等走在全国前列，上游的成都、重庆、贵州，中游的武汉，下游的浙江等地都有一些很好的经验，有条件在全流域深度推进城乡融合发展。下一步要按照"成熟做法制度化、分项政策集成化"思路，以农村土地制度改革和要素市场化配置为重点，在集体经营性建设用地入市、宅基地制度、城市资本下乡、农村环境整治等方面加大探索力度，加强政策系统整合，进一步打通拓宽城乡要素自由流动的制度性通道，在全流域复制推广成熟经验。加

快建立城乡统一的建设用地市场，使市场在城乡间的资源配置中起决定性作用。探索符合规划和用途管制条件的农村集体经营性建设用地出让、租赁、入股的具体方式，在缩小征地范围、完善征地程序的基础上重点调整征地价格形成办法，建立兼顾国家、集体、个人的土地增值收益分配机制。加快构建竞争适度、价格合理、服务便捷、普惠"三农"的农村金融市场体系，逐步实现村镇银行县市全覆盖。引导城市人才、技术、资金等生产要素投向农村。推进城乡规划、基础设施和公共服务一体化。在浙江、江苏、贵州、四川等省份率先探索，逐步在全流域推进，建设成为全国城乡融合发展示范区。

三、加强区域战略互动

加强长江经济带与长三角一体化发展战略的统筹互动。目前长三角和长江经济带两大战略叠加，政策优势十分明显。但在实际工作中，下一步还要加强统筹。长三角以高质量一体化为主题，长江经济带以生态优先、绿色发展为主题，要统筹两大战略的目标导向。要从长三角一体化对长江经济带的引领带动入手，充分发挥长三角地区的区位优势，发挥上海全球城市的功能优势，在推进长三角一体化过程中，依托既有的上海自贸区、洋山港、苏南自主创新示范区等既有平台，为中上游地区设立一些新型互动发展平台。

推动中部沿江四省成为国家重要的战略支撑区。近年来中部沿江的安徽、江西、湖北、湖南四省经济增速较快，承接长三角、珠三角等产业转移步伐明显加快，已经成为全国经济增长的重要支撑力量之一，从总体上看，湘赣鄂皖四省自然禀赋好，产业具有一定特色，人口规模较大，仍处在快速工业化城镇化阶段，未来一段时期潜在增长条件比较充裕，可以建设成为国家重要战略支撑区。下一步要用足用好科研资源丰富、制造业基础牢固等社会条件以及交通区位和大江大湖密集的自然条件，突出实体经济、内陆开放、交通枢纽、生态文明等关键词，发挥武汉、长沙、合肥等中心城市作用，加快自身发展。

推动上中下游深度融合联动发展。以长江干支流为依托，以综合立体交通走廊为支撑，强化上下游协同、左右岸配合、干支流联动，打破行政体制障碍，创新合作体制机制，积极探索跨省交界地区合作发展的新路径，实现区域合作水平和层次的新跨越，为区域互动合作发展和体制机制创新提供经验。逐步建立上中下游对口合作机制，完善对口支援机制，在生态环保、科技创新、招商引资、经贸交流等领域广泛深入开展合作。建立上中下游融合发展的平台，进一步探索上中下游合作发展的制度型通道。加强产业统筹协调，支持上中下游联合编制长江经济带产业结构调整目录，共同研究制定产业转移准入标准，协调土地利用政策、税收政策，按照扶持共建、托管建设、股份合作、产业招商等多种模式，创新园区共建与利益分享机制。

四、加快特殊类型地区发展

以老少边穷、生态脆弱地区为重点，着力提升特殊类型地区内生发展能力，补齐长江经济带区域协调发展"最后一块短板"。以川陕革命老区、大别山革命老区、赣南等原中央苏区革命老区、湘赣边革命老区、湘鄂渝黔革命老区为重点，保护传承弘扬红色文化，加快革命老区振兴发展。巩固拓展武陵山区、乌蒙山区、秦巴山区、大别山区、罗霄山区、滇西边境山区等集中连片特困地区脱贫攻坚成果。继续实施上海、江苏、浙江等下游省市对上游省市东西部协作和对口支援三峡库区，加强生态环境、基础设施、公共服务共建共享，引导资金、技术、劳动密集型产业跨区域转移，逐步缩小上中下游发展差距。推动云南边境地区开发开放，加强澜沧江—湄公河合作国际次区域合作。铸牢中华民族共同体意识，大力发展具有民族风情的特色产业，增强民族地区自我发展能力。

五、推进乡村振兴

实施乡村建设行动。大力实施乡村振兴战略，推动农村一二三产业深度融合，支持长江经济带地区农村率先开展宅基地制度改革试点，推广浙江"千村示范、万村整治"工程经验，加强古镇名村的整体性保护，打造一批具有历史、地域、民族特点的特色小镇和美丽乡村。有序推进"撤并村"和中心村建设，大力提升农房设计水平和农房建设质量，打造具有长江地域文化特色的乡村风貌。持续改善农村人居环境，加快推进农村生活垃圾处理和污水治理体系建设，消除农村黑臭水体。

巩固拓展脱贫攻坚成果，加强同乡村振兴有效衔接。保持现有帮扶政策、资金支持、帮扶力量总体稳定。健全防止返贫监测帮扶机制。持续扶持龙头企业、专业合作社、产业大户和致富带头人，建立联农带农有效联结机制，发展壮大扶贫产业。多元培育社会扶贫主体，引导资金、技术、管理向中上游贫困地区倾斜。加强贵州、云南、四川、湖北、湖南等易地搬迁后续扶持，完善集中安置区公共服务和配套基础设施，推动安置区配套的产业园区和产业项目加快落地投产，引导劳动密集型产业向安置区周边合理聚集。加大就业服务指导，加强上中下游供需对接和劳务输出，增设岗位安置就业。

六、提升城市品质和建设管理水平

长江流域城市依山傍水，自然条件良好，人文资源荟萃，具有形成良好城市风貌和品质的条件，历史上文人墨客就留下了不少名诗名篇，许多园林楼阁享誉中外。长江经济带是我国最有条件彰显中国城市特色、建设理念和自然山水观的区域之一，下一步要加大城市风貌管理、保护和建设力度，让根植于中国大地和优秀传统文化的城市建设模式能够焕发生机，发挥更大影响力。一是有序推进城市更新，重构城市功能。促进旧城活化，通过格局维护、风貌延续、空间修补、功能活化、界限消弭的措施，建设有历史积淀的可持续发展的历史之城物质空间。保护历史文化风貌街区，传承沿江城市文化和厚重历史积淀、丰富文化内涵，激发城市发展活力。二是提升沿江城市滨江地区的公共性，释放景观资源、增加公共开敞空间。延续滨江历史记忆，彰显长江两岸旅游价值，传承文化特质，让左右岸大道成为市民活动、观光旅游、文化休闲的城市窗口文化风貌展示带，提升夜景亮化水平，塑造现代化的城市形象。

第五节 构建更高水平开放型经济体制

立足长江经济带沿海、沿江、沿边、内陆兼备的区位优势，发挥长江沿线国家中心城市、区域中心城市众多，通道网络相对完善等优势，围绕东西双向开放和上中下游协同开放这两个关键点，着力深化长三角制度型开放、加快内陆开放型高地建设、提升上游沿边开放能级，推动与共建"一带一路"统筹衔接，将长江经济带建设成为横贯东中西的双向开放走廊、联结南北方的开放合作高地、畅通国内国际双循环的战略支撑带。

一、着力深化长三角地区制度型开放

长三角地区一直是我国对外开放的前沿阵地，国际联系紧密、对外开放程度高，应充分发挥沪苏浙皖三省一市各自优势，加快形成统一开放格局，在跨境贸易投资中提升自由化便利化水平、推动贸易新业态发展方面承担更多"重担子"、破解更多"硬骨头"。

（一）将上海打造为"一带一路"高端服务中心

以上海自由贸易试验区为载体，建设"一带一路"进口商品保税展示中心，为与沿线国家（地区）商品双向直通创造更多便利渠道。依托上海市对外投资促进中心建立"一带一路"综合性经贸投资促进服务平台，为市场主体提供沿线国家（地区）发展规划、政策法规、法律查明、投资项目、风险提示等专业服务。依托上海国际经济贸易仲裁委员会、上海仲裁委员会、中国海事仲裁委员会上海分会建设"一带一路"国际仲裁中心，为沿线国家（地区）提供专业化商事、海事仲裁服务。对接"一带一路"金融服务需求，加强与上海国际金融中心建设联动，建成"一带一路"人民币跨境支付和清算中心、能源和碳交易市场，培育和发展"一带一路"金融资产管理公司、信用评级机构。全面对接国家"一带一路"科技创新行动计划，在上海自贸试验区建设"一带一路"产权交易中心与技术转移平台，与沿线国家（地区）拓展技术转移协作网络，共建联合实验室或联合研究中心。加强与上海国际航运中心建设联动，打造海上丝绸之路港航合作机制，进一步拓展完善航线航班网络布局，构建全方位多式联运综合体系，服务长三角地区和长江经济带沿线省（直辖市）参与"一带一路"建设，更好支持新疆、云南、大连等对口支援或对口合作地区有关保税区、开发区建设。总结上海"一带一路"建设服务中心经验，探索在重庆等地复制推广，设立服务分中心。

（二）依托江苏开展开放型产业链供应链升级行动

依托江苏发达的加工贸易产业，加快实施开放型产业链、供应链升级引领行动。以苏州工业园区开放创新综合改革试验区和昆山深化两岸产业合作试验区为主要载体，打造中新合作、两岸合作升级版，在两岸中小企业合作、跨境电子商务、跨境金融服务等方面取得新的突破，对长江经济带各省市与境外国家和地区共建产业园区发挥示范作用。以苏州加工贸易转型升级试点为主要抓手，促进长三角地区加工贸易向中上游地区有序转移，为长三角提供研发、设计、品牌、营销等高增值服务，中上游地区从事零部件生产和加工组装的加工贸易链条。在长三角地区加快培育一批世界水平的跨国公司，鼓励与中上游地区企业联合"走出去"开展跨境并购、绿地投资、证券投资，引领提升长江经济带对外投资能力。加大对细分类目销售冠军企业的培育力度，大力招引头部企业在江苏设立总部或区域总部，支持传统外贸、制造和流通企业通过开展跨境电子商务推动数字化转型，向线上线下互动、内外贸一体化方向发展。

（三）支持浙江加快建设电子商务国际贸易服务体系

依托中国（杭州）跨境电子商务综合试验区建设，率先探索构建和完善服务国际贸易需求的电子商务国际贸易服务体系，积极对接全球电子商务新模式新规则新标准。深化浙江义乌国际贸易综合改革试点，加快义乌国家级小商品国际贸易区建设，完善市场采购新型贸易方式及其他配套监管办法。加强浙江海关与长江其他省市海关合作，便利浙江省以跨境电子商务监管方式报关的货物到省外转关。完善国际贸易"单一窗口"，创新监管方式，推进跨境电子商务与市场采购等外贸新业态融合发展，便利跨境电子商务货物出口。积极探索跨境数据有序流动等方面的规则，参与世界海关组织、世界贸易组织等对电子商务规则的研究。在中国—中东欧国家合作机制等国际合作对话机制下，探索共建跨境电子商务规则。发挥国际标准化组织电子商务交易保障技术委员会作用，支持行业协会、企业研制相关标准和技术规范。总结和复制推广浙江义乌改革创新经验，在长江经济带建设若干特色专业市场集聚区。

（四）鼓励安徽自由贸易试验区加快科技创新体制改革

"推动科技创新和实体经济发展深度融合"是安徽自由贸易试验区的重要定位，应重点聚焦科技创新策源地建设、科技交易合作机制完善等方面。持续提升安徽创新馆运营水平，积极探索"政产学研用金"六位一体的科技成果转移转化机制，依托安徽科技大市场建设运营有限责任公司，推动科技创新、产业创新、企业创新、产品创新和市场创新，加快构建一体化科技大市场，持续拓展安徽科技大市场科技成果产业孵化基地。探索实现区域信息互联互通，发挥安徽省技术产权类交易场所的功能和作用，积极参与建立全国高水平技术交易市场。鼓励省内高校科研院所去全球科研机构建立国际联合研究中心（联合实验室）等国际科技合作基地，探索建立符合国际通行规则的跨国技术转移和知识产权分享机制。深化科技成果使用权、处置权和收益权改革，支持有条件的单位参与开展赋予科技人员职务科技成果所有权或长期使用权试点，建立以人力资本价值实现为导向的分配激励机制，探索和完善分红权激励、超额利润分享、核心团队持股跟投等中长期激励方案。

二、进一步加快内陆开放型高地建设

发挥好江海联运牵引作用，加快长江上中下游协同联动、开发开放步伐。在重庆、成都、武汉等中心城市鼓励发展服务贸易等"轻型贸易"。在安徽、江西等苏浙毗邻地区，打造劳动密集型加工贸易转移的集中承载地和聚集区。

（一）完善长江上中下游联动开放机制

完善上中下游航运合作机制，推动上海国际航运中心提质增效升级，强化宁波—舟山港域海上门户功能，通过共建共管共营港口基础设施等方式促进长三角与中上游地区港口联动和港航合作，为内陆货物走向国际市场提供通江达海的便利。建立覆盖上中下游自贸试验区的信息共享、创新共推、模式共建合作机制，探索建立长江经济带自贸试验区制度创新经验推广至国家级新区、国家级开发区和边境经济合作区等其他特殊区域的机制。构建园区合作机制，在长江经济带开展"飞地经济"合作试点，鼓励江浙沪到中上游地区共建产业园区，探索主体结构、开发建设、运营管理、利益分配等新模式。探索金融合作机制，提升上海国际金融中心对中上游的服务功能，在中上游建设国际金融后台服务中心，鼓励长三角金融机构到中上游中心城市开设分支机构，为中上游地区企业开展对外贸易和投资提供更加便利的融资、保险和人民币跨境结算等服务。在重庆、武汉等中上游中心城市复制推广上海陆家嘴金融区建设经验，打造区域性金融中心。

（二）引导中上游中心城市大力发展"轻型贸易"

重庆、成都、武汉、长沙等长江中上游中心城市，应规避长距离货物运输导致物流成本高企、缺乏大规模外向型产业基础、开放观念和营商环境相对沿海地区落后等现实客观短板，支持相应自由贸易试验区加快发展不依赖陆路运输的"轻型贸易"，如以航空运输为主的高精尖产品贸易、以自然人移动为主的服务贸易和服务外包、以邮包为主要形态的跨境电子商务等，绕开内陆区位难题，打造形成若干航空贸易、服务贸易和跨境电子商务枢纽，赋能制造业向高端化、专业化迈进。成渝地区可充分发挥自身电子信息产业积累优势，引导和鼓励多方力量广泛参与以软件服务外包产业为主的服务贸易，逐步推进服务外包产业的对外开放，鼓励中介服务机构与外商合资合作、联合经营，引入国外先进服务和管理，带动软件服务产业水平提升，同时推动有条件、资质好的企业及中介机构迅速走向国家化经营，发展离岸服务外包。

（三）支持江浙毗邻省份加快打造加工贸易集聚区

在安徽、江西等与江浙毗邻的省份，选择1—2个交通便利、要素成本较低、产业基础较好的三线城市，系统设计财税、金融、土地、劳工等政策，从税收优惠、银行信贷、土地供给、职工住房等方面给予全方位支持，形成成本洼地，打造长江经济带劳动密集型加工贸易转移的集中承载地和集聚区，构建长三角提供研发、设计、品牌、营销等高增值服务与加工贸易集聚区从事零部件生产和加工组装的密切分工关系。充分利用中央财政资金支持，重点吸引江浙沪、境外跨国公司、世界500强企业设立生产型企业，建设带动力强、技术先进的外向型加工贸易大项目，同时支持加工贸易企业转型升级，对企业引进先进技术设备、产品创新、研发设计、品牌培育和标准制定所进行的固定资产投入给予补助；支持加工贸易企业降低物流成本，对企业货物运输、仓储、码头等费用给予补助。

三、持续提升上游地区沿边开放能级

充分发挥长江上游沿边地区区位优势，在确保边境安全底线基础上，支持云南加快开放平台载体建设，推动基础设施互联互通，与周边国家建立多层次合作机制，努力打造成为面向南亚、东南亚的辐射中心。

（一）进一步扩大云南对南亚、东南亚开放枢纽作用

充分利用云南沿边区位优势以及与周边国家建立的多层次合作机制，将云南打造成长江经济带各省市参与大湄公河次区域合作和孟中印缅经济走廊建设的主要平台。深化云南与大湄公河次区域国家经济走廊、交通、能源、经贸、电信、旅游、农业、环境和人力资源等领域的合作，推进中国—东盟湄公河流域开发。扩大中国—南亚博览会影响力，强化中孟印缅地区合作论坛功能，争取云南与缅甸、印度、孟加拉国等东南亚、南亚国家建立全方位、多层次合作机制。推动云南形成区域性对外投资、研发和财务中心，建成西部省区市"走出去"的先行区。加快云南沿边金融综合改革试验区建设，完善跨境金融基础设施，为长江经济带各省市与东南亚、南亚国家进行

人民币贸易投资往来提供高质量的金融服务。谋划建设云南超算中心、国际互联网数据中心，服务支撑跨境贸易、跨境物流、跨境金融、跨境电子商务、跨境科技文化交流等快速发展。

（二）培育面向孟缅、辐射南亚的开放型现代产业基地

以昆明出口加工区、红河综合保税区、国家级边境经济合作区等对外开放特殊区域为平台，在昆明、瑞丽、勐腊（磨憨）推动保税物流、跨境电子商务等业务发展，积极承接长三角、粤港澳大湾区加工贸易产业转移，培育建设一批加工贸易承接转移示范基地和产业集聚区，共同开拓孟缅及南亚次大陆市场，稳妥有序推动冶金建材、机械装备、医药化工、特色农业等行业优势企业"走出去"。以曲靖—昆明—楚雄、玉溪—昆明—昭通为轴线，重点发展生物医药、高原特色现代农业、食品、装备制造、新材料、物流等产业，改造升级烟草、冶金化工等传统产业。加快毗邻地区边贸市场建设，开展边民互市贸易进口商品落地加工试点。提高对缅甸毒品替代种植相关农产品配额，激发我国替代种植企业和缅甸农民种植积极性。在沿边开放试验区实行差别化产业政策，对缅甸一侧建立的中方农产品加工企业、肉牛养殖加工企业给予财政补贴和足量进口配额，对云南一侧进口能源资源加工转化利用项目给予用地和财税支持。

（三）推进中缅、中老泰、中越通道建设

完善水富—昆明—瑞丽的综合立体交通体系，加快瑞丽—皎漂铁路和瑞丽—曼德勒—皎漂港高等级公路建设，援建缅甸境内伊洛瓦底江航道，加强云南经缅甸至孟加拉国吉大港的国际通道建设，增强与南亚地区的联系能力。推动签署中越、中老泰、中缅跨境运输协定。在具备条件的口岸实施"境内关外"监管模式和"一口岸多通道"通关模式。推进西部地区对接云南，依托孟中缅经济走廊提升滇中城市群与成渝、长江中游、长三角等城市群联动水平，加快金沙江经济带开发，将水富港打造成为云南首个"铁公水"多式联运内陆港口，实现江海直达、沟通"两洋"。加快成昆铁路扩能改造，推进渝昆、成昆高铁建设，形成成渝快速到达瑞丽口岸、连接泛亚铁路西线

抵达实兑港的货运大通道。以昆明为区域中心打造直达印度、孟加拉国、缅甸等南亚、东南亚国家的客货直飞网络。依托皎漂经济特区、中缅边境经济合作区、仰光新城三端支撑和中缅铁路、公路、中缅电力联网、密支那经济合作开发区等重大项目建设，带动西南川渝滇黔四省市与孟缅基础设施建设领域合作，拓展四省市电力能源、交通运输、化工建材等领域工程承包市场。

四、加强与共建"一带一路"统筹衔接

加强与"一带一路"战略通道的衔接，深化中欧班列、西部陆海新通道建设，提升出海出境通道能级和运输组织效率。通过完善境外合作园区服务体系加快带动沿江省市企业"走出去"。支持沿江省市加强与"一带一路"沿线国家科技、文化、艺术、减贫等交流与合作。

（一）提升出海出境通道能级和运输组织效率

重点是进一步加快中欧班列、西部陆海新通道、长江黄金水道基础设施建设，瞄准一些运输组织和规则标准重点方面加快创新，实现通道间多种运输方式无缝对接。拓展中欧班列功能和网络体系，加快探索开行中亚、西亚、南亚支线。推进重庆、成都中欧班列集结中心示范工程建设，加速布局境内腹地及"一带一路"沿线分拨点和仓储中心，强化货源组织，丰富回程货源品类。探索长江沿线各省中欧班列定价协商合作联盟或股份合作模式，支持实施量价挂钩、灵活浮动的梯度运价。创新西部陆海新通道组织运输模式，加大货源组织力度，鼓励在物流基地与邻近园区、港口间开行小编组、钟摆式、循环式铁路货运列车，探索开行外贸出口定制化专列。完善集装箱、大宗散货、汽车滚装及江海中转运输系统。加密铁海联运班列、跨境公路班车、国际铁路联运班列，探索开行重庆—老挝万象等班列，用好 GMS 跨境直通车牌照。持续推动黄金水道航道升级和集疏运体系建设，实施长江下游安徽段、中游荆江段、上游川江段干线航道升级工程，改善重点支流通航条件。争取尽快启动三峡水运新通道建设，建设"第二船闸"。推动长江船型标准化，加大以集装箱船为重点的江海直达船型研发。推进连接宁波舟山、

上海洋山、通州湾等重点港区与后方腹地园区的铁路集装箱双层箱通道、专用重载高速公路建设。强化信息联通和运行规则协同,加快推进铁路、港口、民航等企业间信息互联共享,保证运输时效准确可控。强化不同运输方式之间标准规则衔接,积极引导多式联运经营人建立全程"一次委托"、运单"一单到底"服务方式。加快拼箱、编组、合并牵引等"中国规则"向外输出,对海外新承建铁路基建项目均坚持以"中国标准"整合。

(二)完善境外园区服务体系促进企业协同"走出去"

统筹长三角地区境外园区布局,依托"长三角一体化对外投资合作发展联盟",一体化谋划境外园区建设顶层设计,推进差异化布局。在"一带一路"沿线因地制宜布局具有江浙沪皖特点的专业化园区及科技园区、港口工业园区、物流园区、文化创意园区,丰富长三角地区境外国际合作园区类型,全面对接、承载三省一市各项优势产能"走出去"。鼓励单一制造业园区向综合化产业新城拓展,推广柬埔寨西哈努克港特区、埃塞俄比亚东方工业园区等综合发展经验,支持长江经济带沿线省份海外既有园区立足实际,适当结合所在地区资源和消费需求进行城镇综合开发,拓展文化休闲和综合城镇功能等,引导园区由传统的工业化平台向综合的城镇化载体提升。打造集成化的"海外园区服务网",整合长江沿线各省对外投资服务网站资源,支持各省市驻外机构开展"并网服务",协同为企业开展海外投资提供一揽子投融资服务和信息资源。浙江、江苏等境外商会组织网络较成熟,应积极协调商会与其他长江沿线省市建立密切联系,共同搭建平台、举办长江经济带经贸合作区对接会,推动企业入驻境外园区。

(三)依托重点论坛平台增强高端要素集聚配置能力

依托进博会加快构建"以我为主"开放合作格局,推进"6天+365天"交易服务平台建设,支持各级各类组织机构发布最新信息和政策,提升对进口企业和商品的遴选。加快摸排国内企业对高水平科技类产品的个性化进口需求,做好供需对接、促进精准对接。建立重点招商对象信息库,加强对投资客商信息的系统采集分析,促进高能级项目和优质资本项目落户。依托世界互联网大会汇集全球数字科技领先成果，紧抓 5G、人工智能、物联网、VR/AR 等科技创新机遇，加快推动数字技术向外衍生和辐射，深度嵌入沿江产业链，带动产业创新、生产、运营环节变革。在武汉打造世界大河流域一体化发展论坛，依托武汉长江中游区位优势，探索建设长江全流域的产业协作平台、政务协同平台、金融服务平台、人才共享平台等，构建流域一体化的"神经网络"，带动全流域生产要素高效流动分配。加强长江流域发展与世界大河流域发展的交流互鉴，为全球流域经济提供中国样板、中国方案。在贵阳打造全球反贫困和发展权论坛，围绕贵州、云南、四川、湖北、湖南等中上游省份乡村振兴工作，加快系统总结易地扶贫搬迁后续扶持、防止返贫帮扶和监测、上中下游供需对接和劳务输出、农村人居环境整治、农村宅基地制度改革、一二三产融合方面经验，向世界提供破除贫困的中国智慧。

第六节　加强长江文化保护传承弘扬

2020 年 11 月，习近平总书记在全面推动长江经济带发展座谈会上指出，"长江造就了从巴山蜀水到江南水乡的千年文脉，是中华民族的代表性符号和中华文明的标志性象征，是涵养社会主义核心价值观的重要源泉。要保护传承弘扬长江文化。要把长江文化保护好、传承好、弘扬好，延续历史文脉，坚定文化自信。要保护好长江文物和文化遗产，深入研究长江文化内涵，推动优秀传统文化创造性转化、创新性发展。要将长江的历史文化、山水文化与城乡发展相融合，突出地方特色，更多采用'微改造'的'绣花'功夫，对历史文化街区进行修复"[①]。2021 年 3 月 1 日起施行的《中华人民共和国长江保护法》第十五条明确规定，国务院有关部门和长江流域县级以上地方人民政府及其有关部门应当采取措施，保护长江流域历史文化名城名镇名村，

---

① 新华社．习近平主持召开全面推动长江经济带发展座谈会并发表重要讲话［DB/OL］．http：//www.xinhuanet.com/politics/leaders/2020-11/15/c_1126742780.htm.

加强长江流域文化遗产保护工作，继承和弘扬长江流域优秀特色文化。

一、系统保护长江文化和文化遗产

一是组织相关专业人士加强考古发掘和学术研究。组织国家级考古团队加强对三星堆遗址、屈家岭遗址、汤山岗遗址、良渚遗址、河姆渡遗址等古遗址考古发掘工作。组织开展长江流域文化资源普查，全面摸清各类重要文化遗产底数，建立长江文化遗产资源数据库。组织学术机构加强对长江文化的系统性研究，深入研究阐释长江文化的丰富内涵、时代价值、多元特色，延续历史文脉，坚定文化自信，激发民族认同、国家认同[①]。

二是采取措施加强长江文化和文化遗产保护。加强对文化遗产的整体性保护和修复，加快对历史文化街区进行修复，推动非物质文化遗产的保护与弘扬。加强对长江流域历史文化名城名镇名村保护。研究制定重要文化遗产分级分类保护方案。推动构建长江流域文化遗产协同保护工作机制，探索设立长江流域文化文物保护基金，完善文化遗产私有权的保护，推动长江沿线巴蜀文化、夜郎文化、古滇文化、荆楚文化、湖湘文化、赣鄱文化、吴越文化、徽派文化、海派文化等协同保护。

三是推动文化遗产活化开发利用。研究制定长江国家文化公园建设方案、长江国家文化公园建设保护规划，明确长江国家文化公园在相关省市、城市的具体定位、空间布局和重点任务，形成与长城、大运河、长征、黄河等国家文化公园相得益彰、互相辉映的建设保护格局。提升公众长江文化遗产保护意识，畅通公众参与保护渠道，加强长江文化非遗代表性传承团体（群体）和"非遗在社区"认定工作。创新长江文化遗产活化开发利用模式，推动长江文化遗产与旅游产业、数字经济、创意设计产业融合发展，提升文化遗产市场化、数字化、品牌化的活化水平。

---

① 蔡武进，刘媛. 长江流域文化遗产保护的现状、价值及路径 [J]. 决策与信息，2022（1）：81-89.

二、促进长江流域文化事业繁荣发展

一是提升长江经济带公共文化服务供给水平。健全现代公共文化服务体系，整合长江上下游公共文化资源，推动文化资源共享，推动公共文化服务重心下移、资源下移、服务下移，进一步完善基层公共文化设施网络。加大公共文化事业资金投入力度，推动图书出版、影视制作、文艺演出、电影院线、有线电视网络等文化事业发展。支持长江流域文化文艺文学创作，推动优秀传统文化创造性转化、创新性发展。建立多元主体参与的价值共创机制，强化社会化服务。

二是擘画山水人城融合的人文画卷。建设一批以生态观光、红色革命、休闲康养、休闲农业等为主题的山水人城相融合的文化旅游示范点。保护好城市历史文脉和山水肌理，采用"微改造"，下足"绣花"功夫，加快推动古城、古镇、古街的保护与复兴。实施一批滨江地区城市改造项目，建设沿江文化长廊、景观堤岸、休闲步道，把好水好山好风光好文化融入城市发展。

三是实施长江传统文化与现代文明融合发展工程。系统梳理长江文化脉络、文化基因特征，突出中华民族人与自然和谐交融的传统自然观和山水美学，充分挖掘弘扬优秀传统文化的时代价值，增强长江文化涵养社会主义核心价值观的重要功能。创建一批长江文化保护传承示范市，将长江文化的历史记忆和现代文明融会贯通起来，构建维系长江文化认同感的有效载体，加强中国特色社会主义文化展示窗口建设。

三、壮大发展长江文化产业

一是培育壮大长江经济带文化产业新业态。支持发展壮大文化创意产业集群，重点培育上海、杭州、苏州、南京等以工业设计为特色的长三角创意产业集群，昆明、丽江等以影视业和服装业为特色的滇海创意产业集群，重庆、成都等以网络动漫游戏为特色的川陕创意产业集群；长沙以电视广播行业为特色的中部创意产业集群①。推动文旅融合发展，促进文化与艺术、旅游、制造、服务、教育的深度融合，打造华夏古文明探源、寻根问祖、生态文化展示、治水文化体验等旅游产品。紧跟"文化＋互联网"趋势，促进区域内文化产业的跨界渗透融合，做强数字内容产业、文化信息传输产业、新技术应用产业。积极扩大文化消费，开辟数字化文化消费等新场景，塑造数字文化产业新赛道。

二是构建长江文化产业带高质量发展空间格局。充分发挥长江上中下游文化资源禀赋和区域比较优势，以国家级文化产业示范园区、国家级文化产业试验园区、国家文化产业基地为依托，支持大型城市和城市群的文化产业园区加快发展成新型文化业态，引导中小城市和农村地区文化产业园打造特色文化产业集群②，加强藏羌彝文化产业走廊、滇西北文化旅游产业带、长江水文化产业圈、大运河经济带等重要文化轴线和文化产业圈建设③，推动形成高质量发展的长江文化产业带（表5-6-1）。

表5-6-1　长江经济带国家文化产业示范基地

地区	国家文化产业基地	国家级文化产业示范园区（试验园区）
上海	2004年：上海市张江创意产业基地、上海市盛大网络发展有限公司、上海市大剧院总公司、上海市瑞安集团；2006年：上海市时空之旅文化发展有限公司、上海市多媒体产业园发展有限公司；2008年：上海市东方明珠股份有限公司、上海市长远集团；2010年：上海市天地软件创业园有限公司、上海市今日动画影视文化有限公司；2012年：上海市世博演艺中心有限公司、上海市宝山科技控股有限公司、上海市淘米网络科技有限公司；2014年：中广国际广告创意产业基地发展有限公司、上海南翔智地企业投资管理有限公司、上海河马动画设计股份有限公司	2020年：大创智创新发展示范园区

① 王振.长江经济带发展报告（2016—2017）［M］.北京：社会科学文献出版社，2017.

② 文化和旅游部.文化和旅游部关于推动国家级文化产业园区高质量发展的意见［DB/OL］.
　http://zwgk.mct.gov.cn/zfxxgkml/cyfz/202112/t20211227_930079.html.

③ 吴传清，黄磊，万庆，等.黄金水道——长江经济带［M］.重庆：重庆大学出版社，2018.

地区	国家文化产业基地	国家级文化产业示范园区（试验园区）
江苏	2004年：常州中华恐龙园有限公司、江苏省文化产业集团有限公司；2006年：江苏省泰兴凤灵乐器有限公司、苏州苏绣文化产业群；2008年：江苏省演艺集团有限公司、江苏省爱涛艺术精品有限公司、扬州工艺美术集团有限公司；2010年：扬州智谷投资管理有限公司、江苏省周庄文化创意产业投资发展有限公司、江苏省金一文化发展有限公司；2012年：南京云锦研究所股份有限公司、南通鸿禧文化创意有限公司、无锡软件产业发展有限公司；2014年：吴江静思园、江苏大风乐器有限公司、南通一八九五文博产业发展有限公司	2020年：苏州元和塘文化产业园区；2020年保留国家级文化产业试验园区称号：南京秦淮特色文化产业园
浙江	2004年：浙江省宋城集团控股有限公司、华宝斋富翰文化有限公司、宁波市新彩虹娱乐有限公司；2006年：杭州金海岸娱乐有限公司；2008年：西泠印社集团有限公司、浙江省中南集团卡通影视有限公司、宁波海伦乐器制品有限公司；2010年：杭州神采飞扬娱乐有限公司、宁波音王集团有限公司、衢州醉根艺品有限公司；2012年：龙泉市金宏瓷厂、浙江省乐富创意产业投资有限公司、台州市绣都服饰有限公司、浙江省大丰实业有限公司；2014年：美盛文化创意股份有限公司、华鸿控股集团有限公司、浙江台绣服饰有限公司	2017年：杭州市白马湖生态创意城；2020年：横店影视文化产业集聚区；2020年保留国家级文化产业试验园区称号：衢州儒学文化产业园
安徽	2004年：安徽省安美置业投资发展集团；2006年：安庆市五千年工艺美术有限公司；2008年：黄山市屯溪老街；2010年：桐城市佛光铜质工艺品有限公司、蚌埠光彩投资有限责任公司、中国宣纸集团公司；2012年：安庆帝雅艺术品有限公司、安徽省演艺集团有限责任公司；2014年：安徽省绩溪胡开文墨业有限公司、合肥安达创展科技股份有限公司	2020年：合肥包河创意文化产业园
江西	2004年：无；2006年：景德镇陶瓷文化博览区；2008年：景德镇法蓝瓷实业有限公司；2010年：无；2012年：江西省东源投资发展有限公司、江西省婺源朱子实业有限公司；2014年：江西桐青金属工艺品有限公司、江西丝黛实业有限公司、景德镇佳洋陶瓷有限公司	2017年：景德镇陶溪川文创街区
湖北	2004年：湖北省民间艺术团；2006年：无；2008年：湖北省三峡非博园发展有限公司；2010年：武汉艾立卡电子有限公司、海豚传媒股份有限公司；2012年：宜昌金宝乐器制造有限公司、武汉亿童文教发展有限公司、湖北省盛泰文化传媒有限公司；2014年：武汉致盛文化创意产业有限公司、湖北视纪印象有限科技股份有限公司	2020年保留国家级文化产业试验园区称号：武昌长江文化创意设计产业园

地区	国家文化产业基地	国家级文化产业示范园区（试验园区）
湖南	2004 年：湖南省红太阳娱乐有限公司、岳阳汇泽文化发展有限公司；2006 年：无；2008 年：湖南省宏梦卡通传播有限公司、张家界魅力湘西旅游开发有限责任公司；2010 年：湖南省大剧院、拓维信息系统股份有限公司；2012 年：湖南省明和光电设备有限公司、湖南省金霞湘绣有限公司；2014 年：张家界天门狐仙文化旅游产业有限公司、湖南华凯文化创意股份有限公司	2017 年：湘潭韶山文化产业园；2020 年：马栏山视频文创产业园
重庆	2004 年：无；2006 年：重庆市綦江农民版画产业发展有限公司；2008 年：重庆市巴国城文化投资有限公司、重庆市洪崖洞城市综合发展有限公司；2010 年：重庆市商界传媒有限公司；2012 年：重庆市演艺集团有限责任公司、重庆市猪八戒网络有限公司；2014 年：重庆壹秋堂文化传播有限公司	2017 年：重庆市南滨路文化产业园
四川	2004 年：四川省自贡中国彩灯文化发展园区、成都武侯祠锦里旅游文化经营管理公司、四川省建川实业集团、四川省广元市女皇文化园；2006 年：成都市三圣花乡景区、成都市兴文投资发展有限公司、九寨沟演艺产业群、三星堆文化产业园；2008 年：四川省乐山乌木珍品文化博物苑有限公司、成都洛带客家文化产业开发有限责任公司、成都演艺集团有限公司；2010 年：凉山文化广播电影电视传媒有限公司；2012 年：四川省天遂文化旅游集团有限公司；2014 年：成都传媒文化投资有限公司、四川省剑门关景区开发有限责任公司	2020 年：梵木文化产业园
贵州	2004 年：无；2006 年：多彩贵州省文化艺术有限公司；2008 年：安顺开发区兴伟文化发展有限责任公司；2010 年：贵州省平坝县天龙旅游投资开发有限公司；2012 年：贵州省雷山县西江千户苗寨旅游发展有限公司；2014 年：遵义红色旅游有限公司、贵州石中玉投资集团发展有限责任公司	2020 年：正安吉他文化产业园
云南	2004 年：云南省映象文化产业发展有限公司、丽江丽水金沙演艺有限公司；2006 年：云南省中天文化产业发展股份有限公司、昆明市福保文化城有限公司；2010 年：大理风花雪月文化传播有限责任公司；2012 年：云南省文化产业投资控股集团有限责任公司、云南省民族村有限公司；2014 年：丽江玉龙雪山印象旅游文化产业有限公司、云南汇通古镇文化旅游开发集团有限公司	2017 年：建水紫陶文化产业园

资料来源：根据文化部、文化和旅游部等相关资料整理。

第六章

推动长江经济带内外融合发展研究

第一节　长江经济带与长三角区域一体化

长江经济带在国家发展大局中具有重要地位，而长三角地区在交通区位、产业发展、科技创新、改革开放、一体化发展等方面都处于长江经济带的龙头，有责任、有义务主动而有效地承担起带动长江流域经济腹地发展的历史重任[①]。

一、港口航道、机场、铁路、公路等基础设施的衔接

长江经济带上升为国家战略以来，铁路和公路网路里程及密度、长江干线及港口建设、机场群建设等基础设施建设都有了较快发展，但也存在长江黄金水道潜能尚未充分发挥、高效集疏运体系尚未形成、交通运输及网络一体化水平较低等问题[②]。习近平总书记 2013 年 7 月考察湖北时，强调"长江航运发展不能只盯着国际市场和长三角地区，一定要向内延伸到整个流域"。为此，长三角要进一步发挥区域一体化优势，在引领长江流域中上游基础设施

---

① 蒋媛媛. 长江经济带战略对长三角一体化的影响［J］. 上海经济，2016（2）：50-73.
② 王振. 长江经济带发展报告（2016—2017）［M］. 北京：社会科学文献出版社，2017.

建设中发挥更大的牵引作用，强化贯通东西的综合交通通道建设，提升综合交通枢纽功能。

一是在港口和航道设施建设方面，统筹国际大宗商品进口需求、长江中上游运输能力衔接，协同推进港口航道建设，进一步整治浚深下游长江口—太仓—南京—安庆航道，健全以长江干线为主通道、重要支流为骨架的航道网络；优化长三角内部上海枢纽港、宁波—舟山港、苏州港、连云港等港口群功能布局，适度提升对上海港集装箱运输能力的分流；推动加快"数字长江"建设①，大力发展多式联运、公水联运等运输方式，促进长江经济带上下游港口资源、技术、信息共享。

二是在机场群建设方面，发挥长三角先行优势，兼顾国内外客货需求，推动加快长江流域中心城市机场的空中快线组织，引领形成以长三角、成渝、滇中城市群国际航空门户枢纽为核心，以长江中游、黔中等城市群高效空运网络为支撑的空中走廊。

三是在铁路建设方面，积极推动建设上海经南京、合肥、武汉、重庆至成都的沿江高速铁路，加强上海经杭州、南昌、长沙、贵阳至昆明的沪昆高速铁路建设，完善长江北侧货运专线和长江南侧沿江铁路建设②，协同打造集高速铁路、干线铁路、城际铁路、市域（郊）铁路等轨道交通于一体的多层次轨道交通网络体系。

四是在公路建设方面，加快推动江北和江南高速公路通道建设，畅通长三角对外高速公路通道，加强省界地区的普通国道、省道衔接，形成以高速公路网为主、干线公路为补充的陆路大通道。

二、长三角产业升级与长江中上游产业链承接配套的衔接

2010 年以来，长三角地区产业升级整体趋向高级化、合理化、绿色化和

---

① 杨晋超.长三角引领长江经济带建设的思考［J］.江南论坛，2015（9）：18-19.
② 周成虎，刘毅，王传胜.长江经济带重大战略问题研究［M］.北京：科学出版社，2019.

高效化：产业高级化稳步推进，服务化趋势显著，同时存在"去工业化"现象；产业趋向合理化，增加值结构与就业结构的协调性增强；产业升级总体趋于绿色化，但安徽部分城市单位能耗上升；产业升级趋于高效化，全员劳动生产率不断提升，地区分化较明显[1]。随着劳动力成本上升、资源环境约束日趋刚性、产业转型升级的内在压力上升，长三角地区部分产业向长江流域中上游转移的趋势加强，另一方面也出现了向越南、印度尼西亚等东南亚国家转移的趋势。对于产业转移现象，既要警惕产业过快外迁、高端环节外迁、全产业链外迁可能导致产业空心化，也要尊重客观经济规律，在产业转移中重塑新的竞争优势，化危为机。要紧紧抓住长三角产业转型升级与产业转移的机遇，强化与长江中上游的产业链供应链联系，带动中上游城市群快速崛起，推动形成高质量发展的长江经济带。

一是统筹长三角产业链升级与部分产业向国内外转移。要尊重长三角地区产业转型升级的内在需求与产业转移的客观规律，加快纺织装备制造、新产品功能研发、服装品牌设计等升级，重塑纺织服装等劳动密集型产业的高端化、智能化、品牌化新优势，优先将部分中间产品、加工组装等产业链转移到中西部地区，在留住制造业发展根基的前提下也可适当将部分加工组装环节转移到越南、印度，进一步密切国际产业链供应链联系和扩大国际市场。

二是强化长三角与长江中上游城市群的产业链供应链联系。引导长三角传统产业向中上游地区转移，充分发挥产业转移承接地的劳动力、土地等成本优势，叠加长三角资本、技术、信息、市场等优势，促进整个长江流域地区的产业结构调整和升级。加强长三角与长江中游城市群、成渝地区双城经济圈、黔中、滇中城市群等在电子信息、生物医药、航空航天、高端装备、新材料、节能环保、汽车等领域开展分工合作，有效整合产业存量资源，构建一体化的主导优势产业链，促进产业向集群化方向发展。加强长三角与中上游城市在现代金融、科技咨询、软件和信息服务、现代物流、电子商务等

---

① 郭叶波.长三角地区科技创新驱动产业升级研究［R］.中国宏观经济研究院基本科研业务课题研究报告，2020.

服务业方面的合作，为长江流域制造业高质量发展提供更好的生产性服务。加强长三角与中上游地区在文化创意、智慧康养、旅游休闲、商业贸易、公共文化等服务业领域的合作，带动长江流域消费经济升级和人民生活质量提升。

三是加强长三角与长江中上游的产业园区合作。积极发展"飞地经济"，鼓励长三角重点园区和骨干企业以连锁经营、委托管理、联合出资、项目合作、技术支持等多种形式参与共建长江中上游产业园区，积极推广上海临港、苏州工业园区合作开发管理模式。健全园区共建共享机制，建立合理的成本分担机制、资源共享机制、产业链供应链协同保障机制、销售市场信息共享机制、利益共享互利共赢机制，推动长江经济带产业结构转型升级。发挥对口支援、中西部协作机制，鼓励长三角加大对长江中上游相关园区资金、技术、人才、管理等方面帮扶力度。

三、长三角科技创新与长江中上游科技成果转移转化的衔接

近年来，长三角科技创新共同体建设加快推进，研究与开发投入强度领跑全国，其中，上海、江苏和浙江研究与试验发展（R&D）经费投入强度已超过经济合作与发展组织（OECD）国家的平均水平，专利申请受理和授权数量等创新产出均有大幅增加。目前，长三角地区集聚了全国近三分之一的研发经费支出、三分之一的重大科技基础设施、五分之一的两院院士、五分之一的国家重点实验室和国家高新区、二分之一的全国综合性国家科学中心。长三角科技协同创新与产业集群联动升级的局面逐步形成。为此，要进一步发挥长三角科技创新对长江中上游地区的溢出效应。

一是加强长三角地区科技协同创新，提升在新一轮科技革命和产业变革中的发展位势。以上海张江、安徽合肥综合性国家科学中心为引领，加快推进长三角区域军民一体化协同创新，加大知识产权保护力度，深化科研成果收益分配改革，突破关键技术，形成自主可控的核心产品技术。长三角地区要更好发挥基础研究和原始创新的引领作用，与成渝、长江中游城市群的高水平大学、科研机构共建产业技术创新战略联盟等组织，鼓励上海张江国家

自主创新示范区与武汉东湖、长株潭国家自主创新示范区深化合作，集中布局建设国家重大战略项目、国家科技重大专项，共同探索产学研一体化创新发展模式。加强科技国际创新合作，聚焦光刻机、集成电路、高端芯片等电子信息领域，由长三角地区牵头组团吸引"一带一路"国家和地区的高端人才，深化与日本、韩国、新加坡等技术合作，在大国战略博弈中加快实现高端科技封锁突围。

二是畅通原始创新向现实生产力转化通道，协同推进长江经济带科技成果转移转化和产业化。以上海、杭州、南京、苏州、合肥等大城市为重点，加快提升科技创新与产业转移转化应用能力，加快发展新技术新产品新产业，推动部分中高端产业加速向长江中上游沿岸城市转移，推动形成基于城市群的科技协同创新与产业集群联动升级的局面。依托长三角技术交易市场联盟，与长江中上游城市群共同打造成一体化技术交易市场，推动技术交易市场互联互通，共建全球创新成果集散中心，共建创业孵化、科技金融、成果转化平台，合力加速产业孵化和产业化进程。

四、长三角对全球资源要素的集聚与长江中上游的辐射衔接

在构建新发展格局下，长三角地区要更好利用在全球资源要素配置中的特殊地位，强化作为畅通国内大循环的核心引擎、促进国内国际双循环的关键枢纽的功能，提升要素市场一体化建设水平，为长江经济带特别是长江中上游地区能够充分利用国际国内两种资源、高效便捷链接到国际国内两个市场提供平台支撑和示范经验。

一是在高端人才要素集聚与辐射方面，长三角地区要探索更为开放的人才引进制度，加快完善就医、子女就学、出入境管理、开办企业、绩效激励等，引进培养一批具有国际水平的战略科技人才、科技领军人才、青年科技人才和高水平创新团队，聚全球英才而用之。同时，加强长江经济带各类高校、科研院所对高端人才培养战略合作，加快人才使用机制改革，增强长三角汇聚的国内外高端人才在长江中上游地区的柔性流动和合理使用，为长江

经济带的崛起提供人才支撑。

二是在资本要素集聚与辐射方面，长三角地区要进一步完善资本市场，强化汇聚国际金融资源的能力，依托上海国际金融中心建设，以上海证券交易所科创板为载体，创新产业投资、创业投资、股权投资等发展模式，为国内大市场提供稳定安全融资渠道。同时，加大长三角地区与长江中上游地区的投资合作，更好服务长江经济带实体经济发展，提升资本空间配置效率。

三是在数据要素集聚与辐射方面，长三角地区要率先发挥在新型基础设施建设、工业基础数据积累、数字经济培育、平台经济发展等方面的优势，加强长三角数据要素流通服务平台建设，加强全国一体化算力网络国家枢纽节点建设，发展高密度、高能效、低碳数据中心集群，加强数字型政府建设示范，提升数据安全管理能力。同时，加强长三角地区与贵州贵安超算中心合作，加快推进"东数西算"合作，共同做大做强长江经济带大数据产业，加快实现产业数字化和数字产业工程化转型升级。

第二节　长江经济带与成渝地区双城经济圈

2020年1月3日，习近平总书记主持召开中央财经委员会第六次会议，作出推动成渝地区双城经济圈建设、打造高质量发展重要增长极的重大决策部署，为未来一段时期成渝地区发展提供了根本遵循和重要指引。成渝地区双城经济圈位于"一带一路"和长江经济带交会处，是西部陆海新通道的起点，具有连接西南西北，沟通东亚与东南亚、南亚的独特优势。区域内生态禀赋优良、能源矿产丰富、城镇密布、风物多样，是我国西部人口最密集、产业基础最雄厚、创新能力最强、市场空间最广阔、开放程度最高的区域，在国家发展大局中具有独特而重要的战略地位。

2019年4月，习近平总书记在重庆调研时提出要在推进长江经济带绿色发展中发挥示范作用。把推进长江经济带发展与成渝地区双城经济圈建设统筹起来，筑牢上游生态安全屏障，在绿色发展中发挥示范作用，有序承接产业转移和人口迁移，建设长江经济带物流和开放枢纽，在规划衔接层面、工作统筹层面、资源要素协调层面，全面加强成渝双城经济圈与长江经济带发展两大战略的融合，既是成渝双城经济圈高质量发展的应有之义，也是长江经济带生态优先绿色发展的关键一招。

2021年，成渝地区双城经济圈地区生产总值达到73919.2亿元，比上年增长8.5%，经济增速较上年提高4.5个百分点，总体呈现稳中加固、稳中提质、稳中向好的发展态势。其中，四川部分48060.2亿元、增长8.5%，重庆部分25859亿元、增长8.5%。2021年，成渝地区双城经济圈经济总量占长江经济带的13.9%，比2019年提高了0.1个百分点，成渝地区双城经济圈四川部分和重庆部分增速均高于四川省和重庆市平均水平，引领带动作用进一步增强。

一、协同构筑长江上游生态安全屏障

成渝双城经济圈地处长江经济带上游地区，区域内的嘉陵江、乌江、岷江、沱江是长江上游重要支流，三峡库区维系着全国35%淡水资源涵养，事关长江中下游3亿多人的饮水安全，是国家淡水资源战略储备库，成渝双城经济圈加强生态环境保护修复，确保一江清水向东流，对长江中下游地区生态安全和饮水安全发挥着不可替代的作用。

一是加强重点流域系统治理和综合治理。以长江干流以及嘉陵江、乌江、岷江、沱江等主要支流为重点，从生态系统整体性出发，系统设计，确定方案，合理施治，干支协同，统筹水资源、水生态、水环境、水安全和岸线等综合治理，改善重要流域生态环境和生态功能，推进"美丽河湖"建设，为流域系统治理树立标杆。推动三峡库区生态治理保障流域饮水安全，谋划三峡库区山水林田湖草综合治理示范项目，严格按照保留保护区、生态修复区和工程治理区的类型分区要求，对三峡库区沿线消落带进行湿地植被恢复；对农村消落带重点施行"封育"管理，减少人类活动干扰，促进消落带自然恢复；对于城镇周边的库岸，重点施行生态修复与工程治理相结合的综合治理。构建以长江、嘉陵江、乌江、岷江、沱江、涪江为主体，其他支流、湖泊、水库、渠系为支撑的绿色生态廊道，并与中下游绿色生态廊道相衔接。建立跨流域跨区域横向生态保护补偿机制，完善《长江流域川渝横向生态保护补偿实施方案》，为长江流域建立全流域生态保护补偿机制积累经验。

二是探索山水林田湖草一体化保护修复模式。统筹山水林田湖草系统治理，形成治水必治山、治山必治林的生态系统修复理念，按照生态系统的整体性、系统性开展全方位保护和修复，全面提升山体、森林、河湖、湿地、草原等自然生态系统稳定性和生态服务功能。创建长江经济带山水林田湖草综合治理示范基地，统筹推进天然林保护工程、生态公益林建设、封山育林工程建设、退耕还林、退耕还湿工程，重点实施龙门山、华蓥山、大巴山、明月山等生态保护工程，龙泉山城市森林公园建设工程，岷沱江流域污染综合治理工程，"两岸青山·千里林带"生态修复工程，形成"林在山水间，水穿山林中"的生态系统风貌。进一步加强长丘山山区、龙泉山以东丘陵地带森林植被保护与修复，推进沱江流域干支流水系连通，提高森林和湿地的质量和功能。

三是建好大熊猫国家公园，为长江经济带其他国家公园试点树立标杆。2021 年 10 月，我国第一批国家公园名单公布，分别为三江源国家公园、大熊猫国家公园、东北虎豹国家公园、海南热带雨林国家公园、武夷山国家公园。大熊猫国家公园作为第一批国家公园成员，肩负着为湖北神农架、浙江钱江源、湖南南山和云南普达措等首批列入国家公园体制试点但尚未正式设立国家公园的地区提供示范借鉴的重任。要在成渝双城经济圈加快构建以国家公园为主的自然保护地体系，统筹推进国家级和省级自然保护区管理升级，提升规范化建设水平，协调处理好保护与发展的关系。不断完善大熊猫国家公园规划体系、政策体系、制度体系、标准体系、机构运行体系、人力资源开发体系、多元投入体系、科技支撑体系、监测评估考核体系、项目体系、生态保护体系和宣传教育体系建设。加大自然保护地体系的政策和资金支持力度，稳妥推进保护地内人工商品林赎买、工矿企业有序退出、生态移民搬迁等工作。

四是加强生物多样性保护。建立生物多样性常态化监测体系，定期开展生物多样性调查，完善生物多样性评估机制，将生物多样性评估结果作为生态补偿、绩效考核的重要指标。严格落实长江十年禁渔政策。加强成都"西控区"和重庆渝东南、渝东北等重点地区生物多样性保护，在重要基础设施和工程项目中充分考虑为生物栖息、迁徙预留空间，保护和修复珍稀濒危野生动植物栖息地，重点开展胭脂鱼、圆口铜鱼、厚颌鲂、金沙鲈鲤、岩原鲤、短须裂腹鱼、齐口裂腹鱼、长薄鳅等珍稀特有鱼类增殖放流，加强大熊猫、小熊猫、牛羚、野生杜鹃、珙桐、红豆杉等珍稀动植物保护。深入开展全民禁食野生动物行动，强化野生动植物进出口管理，加强动植物检疫，严格防控外来有害物种入侵，防范生物安全风险。建立濒危动植物基因库和种质资源库，规范生物遗传资源采集、保存、交换、合作研究和开发利用活动。

二、在长江经济带绿色发展中发挥示范作用

在推进生态文明建设的大背景下，未来国家将进一步推动长江经济带绿色发展抓紧破题，实现经济社会发展与人口、资源、环境相协调，使绿水青山产生巨大生态效益、经济效益、社会效益。成渝地区双城经济圈作为长江上游的绿色发展核心，必须靠前站位、提前谋划，在碳达峰碳中和、高质量发展、考核评估和绿色发展制度建设等方面建立新标准提出新要求达到新效果。

一是有序推动碳达峰碳中和。2021年12月14日，川渝两地联合印发了《成渝地区双城经济圈碳达峰碳中和联合行动方案》，提出"十项联合行动"。利用好成渝双城经济圈的水电、天然气等资源优势，大力开展城市"控煤""控油"，完善清洁能源基础设施，扩大天然气覆盖面，提升电力消费比重，积极利用可再生能源，减少化石能源消费。开展重点用能单位节能示范工程，实施节能审查源头控制、加强事中事后监管。实行能源、水资源、建

设用地总量和强度双控行动，推进节能、节水、节地、节材等专项行动。实施一批绿色化改造重点项目、节能低碳技术产业化示范项目、节能低碳技术改造、合同能源管理等工程项目，对区域内钢铁、平板玻璃、砂石厂等企业开展绿色化改造。推动开展碳捕集、封存与利用项目示范等二氧化碳综合利用技术。发挥重庆"无废城市"试点建设经验，构建产业园区绿色循环产业链，不断提高园区绿色低碳发展水平，调整产业和产品结构，开展低碳能源替代，推动余热余压利用、废物交换利用和水的循环利用，实现产业园区资源高效、循环利用和废物"零排放"。成渝双城经济圈共建绿色低碳市场要素平台，共建西部环境资源交易中心，建立区域林草碳汇市场交易体系，共同探索推进川渝两地碳排放权交易市场共建机制。

二是积极创建长江经济带绿色技术创新中心和绿色金融改革创新试验区。国内外绿色发展的经验趋势表明，绿色科技创新和绿色金融改革是产业绿色发展最重要的推动力，成渝地区双城经济圈作为长江上游经济活动最密集的地区，经济发展潜力较大，经济发展灵活性强，应抓住机遇，积极推动绿色技术创新中心和绿色金融改革创新试验区创建，由创新链、金融链入手，占据产业绿色发展的核心"生态位"，并进一步拓展到产业链、供应链和价值链，推动绿色产业链拓展延长，进而构建绿色产业"生态圈"。同时，要健全绿色技术转移和成果转化体系，积极承接下游绿色技术成果转移和转化，促进"产学研金介用"协同推进绿色发展领域关键技术转移转化。在绿色信贷、绿色债券、绿色基金、绿色保险等方面开展探索，鼓励金融机构通过创新金融产品和服务，加大对生态环境保护、绿色产业发展、生态产品经营开发等项目的支持力度，开展绿色金融、金融科技等创新试点，在成都建设基于区块链技术的知识产权融资服务平台。

三是全面推进生活方式绿色化。国际大都市的实践经验表明，城市绿色发展进入后期阶段，绿色生活将成为推进绿色发展的重要抓手，也是未来节能减排、提升生态环境质量的最有潜力的领域。有关研究表明，食品、交通和住房是个人消费对环境产生影响最大的三个领域，成都应加快引导居民绿色消费，加大垃圾分类等制度推行力度，特别是抓住成都东扩的有利时机，利用后发优势积极推动绿色交通、绿色建筑发展，为居民绿色出行、绿色居家和办公提供便利，形成绿色生活新风尚。

四是规模化、规范化、系统化推动生态产品价值转化。习近平总书记十分重视绿水青山向金山银山的转化，要求成都要突出公园城市特点，并把生态价值考虑进去。习近平总书记在长江经济带座谈会时强调，"要积极探索推广绿水青山转化为金山银山的路径，选择具备条件的地区开展生态产品价值实现机制试点，探索政府主导、企业和社会各界参与、市场化运作、可持续的生态产品价值实现路径"。长江经济带生态产品供给丰富、经济活动活跃，是开展生态产品价值实现的绝佳试验田，目前浙江丽水和江西抚州已获批创建生态产品价值实现试点，但从城市规模和经济体量来看还都偏小，引领作用不强。成渝地区双城经济圈（成都）应加快探索生态产品价值实现路径，形成生态产品价值实现的创新制度，在生态产品价值转化方面有所突破。

三、有序承接产业转移和人口迁移

长江经济带域内空间经济发展水平东西存在着显著差异，下游地区的经济发展水平更高，相对而言，成渝经济区位于长江上游，经济社会发展处于追赶阶段。从产业梯度来看，长江经济带存在着产业梯度转移的经济基础，成渝双城经济圈与长三角地区等协调发展的空间跨度巨大，将直接作用于长江经济带全局。人口迁移聚集于某处，是地区经济和发展的结果，也是未来社会活力的源泉。成渝地区如今是人口"流入地"。根据第七次全国人口普查数据，重庆市和成都市常住人口分列全国第三、四位，仅次于上海和北京，其中成都市常住人口更是首次突破2000万，10年间增加了逾580万人。

一是抓住机遇提升承接产业转移的能力。在新发展理念指导下，充分利用新一轮科技革命和产业变革与国内外产业转移加速发展带来的战略机遇，加大招商引资引智引技力度，发挥要素成本、市场和通道优势，以更大力度、更高标准承接长江经济带下游地区产业链整体转移、关联产业协同转移，补齐建强产业链。积极发挥产业转移项目库作用，建立跨区域承接产业转移协调机制，完善信息对接、权益分享、税收分成等政策体系。布局产业转移集中承接地，继续安排中央预算内投资支持国家级新区、承接产业转移示范区重点园区的基础设施和公共服务平台建设，不断提升承接产业能力。研究以市场化方式设立区域产业协同发展投资基金，支持先导型、牵引型重大产业项目落地。优化产业布局和规模，严格落实长江经济带产业转移指南的要求，禁止污染型产业、企业转入和在流域内转移。

二是加强城市间协调联动完善全国产业转移整体布局。通过长江经济带上游地区承接下游地区产业转移引领提升西部内陆地区承接东部产业转移的能力，助推全国形成区域间完整一体、梯度转移、有序衔接的产业协作链条，引领内陆地区形成全国经济发展第二梯队，延长经济纵深，构筑广阔回旋余地，与沿海地区互为犄角，共同抵御外部风险。

三是推动成渝双城经济圈在生态宜居性上达到长江经济带最高水平。定量评估结果表明，生态宜居是成渝地区双城经济圈提升最快且目前处于相对领先水平的领域。成渝双城经济圈需要继续紧抓公园城市示范区建设和山清水秀美丽之地建设，在生态宜居领域苦练内功，建设成为长江经济带最具品质的宜居生活圈，以此作为城市发展的核心竞争力和吸引人口迁移的突破口。

四、建设长江经济带物流和开放枢纽

成渝双城经济圈建设要深度融入"一带一路"建设，近年来，重庆、四川自由贸易试验区等重大开放平台建设取得突破，协同开放水平显著提高，内陆开放战略高地基本建成，对共建"一带一路"支撑作用显著提升，中欧班列（成渝）2021年首年开行，开行重箱折算列已超4800列，占全国中欧班列开行数三成，货值超过2000亿元，两项数据均位居全国第一。成渝双城经济圈尤其要发挥长江经济带与"一带一路"的纽带作用，深化陆海双向开放，推进成渝双城经济圈深度融入全球供应链、价值链，顺应产业梯度转移规律，做大做强外向型产业经济。

一是建设长江经济带内陆开放高地。推动四川自由贸易试验区与重庆自由贸易试验区开展联动试验、对比试验、互补试验，集成探索一批跨区域、跨部门、跨层级制度创新成果，共同推动在周边城市打造自贸试验区拓展区，快速复制推广自贸试验区经验和政策。争取增设中国（四川）自由贸易试验区成都新片区，加快推进天府国际机场口岸、空港新城综合保税区建设，争取整体纳入四川自贸试验区拓展区。争取设立内陆自由贸易港试点，率先开展自由贸易港政策承接和体制机制先行先试，扩大技术、人才、资本、数据等领域开放，突破人员自由通关、国际科技合作、国际产业合作等全方位改革，打造内陆改革开放创新试验区。

二是建设长江经济带开放要素资源配置枢纽。打造集多式联运、干线运输、区域分拨、商品交易、跨境电商、仓储配送、供应链金融于一体的"一带一路"进出口商品集散中心。面向"一带一路"供应链建设需求，围绕有色金属、成品油、农产品等主要大宗商品贸易，依托青白江铁路口岸开放平台功能以及"蓉欧＋跨境贸易"模式，建设"一带一路"大宗商品交易市场。推动实现国内与境外数据和信息的自由流动，推进成渝双城经济圈互联网数据中心建设，打造长江经济带和"一带一路"重要通信节点和国际信息港。

三是建设长江经济带大物流枢纽。大开放格局离不开大通道大枢纽建设，近年来成渝双城经济圈打造内陆开放高地的一项重要举措即是畅通区域内外的重要物流通道。在长江经济带与"一带一路"叠加背景下，相关物流通道建设更要放在区域合作与对外开放双重任务下来考量。口岸物流是川渝两地开放发展的支撑要素，两地重视口岸物流体系建设，有利于发挥两地既有大通道优势扩大开放。成渝双城经济圈要协力推进三大口岸物流发展带，依托成渝中线高铁，共同打造成渝特色口岸物流发展带；充分发挥长江黄金水道优势，打造港产城联动的沿江口岸物流发展带；发挥成昆、西成等铁路大通道运力优势，打造便捷高效的成绵乐口岸物流发展带。共同推进长江黄金水道、沿江铁路、成品油输送管道等建设，畅通长江经济带物流体系，畅通西部陆海新通道、中欧班列、沿江综合立体物流通道、国际航空网络通道等物流通道，有效疏通"一带一路"物流堵点，支撑引领成渝地区双城经济圈全面融入和服务新发展格局。共建国际多式联运综合试验区，深化与重庆全面对接，积极参与西部陆海新通道运营中心建设，着力整合成渝地区航空港、铁路港、公路口岸等资源优势，共同做大做强国际多式联运平台。

第三节　长江经济带与长江中游

长江中游地区东联长三角、西接成渝、南邻粤港澳、北望京津冀，是我国经济"菱形结构"的几何中心，促进长江中游地区与长江经济带发展协调联动，对于支撑长江经济带发展具有极其重要的作用，陆桥通道、沿长江通道、京广京九铁路贯穿这一地区。应充分把握这一地区区位交通条件优越、制造业基础条件较好、资源要素丰富、发展潜力较大等优势，从增强支撑和联动作用入手，推动长江中游地区与长江经济带发展协调联动。

一、以航运、铁路大协作畅通长江航道"中梗阻"

长江干线是我国东西方向重要的运输大通道，航道每年承载货物超过20亿吨，运输成本仅为铁路的五分之一、公路的十分之一，但中游航道不畅、过坝能力不足等问题是限制长江主航道运输能力发挥的关键因素。对此，一方面，应加强航道整治、推进船舶标准化。以武汉、岳阳、九江等港口为重点优化完善港口布局，推进长江渗水航道整治工程。重塑汉江"黄金水道"，加快推进汉江梯级开发、整合港口岸线资源、补齐水运短板，实现襄阳大宗普货沿长江航线直达下游南京、湖州。另一方面，应顺应长江经济带产业梯度转移、产业转型升级、产业链分工的趋势，通过运输组织创新引导产业布局和产业组织方式调整，在航运"梗阻"区域推动现代物流枢纽与产业融合布局，合理分流、分担运量，既疏解运输瓶颈，又培育物流枢纽经济。加快补齐中游地区沿江铁路运输大通道短板，加快推进沿江高铁建设。以武汉为核心建设中部陆海联运大通道，拓展中欧班列覆盖面，为中游地区"江海直达"和近洋直航提供更多航线，构建引领中西部、辐射欧亚非的内陆型多式联运服务网络。结合大宗物资运量下降、适箱货物比重提高的趋势，创新铁路集装箱运输组织模式，加快拓展沿江相对高附加值货运市场。统筹铁路和水运运价、铁路装卸货费用、港口收费等，形成全程合理比价关系，促进铁水大分工大协作格局。

二、与长三角构建互为支撑的现代产业体系

抓住长江中游省份产业门类齐全、先进制造业发展潜力大的优势，改变当前同质化、短链条的产业发展生态，深化湖南、湖北、江西与上海、江苏、浙江的开放合作，构建与长江下游互为支撑、密切合作的现代产业体系。针对下游地区制造业加速外迁现象，加大对中游土地、资金、技术、人才、环境容量等政策倾斜，培育一批新兴制造业转移承接基地，构建"下游设计（品牌）—中游生产"的雁阵格局。以武汉、长株潭衡"中国制造2025"城市（群）试点建设为依托，打造一批战略性新兴产业发展策源地，推动光电子通信、新型显示、集成电路、新能源汽车、航空航天、新材料、生物医药等产业集群做大做强。创新产业转移合作模式，支持发展"一区多园""飞地经济"，完善信息对接、权益分享等制度和政策体系，适当增加承接制造业转移项目新增建设用地计划指标。推动长江中游与下游沪苏浙的物流、生产、贸易企业战略联盟化发展，将供应链嵌入产业组织链条，借助现代技术手段，强化物流环节对货物、单证、运输等工具掌握，以此为基础提供交易、金融、法律等多种服务。依托长江中游地区，优化长江沿线供应链，实现长江经济带产业体系化发展、链条式串联。

三、与上游、下游建立跨界流域生态保护协同机制

长江中游地区是我国淡水湖群分布最集中的地区之一，鄱阳湖、洞庭湖等具有调节水量、削减洪峰、维护长江生态系统完整性的重要作用。随着长江中游地区城镇开发面积大幅增加，挤占江河湖库生态空间，加之人类活动干扰湖泊水系水文格局，中游地区湖泊面积不断萎缩，通江湖泊数量不断减少。应重视中游与上游、下游等不同地区的现实差异，在"一盘棋"的前提下采用区域差异化环境治理目标管理。中游地区以保护恢复为主，通过加强洞庭湖、鄱阳湖与汉江上中游地区水土流失治理与生态恢复，协调江湖联通关系，保护水生生态系统，维护生物多样性。下游地区以污染防控和治理修复为主，通过推进生活污水深度处理、加强岸线生态修复、恢复缓冲带等措施，"污染控源、生态扩容"两手发力，协同推进长江流域生态环境保护修复。上游地区通过加强水库生态调度、开展水库生境重建、减少筑坝拦河，对中游河流生态系统产生影响。同时，加快建立政府主导、社会和公众参与、市场运作的上中下游流域生态环境协同保护修复治理体系。鼓励生态地区探索"绿水青山＋"的发展新模式，总结复制推广新安江流域试点经验，支持长江中游地区对接长三角资本市场，建立与全国接轨的生态金融体系，撬动更多的社会资本参与环境保护和生态建设，形成社会化、多元化、长效化的保护和发展模式。以汉江、湘江、洞庭湖、鄱阳湖、三峡库区周围区域为试点，探索流域中游与下游地区建立多元化生态补偿机制。

四、优化城市群格局推动中游地区支撑能力提升

发挥长江中游人力资源丰富、地理空间广阔、发展梯度大的优势，依托综合运输通道，壮大重点轴、带动人口产业集聚能力提升，形成多轴、多极、多点的网络化空间开发格局。完善武汉都市圈、长株潭城市群、环鄱阳湖城市群一体化发展机制，推动交通一体、产业链接、服务共享、生态共建，促进产业和人口集聚，建设现代产业和新型城镇密集带，促进城乡功能

对接、联动发展。继续做强省会经济，支持武汉、长沙、南昌率先培育成为软硬件条件可与江浙沪充分对接的战略支点。加快已设立的湖南湘江新区、江西赣江新区等发展，支持有条件的区域申报设立国家级新区。培育一批内陆接续成长城市，对宜昌、襄阳、岳阳、常德、赣州、九江等发展条件较好，比较优势效应正在加快释放，经济实力快速提升的城市进行重点培育。发展城市群内部的县城及发展条件较好的小城镇，全面放开城市落户条件，深化"人、地、钱挂钩"配套政策，引导高等院校和职业院校、优质教育和医疗机构在小城镇布局设立分支机构，增强集聚要素的吸引力，推动就地城镇化。实施乡村振兴战略，进一步释放农村生产要素，加快深化农村土地制度改革，推动建立城乡统一的建设用地市场，探索宅基地所有权、资格权、使用权"三权分置"改革。

专栏6-1 武汉都市圈、长株潭城市群、环鄱阳湖城市群建设重点内容

武汉都市圈：发挥武汉龙头牵引作用，打造全国"两型"社会建设示范区、全国自主创新先行区、全国重要的先进制造业和高技术产业基地、中部地区现代服务业中心、促进中部地区崛起的重要增长极，构建"一核一带三区四轴"区域发展格局。全面深化资源节约、环境保护等六大体制机制创新，深入推进基础设施、市场、产业、生态保护、公共服务等五大领域一体化。

长株潭城市群：以长沙为核心，加快推进长株潭一体化，推进三市城市群规划、基础设施、产业发展、公共服务、要素市场、环境保护等发展一体化，推进公交、健康、社保"一卡通"服务。加快三市轨道交通建设。整合三市技术、人才、创新平台等资源，促进产业协同发展、企业协同创新、环境协同治理。强化城市群核心引领，推进长株潭城市群扩容提质、经济转型，支持长沙申报国家级临空经济示范区，推进株洲、湘潭老工业基地调整改造，提升综合竞争力。

环鄱阳湖城市群：做大做强电子信息、生物医药、智能装备、汽车机电、新材料等主导产业，提升产业综合竞争力，分类引导工业企业向园区集聚，增强中心城区的服务业集聚功能。组织串联公共空间、文化设施和景观旅游资源。以南昌市中心城区为核心，向周边辐射，结合城际轨道网和市郊公交线布局，谋划实施一批重大基础设施项目，构建便捷高效的综合交通运输体系，推动铁路与公路、水运、航空及轨道交通的有效衔接，逐步实现南昌大都市区内的"一卡通"交通服务。深入推进昌抚一体化，加快湘南铁路和福银高速公路江西段沿线的城镇与产业园区建设，促进高新技术产业和先进制造业向沿线工业园区聚集，协同建设昌抚合作示范区。

第四节　长江经济带与"一带一路"建设

一、加强通道开放支撑

深入学习贯彻习近平总书记重要论述，完整准确全面理解中央推动长江经济带发展的重要考虑和总体要求。

（一）加强通道开放支撑

拓展"陆上丝路"。畅通直达欧洲、中亚枢纽城市的国际铁路干线通道，推进中欧班列境外战略性中转场站建设，加快中欧班列铁路口岸、后方"卡脖子"路段升级改造。加强长江经济带与西部陆海新通道开放协同，打造云南（临沧）至缅甸至印度洋"海公铁"联运大通道，推进中孟印缅、中国—中南半岛等跨境交通基础设施建设，建成大理至瑞丽、玉溪至磨憨等铁路，加快衔接清水河、吉隆等口岸的铁路前期工作，升级改造临沧至清水河等高速公路，提升连接主要口岸的通达能力。

提升"海上丝路"。优化国际海运航线网络布局，完善上海港外贸集装箱运输网络和宁波舟山港大宗散货外贸运输网络，巩固中欧、中美航线，加密连接东盟、中东、非洲等国际次区域航线，稳步发展长江中上游港口至日韩、东南亚地区直航航线。加强与21世纪海上丝绸之路沿线国家的港口合作，推进比雷埃夫斯港、汉班托塔港、瓜达尔港等海外支点港口建设经营，强化重要海运通道保障能力，提升远洋船队综合实力。

强化"空中丝路"。拓展长江经济带主要机场航线网络全球覆盖范围，打造连接欧洲、北美洲、大洋洲等重点航空市场的空中快线，提升对南美洲、非洲辐射广度和深度。完善至周边国家航线网络，推动长三角机场群加密至东北亚地区航班航线，长江上游机场群加密至东南亚、南亚地区航班航线。加快构建内外联通、安全高效的国际航空货运网络，推进"一带一路"沿线航空货运转运中心布局建设，支持发展辐射全球的专业化货运机队。加强国际和国内、干线和支线航线衔接。

升级"网上丝路"。协同推进以我国为中心的跨境光缆等通信干线网络建设，加强跨境信息通道连通，谋划与缅甸、泰国、巴基斯坦等东南亚、南亚国家合作开展跨多国陆缆运营和海陆缆联运，提高国际通信互联互通水平。优化长江经济带国际通信出入口局布局，谋划在成渝地区双城经济圈增设除北京、上海、广州外的全业务国际通信出入口局，提高昆明等区域性国际通信出入口局地位，加快国际通信出入口扩容。

（二）提升枢纽开放功能

打造长三角国际性综合交通枢纽集群。以上海为核心，南京、杭州、宁波、合肥为支点，建设长三角国际性综合交通枢纽集群。打造以上海国际航运中心为核心的长三角世界级港口群，上海港以集装箱干线运输、邮轮运输为重点，建设智慧高效的集装箱枢纽港、国际一流的邮轮母港，宁波舟山港以大宗能源、原材料中转运输为重点，建设大宗物资配置中心，强化集装箱枢纽港功能，提升连云港、南通、苏州、南京等北翼港口功能。推进长三角世界级机场群建设，巩固强化上海国际航空枢纽核心地位，优化提升杭州、南京、合肥等机场区域枢纽功能，规划建设南通新机场。

补强长江中游枢纽集群国际门户功能。以武汉为核心，长沙、南昌为支点，建设长江中游融入全球的门户枢纽。推进武汉长江中游航运中心建设，加强区域港口和航运资源整合，大力发展以铁水联运、江海直达为主的多式联运，培育具有世界影响力的内河港口集群。提升长江中游机场群发展能级，加快武汉国际枢纽机场建设，提高南昌、长沙等机场区域枢纽功能，支持鄂州花湖机场打造一流的航空货运枢纽。

推进长江上游对外开放新门户建设。以成都、重庆为核心，昆明、贵阳为支点建设长江上游对外开放新门户。依托重庆西部陆海新通道物流和运营组织中心、成都国家重要商贸物流中心建设部署，加快打造成都、重庆中欧班列集结中心，提高成都、重庆、昆明等国际枢纽机场综合保障能力和服务水平，推进重庆长江上游航运中心建设，加快中新（重庆）多式联运示范基地等一批国际多式联运工程建设。

二、扩大双向贸易投资

推动长江经济带发展和共建"一带一路"融合，统筹沿海沿江沿边和内陆开放，促进商品和要素流动型开放，加快推进规则标准等制度型开放，充分发挥各类开放平台功能，实现高质量"引进来"和高水平"走出去"，推动贸易创新发展，更高质量利用外资，建设更高水平开放型经济新体制。

（一）创新发展与共建"一带一路"国家贸易

增强出口供给能力。大力提升科技创新、现代金融、人力资源等对制造和出口的服务能力，巩固和提升技术、品牌、质量、服务等出口竞争新优势。稳定沿江加工贸易集群和劳动密集型产品出口，推动相关产业向价值链高增值环节攀升。增强沿江省市轨道交通、工程机械、通信设备、航空航天、电力、船舶等装备制造出口的综合竞争优势，推动相关产业成为由"中国制造"向"中国创造"迈进的典型。稳步扩大长三角地区人工智能、节能环保、新能源、新材料等产品出口，带动相关新兴产业国际竞争力提升。

扩大优质消费品进口。积极扩大与居民消费升级密切相关的医药、日用消费品以及康复、养老护理等设备进口，扩大汽车平行进口试点范围。在沿江培育建设一批示范商圈，增强对"一带一路"品牌产品的吸引力，打造优质进口消费品集散枢纽。在沿江地区增设指定进口口岸，适度增加水产品、水果、肉类等共建"一带一路"国家优质特色农产品进口。

扩大资源性产品进口。以长三角沿海地区为重点，用好江苏自贸试验区连云港片区、浙江自贸试验区舟山片区等的优势，继续拓展大宗商品运输航线，集聚"一带一路"更多品种、更广来源、更大规模的大宗商品，吸引更多境内外交易方，形成集大宗商品运输、仓储、贸易、金融等于一体的业务集群。在具备条件的城市设立"一带一路"大宗商品期货保税交割库，开展大宗商品现货期货交易、金融衍生品交易等，集聚货物、汇聚信息、撮合交易、形成价格，建设"一带一路"重要的大宗商品贸易和定价中心。

（二）提高与共建"一带一路"国家双向投资水平

提升利用外资的质量和效益。深入实施外资准入前国民待遇加负面清单管理制度，有序推进电信、互联网、教育、文化、医疗等领域相关业务开放。鼓励支点地区瞄准"一带一路"沿线跨国公司、主权投资基金进行精准招商，引导外资更多投向先进制造业、现代服务业等领域。支持支点地区在共建"一带一路"国家设立招商联络处，聘请招商代表，拓展境外招商网络。深化营商环境改革攻坚，借鉴中国香港、新加坡、鹿特丹、迪拜等自由港建设经验，加强规则、规制、管理、标准与国际通行规则衔接，形成对标高标准投资贸易规则的制度体系，打造市场化法治化国际化营商环境，形成全球高端要素集聚能力。深入贯彻落实外商投资法及其配套法律法规，全面优化外商投资服务，加强外商投资促进和保护。

加快对外投资创新。推动对外投资与沿江产业结构调整更加紧密地结合，有序推进钢铁、建材、工程机械、铁路、通信、电网等重点领域的国际产能合作，鼓励支点地区企业在共建"一带一路"国家进行链条式和集群式投资，逐步形成本土跨国公司为链主、境内外企业分工合理、高效运作的现代供应链，打造面向全球的贸易、投融资、生产和服务网络。在具备条件的支点地区探索实施对外投资高质量发展的指标体系、政策体系、统计体系和绩效评价体系，创新对外投资方式，打造中国投资的品牌和形象。引导企业加强合规管理，防范化解境外政治、经济、安全等各类风险。

推动打造沿江对外投资联合体。在产业园区、工程承包等领域，支持上中下游投资商、设计商、建设商、装备商、服务商组建联合体，实现优势互补、利益共享、风险共担。推动支点地区行业组织与境外中资企业商（协）会组建重点行业投资联盟。促进金融资本与产业资本联合"走出去"，强化银企合作机制。支持境外法律、会计、审计、工程、设计等专业机构与沿江企业联合"走出去"。支持支点地区企业与跨国企业、国际机构联合开展第三方市场投资。

实施境外经贸合作区创新发展。以制造和物流为主要功能，支持支点地区地方政府和企业合作，培育一批产业定位清晰、发展前景良好的示范性境外经贸合作区。创新建设与运营模式，支持开发商、运营商、服务商以并购、参股、联合投资等方式共建合作区。探索境外经贸合作区与沿江园区结对发展模式，打造利益共享、风险共担的国际合作平台。

（三）放大中国国际进口博览会溢出效应

将进口博览会建成联动长三角、服务全国、辐射亚太的要素出入境集散地，促进物流、信息流、资金流等更加高效便捷流动，持续释放推动消费升级、贸易升级和开放升级的带动效应。积极扩大进博会国内外市场主体参与范围，借鉴世博会经验适时探索建设进博会"国家馆"。对进博会期间的展品税收支持、通关监管、资金结算、投资便利、人员出入境等创新政策依法实施常态化制度安排。加快常年展示交易服务平台建设。完善虹桥进口商品展示交易中心保税货物展示、价格形成、信息发布等功能。充分运用现代信息技术打造数字展会、云展会，扩大全球影响力。对标世界一流巩固和扩大虹桥国际经济论坛品牌效应，打造世界级高水平论坛和国际公共产品。鼓励支点地区复制推广上海绿地全球商品贸易港模式，打造集展览展示、促进贸易、引导消费、引资孵化等功能于一体的进博会常年交易服务平台。

赋予自贸试验区更大改革自主权。加快上海自贸试验区临港新片区建设，完善与洋山特殊综合保税区相适应的贸易监管模式，创新资本技术密集型服务贸易和跨境电商服务模式。支持沿江自贸试验区培育进口贸易促进创新示范区。在沿江具备条件的自贸试验区增设首次进口药品和生物制品口岸，率先探索开展跨境电商零售进口部分药品及医疗器械业务。鼓励沿江自贸试验区积极发展离岸贸易、"两头在外"保税维修等新型贸易业态，加大财税、金融、海关监管等政策支持力度。深入实施自贸试验区外资准入负面清单，加大对港澳投资开放力度，对标海南自贸港实施以电子证照为主的设立便利，以"有事必应""无事不扰"为主的经营便利，以公告承诺和优化程序为主的注销便利，以尽职履责为主的破产便利等投资自由便利政策制度。稳步扩大资本项目可兑换和人民币国际化，率先开展本外币合一银行账户体系试点、融资租赁公司外债便利化试点和知识产权证券化试点，支持具备条件的沿江自贸试验区发展离岸金融。建立健全贸易、外商投资、金融、市场等重大风险防控体系和机制。适时在江西、贵州设立自贸试验区。推动设立沿江自贸试验区联盟。

三、深化国际人文交流

发挥长江经济带上扬州、苏州、成都等人文城市在推动文明互学互鉴的支点作用，深化与"一带一路"沿线国家在公共卫生、数字经济、绿色发展、科技教育、文化艺术等领域的人文合作，以点连线、以线带面，引领带动长江经济带与"一带一路"沿线国家的人文交流，共建数字丝绸之路、创新丝绸之路、绿色丝绸之路和健康丝绸之路。

（一）强化活动策划和内容品质"两个重点"

高举和平、发展、合作、共赢旗帜，弘扬五千多年的长江文化和灿烂文明，展示中国式现代化新道路伟大成就，把中国理念、中国道路、中国方案推介给"一带一路"沿线国家，特别是三峡库区、中部蓄滞洪区和7个集中连片特困地区历史性解决绝对贫困问题，为保护生物多样性开展的十年禁渔，长江经济带绿色发展试点和生态产品价值实现机制试点等开创性实践，增进沿线国家对中国的了解和理解。

（二）推动地方政府和非政府组织"两轮驱动"

以促进形成多元互动的人文交流格局为目标，深化与"一带一路"沿线国家和区域政府间对话交流机制，加强与联合国开发计划署等国际组织的合作。发挥地方政府统筹协调作用，支持人文城市与"一带一路"沿线友好城市加强互动，结合城市特色和共同关心议题，提前谋划年度活动方案，配套相关奖励政策，激发媒体、智库、社团以及民间各类人员参与人文交流的积极性。

（三）做深人文交流和经贸合作"两篇文章"

充分发挥长江经济带科教资源优势，推进实施共建"一带一路"科技创新行动计划，让人文与科技接轨，让科技闪耀人文之光。积极举办文化节、电影节、运动会等接地气、惠民生的活动，以文促经、以经兴文，与"一带一路"沿线国家企业家、投资人共同在长江经济带上打造国际文化旅游目的地、高端产业集聚区和科技创新策源地，培育新一代的网红打卡地、城市消费新热点，促进双边和多边经贸发展。

（四）做优"引进来"和"走出去"双向通道

提高来华交流人员审核和服务标准，大力引进高端人才，推动成都中外人文交流教育实验区、武汉世界级历史人文集聚展示区、G60 科创走廊和新松江 G60 科创云廊建设，打造数字丝绸之路和创新丝绸之路，促进"引进来"从量向质的转变。制定实施"走出去"行为规范，加强对沿线国家的调查研究，设立"一带一路"问题海外研究基金，委托沿线国家当地智库和机构开展深入研究，为共建"一带一路"寻找最大公约数。

第七章

依托长江经济带开创中国特色流域经济学

推动长江经济带发展，是习近平生态文明思想落地生根的重大举措，出台的一系列政策、形成的一系列成果，丰富了流域经济发展的有关理论，体现了中国特色社会主义制度的巨大优势，开创了流域经济学的新境界，对于繁荣和发展流域经济学的理论体系、实践经验提供了重要支撑。

第一节　流域经济学的基础理论

流域，指由分水线所包围的河流集水区。流域经济是以流域为基本空间范围，流域内各类资源要素配置为核心基本内容的区域经济系统。流域经济学是研究流域经济发展的学科，涉及到流域的自然、社会、经济等方方面面，蕴含着流域的内在规律性和区域经济发展的规律性。

一、流域经济及其特征

流域经济具有鲜明个性特征，河流水系构成了其基本骨架和地域范围，在经典的流域经济研究中，水资源的综合开发是贯穿其中的核心内容，围绕水资源开发来谋划生产力布局。

流域经济是以河流为纽带和中轴的自然地理空间。流域是一个以汇水区为空间范围的自然的地理空间，是指流经其中的水流按照一个共用的分水岭集水而形成的区域。流域界线一般以山脊为界，流域间的分界线即为分水岭，流域分水线所包围的区域面积就是流域面积。河流是流域的主要纽带，江河湖水因此在流域经济发展中承担着重要角色，既给人类生产生活提供水资源，也是大宗商品运输的主要通道，各经济实体通过江河这一便捷的运输途径实现产品、资源和要素的交换，还能在发电、灌溉、旅游等方面发挥作用。因此，流域内的主要城镇、产业都沿河布局。

流域经济是整体性和关联性强的经济系统。流域内不仅各自然要素间联系极为密切，而且上中下游、干支流、各地区间的相互制约、相互影响极其显著。同时，流域经济系统包括了流域内的自然资源、生态系统、经济社会等，流域内的人、财、物等资源分布和配置情况都会影响流域经济系统的发展，因此流域经济具有很强的内在关联性和复杂性，需要特别注重尊重流域自身的规律。

流域经济具有明显的区段性和差异性。大河流域往往地域跨度大，其上中下游和干支流在自然条件、自然资源、地理位置、经济技术基础和历史背景等方面均有较大不同，从而决定了流域内不同区域单元的经济发展具有显著的差异性。因此，在流域经济发展过程中，流域开发的目标模式是多维的，在开发的空间进程上应注重"点"，同时要注重联系构成"轴"，再扩大至"面"，有重点有层次地逐步推进。

流域经济的可持续发展有赖于流域生态环境保护。流域的资源环境承载力有一定上限阈值，伴随着流域经济社会发展，如果没有完备的保护治理制度，流域经济活动带来的资源消耗、污染排放、生态影响必将超过阈值，进而出现生态环境和人居质量下降，失去可持续发展能力。古代世界上比较知名的大河文明，如古巴比伦、古尼罗河等，无不是因为没有处理好发展和保护的关系，河流逐渐干涸，文明也不复存在。

然而流域经济发展也有自身的难点。例如，河流洪水泛滥产生的洪涝灾害，以及传播污染疾病；沿岸发展高耗能工业对环境的污染，开发水电建设水库大坝时，截断鱼游回路，造成生态环境及生物物种的破坏，还有沿岸城市和农村居民点密集，生活垃圾和污水污染往往较重。从产业上看，流域内往往呈现出产业结构趋同化特征，这造成大量重复建设和资源浪费，流域上下游开发的规划协调也是个难点，流域内的利益摩擦和冲突不同程度存在，不同河段不同主体的分工协作实现起来难度较大，这些难点决定了许多国家对流域经济发展特别是大河流域发展需要格外重视。

二、流域经济和区域经济的联系与区别

两者的联系。一是两者都是国民经济中的子系统，国民经济增长速度均受到这两种经济的共同影响。二是在各自经济体内部，两者中的各生产要素与产业之间联系广泛，影响产业和企业的发展状况，具体表现为综合利用流域经济中所蕴含的各类自然资源，如航运、发电、水利、原材料供给等，均为区域经济发展的重要基础保障。

两者的差异。这是两个相对独立的概念，其差异表现为：首先，覆盖面不同。一般情况下，区域经济覆盖面积小于流域经济。大多数情况下，流域经济跨域数个区域经济板块，对于不少流域来讲，由于地势特征的不同，往往上游、中游、下游都是一个区域经济单元。其次，划分依据不同，区域经济的划分更注重经济关系的相似性与地理范围的统一性，流域经济的划分则是基于自然河流水系，以自然水域为边界，侧重点在于经济关系与河流水系的统一。最后，管理中存在的难度和复杂度不同。在区域经济管理中，以行政区划管理为主，其所涉及的地方政府及企业在管理中通过行政指令层级传达进行协调、管理；而流域经济的管理因覆盖地域的广泛性和利益主体冲突明显而使得其统一协调成本较高、难度较大。流域通常跨越几个行政区，利益主体多元化，导致流域内部分工协作比区域经济内部分工协作更为复杂和困难。

三、国际上大河流域开发的主要探索

总体上看，在 19 世纪末至 20 世纪初，西方国家就开始重视流域的治理，

但早期侧重于研究水资源的开发利用，仅限于防洪、供水、航运等单一目标。二战以后，随着全球经济的快速增长和人口激增，人类对流域水资源利用和水环境破坏的强度不断加大，流域水污染控制与治理问题越来越引起更多关注，也逐渐成为流域治理和流域经济研究的重点之一。20 世纪 90 年代以后，流域协调发展这一综合目标成为越来越多管理者和研究人员的共识，除了探讨水资源内部的各种经济关系、效益以及水利发展的综合经济论证方法外，也更加关注全流域自然与人文各要素组成的综合系统的治理和提升。

（一）美国田纳西河

工业革命发生后，西方国家工业和人口的快速增长，水资源需求激增导致水资源短缺现象严重，协调水资源供需一度成为流域治理的重要内容。随着科技进步和认识水平的提高，自 20 世纪 30 年代起，逐步开始了以水资源调配、水土保持、洪水灾害治理、航运、发电和旅游等为目的的多目标统一规划。在这一阶段，世界各主要国家相继建立不同形式的流域管理机构，以求趋利避害、最大限度地开发利用水资源。

这一阶段的代表是美国田纳西河流域的综合开发，田纳西河位于美国东南部，是密西西比河的二级支流，是俄亥俄河的一级支流，长 1050 千米，流域面积 10.5 万平方千米，地跨弗吉尼亚、北卡罗来纳、佐治亚、亚拉巴马、密西西比、田纳西和肯塔基等 7 个州。田纳西河流域治理中，建立了田纳西河流域管理局（Tennessee Valley Authority，TVA），作为专门负责解决田纳西河谷一切问题的机构，具有政府职能但运行灵活、兼具私人企业组织优点，全权处理流域水土资源综合开发利用问题，如控制洪水、改善航运条件、水能发电、恢复植被和控制水土流失等。田纳西河流域综合治理和全面发展规划，被认为是美国历史上第一次巧妙地安排整个流域及其居民命运的有组织尝试。

田纳西河的综合治理经验是多样的。在防洪方面，从 1933 年至 1952 年，在田纳西河及其支流共建造 20 座新水坝，改建 5 座原有水坝，彻底解决了田纳西河的洪水泛滥问题，同时成为美国水电生产能力最大的流域。在发展航运方面，开凿了一条长 1046 千米、最浅 2.7 米的内陆水道，将南部内地和大湖区、俄亥俄河及密苏里—密西西比河水系联结起来，至 20 世纪 40 年代中期，田纳西流域已开发了 1050 千米的航运水道。在防止土壤侵蚀方面，管理局与民间自然资源保护队合作，在大片的宜林谷地重新造林。在发展第三产业方面，利用河流水系和大量湖泊、水坝资源，让钓鱼、野营、划船等旅游业快速发展。

（二）欧洲莱茵河

莱茵河是欧洲一条国际河流，发源于瑞士境内的阿尔卑斯山，向北与美因河汇合后，穿过莱茵山地，进入北德平原，下游经荷兰入北海，全长 1320 千米，流域面积 25.2 万平方千米。莱茵河的开发过程中，充分发挥河流水资源优势，把航运目标作为莱茵河水资源多目标综合开发的首要目标，依靠发达的航运，弥补流域资源缺乏、品种不全的缺陷，进口海外资源，扩展国际市场，发展本流域经济。通过建设，形成了干支流直达、河海港口相连、运网纵横交错的航道网。

1950 年 7 月，成立莱茵河保护国际委员会（ICPR），早期成员有荷兰、德国、卢森堡、法国和瑞士，共同应对莱茵河污染问题，1976 年欧盟也加入该组织。ICPR 设有政府组织和非政府组织参加的监督各国计划实施的观察员小组，还有水质、生态、排放、防洪、可持续发展规划等领域的技术和专业协调工作小组，将治理、环保、防洪和发展融为一体，进行综合治理。

莱茵河流域开发的经验主要包括：一是注重规划先行，通过统一的规划，让沿河各工业带之间由低水平重复建设、结构雷同的竞争转向发展特色产业和相互利用、错位竞争，增强了各国流域经济荣损与共的整体意识。二是注重水资源开发与生态环境的平衡，其中荷兰制定的莱茵河"三角洲计划"，体现了全面开发利用，包括航运、防洪、供水、旅游、发电、灌溉、渔业等，同时也考虑了环境保护和自然生态的平衡。三是重视基础设施建设，大力发展能源工业，大规模建设莱茵河电厂，建设码头、机场、沿岸公路、铁路等发展水陆交通，为产业发展提供重要交通支撑。四是高度重视环境保护，从 20 世纪 70 年代初往后的 30 年间，德国耗费数百亿美元实现了莱茵河水质返清。

（三）法国塞纳河

塞纳河是法国北部的河流，全长 776.6 千米，包括支流在内的流域总面积为 78700 平方千米。对于法国乃至整个欧洲来说，塞纳河都具有重要的历史意义，其排水网络的运输量占法国内河航运量的大部分，是推动法国经济发展的重要因素。在过去的几十年中，法国政府始终高度重视塞纳河流域的水污染治理工作，专门针对河流资源的优化管理成立了流域水管局，该部门直接隶属环境部，是法国资源管理体制中的核心机构。

具体来说，在水污染治理工作中，其工作亮点主要体现在以下几点：首先，政府集中社会力量对塞纳河流域的水环境进行保护与修复，为水环境污染治理问题投入大量的资金支持。其次，政府部门鼓励塞纳河流域水环境资源的保护以及生态保护问题的调查研究。再次，为激励广大群众节约用水，自觉参与水污染治理工作，政府部门向所有水资源的使用者收取"用水费"以及"排污费"，从源头上控制资源浪费和生活污水以及工业废水排放问题。最后，政府部门在水污染防治设施建设和水资源保护方面投入大量的资金，激励各工业企业自觉控制污染物排放量。

（四）加拿大圣劳伦斯河

圣劳伦斯河是加拿大的第一大河，全长 1600 千米，在过去的数十年中曾因多种原因，遭受比较严重的生态破坏和环境污染问题。所以，加拿大政府曾经针对圣劳伦斯河的水污染治理问题展开大力探索，并集中开展了河流综合治理工程，极大程度上改善了圣劳伦斯河水域的生态效益、经济效益和社会效益，使得河流周边地区工厂的有毒物质排放量大幅度缩减，并利用河流资源开展其旅游行业，创建海洋公园、制定物种保护计划，直接推动了该地区的经济健康稳定发展。

具体来说，加拿大政府针对圣劳伦斯河所开展的水污染治理工作主要体现在以下几方面：其一，加拿大政府专门针对圣劳伦斯河的水污染治理成立了河流管理中心，持续开展技术咨询和环境监测工作。其二，环境部对圣劳伦斯河的水污染治理工作起到统筹协调作用，多部门均积极参与河流管理体系的构建，为水污染的治理和生态环境的修复贡献了不容小觑的力量。其三，政府部门号召广大社区群众积极参与圣劳伦斯河水域污染治理工作，平均每年都有数万人以义务工作的形式参与流域治理，共同推动水域污染问题的解决。

四、流域治理的主要经验

总体上看，国外对大江大河流域治理和管控起步较早，从早期注重航运开发和洪水治理到现在强调资源的综合利用、环境治理与保护，在不同的发展阶段和背景下，形成了一些开发治理经验。

（一）成立流域综合管理机构，统筹跨国、跨行政单位和跨部门的管理

莱茵河流域成立了保护莱茵河国际委员会，专门进行莱茵河保护工作的跨国管理和协调组织，实施了制定评估管理对策、提交环境评价报告和向公众通报莱茵河状况和治理成果等多项莱茵河环境保护计划，委员会的成立解决了跨界河流流经不同国家间沟通不畅的管理问题，是全球跨界河流治理成功的典范措施。同样，在密西西比河流域，美国联邦政府统筹流域整体，建立了跨州协调机制。为加强联邦部门及密西西比河流域各州间的协调合作，美国环保局牵头成立了密西西比河/墨西哥湾流域营养物质工作组，参与部门包括美国环保局、农业部、内政部、商务部、陆军工程兵团和12个州的管理部门，通过工作组的运行，协调了行政力量，保证了治理工作的全面进行。

（二）制定综合性规划统筹资源利用、提供战略指引

流域综合性规划侧重于战略层面的引导，为平衡土地利用、人类活动和环境保护提供总体框架。如田纳西河流域管理局通过编制2011年《自然资源规划》来指导未来20年的自然资源管理工作，强调自然资源的综合利用与效益最大化。在此规划中，管理局将资源分为生物、文化、娱乐、水、公众

参与、水库与土地规划 6 大类，并对每一类资源提出了目标、实施策略、衡量指标和具体项目。2019 年管理局更新了《自然资源规划》，拟增加土地和岸线管理、公地保护、入侵物种管理、生态旅游等重点领域内容。在欧洲，2011 年批准的《多瑙河区域欧盟战略》为流域发展提供了强有力的综合框架支撑，提出宏观发展战略和跨国合作方案，以协调各国对河流管理的职责。该战略包括四大支柱内容：联通区域、保护环境、建立繁荣、加强治理等，具体细分为多式联运、可再生能源、水质、环境风险等 12 个优先领域。

（三）通过实施一系列行动计划有效改善水环境质量，提升水生态系统健康水平

1987 年，保护莱茵河国际委员会各成员国制定了"莱茵河行动计划"，制定了一系列目标和措施减少有害物质排放；同时，各成员国和地方政府制定了更严格的排放标准，为整治莱茵河提供法律保障，莱茵河水质很快得到恢复。之后制定了"洪水行动计划""莱茵河 2020 行动计划""洄游鱼类总体规划""生境斑块连通计划"等一系列行动计划，这些行动的目标为污染控制、生态修复提供了时间表，对莱茵河水质改善和生态恢复发挥了决定性的作用。在密西西比河流域，为控制密西西比河、墨西哥湾流域的非点源污染，营养物质工作组发布了 2001 国家行动计划，主要是控制流域的氮排放（未对磷提出控制要求）。通过实施每日最大污染负荷（TMDL）计划，制定标准、加强非点源和点源污染控制等措施，实现流域内污染物快速消减。

（四）实施严格健全的污染源排放管控制度

德国的莱茵河流域面积最大，德国实行保护优先、多方合作以及污染者付全费的污染管理原则，排污费对排放污染物造成的环境损失成本全覆盖，排污者所交的钱必须足以修复所造成的环境影响。通过该政策，促进了企业改进生产技术，促使企业向少用水、多循环用水、少排放污水、少产生污染物的方向发展，促进了落后产能和高污染企业的退出。该措施使得莱茵河沿岸污染物的排放迅速减少，对水质改善起到了关键作用。在美国，1972 年《清洁水法》颁布后，通过实施国家污染物排放消除制度（NPDES）许可证项目，美国建立了基于最佳可行技术的排放标准为基础的排污许可证制度。实施这一制度使密西西比河流域的工业和市政等点源污染得到有效控制。密西西比河干流沿岸 10 个州的污水处理厂数量占到全美的 29%。通过建设污水处理厂并实施排污许可制度，有效降低了废水的 BOD 浓度，促进了流域水质的改善。

（五）通过流域综合管理实现水生态系统健康

流域综合管理是欧盟水环境管理的核心理念，莱茵河的流域管理十分注重综合性，从治理流域污染、关注防洪效果、提高航道保证程度，到生态环境保护、保护湿地、运用滞洪区时给动植物提供生活环境、增加过鱼设施、保护鱼类种群等，从污染方式到生态恢复，实现要素全覆盖。通过流域综合管理规划的实施，改善了水体水质，莱茵河的大部分水生物种已恢复正常数量，部分鱼类已经可以食用。欧盟实行的以科学论证和规划为指导，生态环境的整体改善为前提，高等水生物为生态恢复指标的流域综合管理规划的做法取得了成功。美国通过制定联邦流域管理政策，科学管理治理流域水环境。20 世纪 80—90 年代，美国环保局逐渐认识到以流域为基本单元的水环境管理模式十分有效，开始在流域内协调各利益相关方力量以解决最突出的环境问题。1996 年，美国环保局颁布了《流域保护方法框架》，通过跨学科、跨部门联合，加强社区之间、流域之间的合作来治理水污染，通过大量恢复湿地，还原水生态系统健康。框架实施过程中，结合排污许可证发放管理、水源地保护和财政资金优先资助项目筛选，有效地提高了管理效能。

第二节　我国流域经济研究的进展

我国是世界上拥有大江大河且河流众多的国家之一。据统计，我国流域面积在 1000 平方千米以上的河流有 1500 多条，流域面积在 100 平方千米以上的河流有 5 万多条，年总径流量为 2.8 万亿立方米，居世界第六位。长江、黄河、珠江、淮河、海河、辽河和松花江七大江河流域面积占全国的45.5%，人口占全国的78.4%，耕地占全国的82.2%，工农业总产值占全国的91.2%，流域在国民经济发展和国土资源的开发治理中占有十分重要的地位。我国流域经济研究主要集中在以下方面：

一、流域综合开发

早期关于流域经济的研究主要集中在流域综合开发上。新中国成立以后，面对多发的洪水隐患，发出"一定要把淮河修好""要把黄河的事情办好""一定要根治海河"的号召，修建了各种蓄水工程，增强了对江河水量的调蓄能力，我国水利建设取得快速进展，有效治理了长期危害人民的水患。到1999年——新中国成立50周年时，我国共修建堤防20多万千米，兴建水库8.6万座，总库容近4600亿立方米，兴建蓄水、引水、供水工程460万座，年供水能力达到5800亿立方米，水资源开发利用率提高到20%，发展灌溉面积5亿多亩。改革开放以后，一些学者对美国田纳西河、欧洲莱茵河等河流综合开发的经验进行了总结，我国流域开发的重点也开始从防治水患转向流域综合开发，核心是围绕水资源，统筹防洪、航运、发电、灌溉等，特别是20世纪80年代和90年代，采取了以小流域为单元的河流综合治理措施，取得了显著效果。大江大河的流域效益也得到进一步发挥，如长江流域上的葛洲坝水利枢纽建设等取得了比较好的综合效益。流域综合开发的核心理念是将流域作为一个整体融入经济社会大系统，使各个领域能得到统筹兼顾，取得最大化效益。

二、流域可持续发展

从国外流域发展的历程看，尽管一些河流流域资源禀赋较好，在流域开发初期得益于水电开发、航运等促进了工业化进程，实现了快速发展。但早期的开发过程中多未将流域生态环境工作纳入流域管理范畴，于是随着开发的推进，流域内部的重复建设、无序竞争、污染排放等问题比较突出，我国一些流域开始出现水污染的恶化趋势，一些流域产业同构现象较严重、地区之间缺乏有效产业关联与协作、区域整体效益差等问题，流域开发的后劲不足，这使得很多学者开始关注到流域的可持续发展问题。因此，一些学者开始提出，在流域经济开发中要改变重开发轻治理、开发目标单一等急功近利的做法，而实行统筹兼顾、优势互补、综合利用、分工协作、协调发展的方针。

三、流域的空间分异

包括空间差异、经济分工、经济格局和经济联系等方面的研究。研究显示，流域经济的空间差异与区段密切相关，由于上中下游存在海拔上的明显差异，因此，各区段的发展水平也有明显差异，我国的长江、黄河流域都有这个特点。在分工协作方面，比较一致的认识是，上中下游对应的区域经济类型分别为资源型（工业结构重型化）、劳动力—资源密集型（工业结构略偏重）、资金—技术密集型（工业结构略偏轻）三种，这跟流域的自然资源分布是相符的。在流域经济空间布局方面，主要有四种常见的流域经济空间组织形式：核心—边缘结构、点—轴—圈结构、双核结构、板块结构，其中最常使用的是点—轴—圈结构，以及在此结构基础上的叠加演化。

四、流域管理体制

我国历来高度重视大江大河大湖流域治理管理，新中国成立以后，就相继在七大流域设立黄河水利委员会、长江水利委员会、淮河水利委员会、海河水利委员会、珠江水利委员会、松辽水利委员会、太湖流域管理局，实施了一系列流域综合治理重大举措。黄河流域实施全流域水资源统一调度，成功实现黄河连续 22 年不断流；长江流域实施 107 座控制性水工程联合综合调度，实现了防洪、供水、生态、发电、航运等效益多赢；珠江流域连续 17 年实施枯水期水量调度，保障了珠江下游特别是澳门的供水安全。早期的流域管理机构职能上主要侧重于水资源调配，20 世纪 90 年代以后，流域的生态环境工作受到重视，环境主管部门也开始介入和加强流域管理，2018 年开始国家在长江、黄河等七大流域设立流域生态环境监督管理局，作为生态环境部在七大流域的派出机构。随着涉及流域管理的部门越来越多，"九龙治水"的问题日益突出，为打破这一局面，《长江保护法》中提出建立流域协调机制，实行了中央协调、国务院各个部门分工管理、长江流域相关地方相互协作、河湖长具体负责的运行体系。

第三节　长江经济带对中国流域经济发展的经验启示

党的十八大以来，特别是 2016 年以来，推动长江经济带发展的创造性实践取得的历史性成就，积累了宝贵经验，深化了我们对流域治理保护和流域经济发展规律的认识。

一、坚持价值上鲜明的人民立场

实施推动长江经济带发展战略，一个重大变化就是从过去的开发长江转变为保护长江。习近平同志指出，推动长江经济带发展对实现"两个一百年"奋斗目标、实现中华民族伟大复兴的中国梦具有重要意义。从中华民族长远生存发展的高度来看长江大保护，其中蕴含了马克思主义鲜明的人民立场，将沿江人民的生态安全、维持世代繁衍和文明赓续放在重要位置，明确了流域经济发展和保护为了谁的问题。从宏观上看，是为了中华民族伟大复兴，从中华民族长远利益考虑、从中华民族永续发展高度探索生态优先、绿色发展之路，使母亲河永葆生机活力。从微观上看，推动长江大保护事关沿江每一位老百姓的个人健康，涉及沿江每一个企业的生产经营，通过修复长江生态环境，使个体享有更好的生活环境和生活品质。

二、坚持辩证把握保护和发展关系

长期以来，发展中经济体对于生态环境保护和经济发展的关系认识上常常出现两个误区。一个误区是先污染后治理（也即先发展后保护），认为发展起来后，积累了更多经济优势，再回过头来开展环境治理。另一个误区是先保护后发展，认为通过运动式的保护治理，环境质量达到了某种程度后，就可以放手发展了。这两种观点对发展和保护的关系理解都是不完整、不准确的。要坚持辩证认识把握保护和发展关系，从而实现从上到下、各部门、各地方在思想认识上的统一，进而转化为行动上的一致。保护是发展的前提，同时保护又贯穿着发展的全过程、各方面。处理好保护和发展关系，关键在于将人类自身融于自然中，绿色发展过程实际上是人与自然和谐共生的现代化过程。

三、坚持共抓大保护、不搞大开发战略导向

坚持"共抓大保护，不搞大开发"的战略导向，是推动长江经济带高质量发展的行动指南。"共抓大保护"的关键是"共抓"，长江经济带上下游、左右岸、干支流、江湖库是一个有机整体，必须要树立山水林田湖草是一个共同体意识，将整个流域作为完整单元来保护修复，将长江经济带作为一个整体来统筹发展，在交通运输、城乡统筹、对外开放、公共服务等领域增强系统思维能力，发挥好协同作用。"不搞大开发"不是不要开发，而是要刹住无序开发、破坏式开发和超范围开发，在生态环境容量上过紧日子的前提下，探索形成节约能源资源和保护生态环境的产业结构、增长方式、消费模式。

四、坚持以绿色发展为根本路径

坚持"生态优先、绿色发展"的战略定位，是推动长江经济带高质量发展的客观要求。随着工业化和城镇化的快速发展，长江流域废污水年排放量已突破300亿吨，水质持续恶化，生物完整性指数到了最差的"无鱼"等级，流域环境安全风险隐患十分突出。推动长江经济带发展，不能再走过去高污染高耗能的老路，而是要把修复长江生态环境摆在压倒性位置，正确处理防洪、通航、发电与生态用水的矛盾，让港口、岸线、产业发展服从长江生态

环境保护修复的需要，积极推动绿色循环低碳发展。

五、坚持整体思维、系统思维

长江经济带作为流域经济，涉及水、路、港、岸、产、城和生物、湿地、环境等多个方面，是一个整体，必须运用系统论的方法，全面把握、统筹谋划。只有增强系统思维，做好顶层设计，加强横向、纵向政策的协调联动，统筹各地改革发展、各项区际政策、各领域建设、各种资源要素，使沿江省市协同作用更明显，才能促进长江经济带实现上中下游协同发展、东中西部互动合作。只有增强发展的统筹度和整体性、协调性、可持续性，才能有效化解流域发展中出现的各种问题，在实践中，通过推动不同层次、不同尺度的区域一体化，促进要素资源的优化配置。

六、坚持以创新驱动引领绿色转型

转型的成功与否，是长江经济带绿色发展目标能否实现的关键。在实践中，长江经济带深入实施创新驱动发展战略，将推动产业高质量发展作为促进转型的重点，不断破除旧动能、旧观念、旧机制，营造了有利于集聚科技创新、现代金融、人力资源等要素的良好产业生态，不断焕发科技创新的活力。一方面，大力发展先进制造业、战略性新兴产业和现代服务业，加大关键技术攻关，促进产业基础高级化、产业链现代化，推进先进制造业和现代服务业融合发展，整合形成若干世界级产业集群。另一方面，大力发展新兴产业，特别是发挥科教产业和创新优势，抓住大数据、清洁能源及新能源汽车、生物医药、节能环保等绿色低碳产业，围绕智能工厂、智慧航运、数字农业、能源互联网等数字经济领域，加快孕育经济增长新动能。此外，在中上游地区选择发展基础较好、交通条件便利、环境承载力较高的中等城市积极打造一批先进制造业基地，形成要素成本相对低廉的洼地，构建"下游设计（品牌）—中上游生产""新雁阵"模式。

七、坚持以推动立法来完善制度保障

《长江保护法》，是我国首部以国家法律的形式为特定流域制定的法律。《长江保护法》以提高长江流域生态环境保护的整体性和系统性为立法思路，以实现长江经济带高质量发展为立法目标，为以后其他流域生态环境保护立法建设提供了完整性、系统性立法创新与实践参考，对于适时推进黄河流域立法，以及其他流域立法具有重要借鉴意义。同时，不断完善"1+N+X"的规划政策体系框架，"1"即要发挥《长江经济带发展规划纲要》的统领作用，"N"即围绕 N 个重点领域或重点区域推进相关的专项规划或区域规划，"X"即形成一系列的政策支撑体系，构建了发展改革、水利、财政、生态环境、自然资源、农业农村等跨部门协同工作机制。

八、坚持问题导向的工作方法

长江经济带涉及面广，如果"眉毛胡子一把抓"，则难以区分地方日常工作和长江经济带相关工作，也会影响长江经济带工作的主线。在实践中，推动长江经济带发展过程中，采取了问题导向的工作方法，由生态环境部与中央广播电视总台组织拍摄《长江经济带生态环境警示片》，深入长江经济带 11 省市，对长江沿线工业污染、农业污染、侵占岸线、建坝占湖、磷化工风险、渗透液风险等一系列生态环境问题进行暗访、暗查、暗拍。对警示片中披露的问题，建立工作台账，进行不留死角、彻底整改，同时完善机制，有些省份还拍摄了省级警示片，通过发现问题、解决问题的模式，一个问题一个问题改，一件事情一件事情抓，实现长江生态环境质量的逐步改善。

九、坚持更好发挥政府作用

政府作用可以弥补市场作用的不足，而政府的规划更是体现了政府推进流域经济绿色发展的意志以及推进流域经济绿色发展的主要导向，可以克服单纯依靠市场手段的不足。从公平正义的角度促进流域经济绿色发展，要强调新时代下以人民为中心的发展思想，流域经济绿色发展成果能够让全体人民共享。政府要在促进流域经济绿色发展方面发挥积极的引导作用，弥补市场在促进流域经济绿色发展领域的不足，重点在流域经济生态保护、环境治理、重大基础设施建设等领域发挥引导性作用，着力解决流域经济发展中存在的生态破坏、环境污染等"不绿色"的关键瓶颈问题。

第四节　中国特色流域经济学的构建

传统的流域经济学是以流域内水资源开发利用为中心的，我国推动长江经济带发展的实践，不仅丰富了我国的流域经济研究实践，而且赋予了流域经济学新的时代内涵和理论内涵，催生了中国特色流域经济学的构建。

一、从历史逻辑看，中国特色流域经济学是保护优先的流域综合发展策略

传统的流域经济学是以流域内水资源开发利用为中心的，而长江经济带的实践，在尊重流域系统性、整体性的基础上，逐步形成了以水生态修复、水污染治理、水资源保护、水安全保障和岸线整治"四水一岸"综合保护修复为切入，包含以绿色发展为导向的流域综合发展，是一个更为综合的发展策略。包含以下内涵：

强调保护优先。把保护和修复长江生态环境放在压倒性位置，共抓大保护，不搞大开发，持续深化生态环境综合治理、源头治理、协同治理，加强干流、支流、湖泊、湿地生态环境保护修复，全面提升水、气、土壤环境质量。

在保护方面强调以水为核心的系统性、整体性保护。在肯定水作为流域最核心生态要素的基础上，强调水生态、水污染、水资源、水安全的综合治理。特别是，过去对流域的保护之所以不理想，很大程度上都与当时没有对山水林田湖草生命共同体有很好的认识有关，致使流域经济发展中存在严

重的生态破坏和环境污染问题，致使上下游、干支流、左右岸、岸产城不协调。在推动长江经济带大保护的实践中，有效化解了这一问题，将山水林田湖草作为一个系统，开展系统治理，不断增强生态系统整体功能。

以流域为单元的综合发展策略。过去以水利部门为主导的流域开发中，只是涉及到个别部门或领域，没有上升为综合的区域发展计划。在推动长江经济带发展中，除了生态保护外，还涵盖了综合运输、产业创新、区域城乡、对外开放、文化弘扬等方面的内容，是一个以流域为空间单元的综合发展策略。这个策略最大的特点是绿色发展，把调整优化能源结构作为重要工作内容，加快发展清洁能源，充分考虑长江资源特点和生态环保要求，科学规划水电发展。坚决遏制"两高"项目盲目发展，推动能源、钢铁、电解铝、石化化工、建筑等重点行业绿色转型，加快传统行业绿色低碳改造，促进绿色技术的推广应用，全面推动建筑、交通等重点领域绿色发展。同时还积极通过加快生态产品价值实现机制等制度建设，打通绿色发展的经济路径。

二、从理论逻辑看，中国特色流域经济学是水、路、港、岸、产、城协同推进的流域绿色发展策略

促进流域经济绿色发展，需要将水、路、港、岸、产、城等诸多要素作为有机整体，全面把握，统筹谋划，只有这样，才能使流域经济在绿色发展上形成合力，迸发活力。

按照山水林田湖草生命共同体的理念推进流域经济绿色发展。流域经济内部山水林田湖草等自然生态系统比较齐全，习近平总书记提出了"山水林田湖草是一个生命共同体"的新理念，是促进流域经济绿色发展应秉持的重要理念。山水林田湖草生命共同体体现了新时代尊重自然的绿色价值观，是习近平生态文明思想在流域经济中的具体应用，要通过"共抓大保护"协调好流域内的山水林田湖草，守好流域的"绿水青山"，逐步转变为"金山银山"。

要探索将流域经济作为重要的规划空间单元推进绿色发展。流域经济是按照河流水系的汇水情况划分的经济类型，往往会跨越不同层级的行政区，

因此，以重点流域为规划的空间单元可以更好地跨越行政区经济的壁垒，按照习近平生态文明思想促进流域经济绿色发展。国家可以选择若干跨省级行政单元的流域经济作为重要的规划空间单元推进绿色发展，并将流域经济作为重要的政策单元来制定更加精准有效的区域政策。

要统筹相关要素系统推进流域经济绿色发展。推进流域经济绿色发展，要将尊重自然、顺应自然、保护自然的生态文明理念融入流域开发利用和保护的各个方面，把空间布局、城市建设、产业发展、水资源合理利用、生态保护、环境治理、港口岸线建设、沿水景观打造等融为一体，统筹推进，协同发展，使绿水青山产生巨大生态效益、经济效益、社会效益，使流域经济永葆生机活力。

三、从实践逻辑看，涵盖产业、区域、交通、开放、文化等重点领域

大江大河流域往往是一个国家农耕文明和工业化较早萌芽的地区，是一个国家最主要的发展轴带。长江是世界上运量最大、通航最繁忙的内河航道，是海上丝绸之路与陆上丝绸之路的重要联结，在推动沿海与内陆地区空间优势互补、要素双向流动、市场深度融合、开放高效协同等方面具有不可替代的独特优势。推动长江经济带发展战略实施，在"共抓大保护"的前提下，着力在长江安澜、创新驱动、综合交通、区域协调、对外开放、长江文化等领域开展了卓有成效的工作，实现经济发展和生态环境保护的同步提升。

（一）将长江安澜作为流域高质量发展的前提条件

自古以来，水患是波及沿江百姓生命和财产安全的最大威胁，推动流域发展需要将治水作为重要前提，不仅成为绿色环保的生态河，更重要的是要成为长治久安的"安澜河"。在推动长江经济带发展实践中，将长江安澜放在突出位置，优化防洪体系布局，完善防洪工程体系，加强工程调度和运行。

加强防灾减灾体系建设。坚持以防为主、防抗救相结合，健全长江水灾害监测预警、灾害防治、应急救援体系，加强防灾减灾体系建设，全面提高

灾害防御能力。持续推进长江干流和主要支流河道综合治理，开展重要河段堤防达标建设和隐患治理，推进长江河道崩岸治理与河势控制工程。

加强蓄滞洪区建设和洲滩民垸管理。推进长江上中游防洪控制性水库建设，继续实施中小水库除险加固。加快蓄滞洪区布局优化调整，分类型分区域探索蓄滞洪区安全建设新模式。加强河道治理，优化行蓄洪空间布局，及时修订完善蓄滞洪区运用预案，细化落实组织与保障、预警与预报、工程调度与运用、人员转移与安置等各项具体措施，提高重点防洪保护区的防洪能力。

加强联合调度。进一步完善长江流域综合监测站网体系，强化流域区域水雨情信息共享，提高洪涝干旱灾害监测预警预报能力。不断完善水工程联合调度方案预案，发挥干支流水库群联合调度和调峰错峰作用，重点完善金沙江下游梯级与三峡水库联合调度、洞庭湖"四水"控制性水库对城陵矶防洪补偿、沿江骨干排涝泵站统一调度等方案。稳步扩大水工程联合调度范围，健全水工程联合调度体制机制。

加大城市内涝治理。坚持涝区排涝与流域防洪统筹协调，合理确定涝区治理标准及工程布局。贯彻海绵城市与韧性城市理念，加大沿江城市防洪排涝体系建设力度，实施城市河湖联通工程，与流域防洪体系有机衔接，逐步形成与城市规模、功能、定位相适应的城市防洪排涝体系。

（二）将创新驱动作为流域高质量发展的根本动力

把科技创新作为引领流域高质量发展的根本动力，统筹推进产业绿色化转型、产业梯度转移和产业集群发展，发挥创新资源富集优势，加大科技创新力度，实现产业升级和效率提升。

注重关键核心技术创新。发挥长三角科研机构汇聚和产业集聚优势，面向国家重大需求和国民经济发展的战略需要，实施一批关键核心技术创新项目，加强集成电路、航空发动机等核心技术攻关，加快实施产业基础再造工程，加大对基础装备、关键零部件、关键基础材料、工业软件、检验检测平台等领域的投入力度。

优化国家战略科技力量布局。把国家战略科技力量作为科技创新的主力军，支持长三角三省一市联合创建国家全面创新改革试验区。推动上海张江、合肥综合性国家科学中心创新发展，促进"两心共创"推动原始创新，支持成都—重庆、武汉—长沙等联合创建综合性国家科学中心。支撑企业牵头再建设一批企业技术中心、工程研究中心和产业创新中心。培育一批新型研究机构。

推动新兴产业集群发展。聚焦集成电路、人工智能、生物医药、智能汽车、民用航空、高端船舶和海工装备、新材料等新兴产业，强化人才、科技、数据、金融等要素支持，建设一批专业化的产业公共服务平台综合体，打造良好产业生态，推动产业链、空间链、创新链、服务链、人才链、政策链协同发展，打造具有国际影响力、特色优势鲜明的新兴产业集群。

促进产业绿色化转型。实行负面清单管理制度，严格限制污染和低端产业发展，倒逼绿色转型。实施推动化工企业退城入园行动，加快重化工业绿色化循环化转型，加大绿色技术研发支持力度，培育壮大节能环保、新能源等低碳清洁型和环境治理型产业。充分利用5G、人工智能、大数据、云计算、工业互联网等新技术改造提升传统产业，大力发展数字经济，促进新一代信息技术和实体经济深度融合。

增强保障国家粮食安全能力。深入实施藏粮于地、藏粮于技战略，加大农业水利设施建设力度，实施高标准农田建设工程，增强保障国家粮食安全能力。采取"长牙齿"的硬措施，落实最严格耕地保护制度，确保永久基本农田面积不减少，粮食作物播种面积保持稳定。保护好江淮平原、江汉平原、成都平原沃野，开展休耕轮作，增加土壤有机质含量，建设农业现代化示范区。强化农业科技和装备支撑，加强种子资源保护和利用，率先破解"卡脖子"技术。

（三）将区域协调作为流域高质量发展的重要路径

从全局着眼，从流域发展的整体性出发，明确流域内各地区的发展定位和发展重点，促进上中下游合作，优化流域发展轴带和主要城镇空间布局，从而提高发展效率，是推动长江经济带发展中的重要经验。

发挥各地区比较优势。流域上中下游有着自然地理条件上的先天差异，下游河口三角洲地区通常地势平坦、耕作条件好，人口和城镇相对密集，拥有沿海港口便于开展国际交流和对外合作。而中上游地区通常地势较高、海拔落差较大，生态、旅游、矿产资源富集，人口和城镇密度较低，受交通、地形等条件限制，发展水平跟下游地区有明显差距。在推动流域协调发展中，要以发挥各地区比较优势为基础和前提，明确各自发展定位和重点，逐步形成优势互补效应，成为更强大的发展动力。

强化中心城市和城市群的带动引领。发挥中心城市在流域发展中的独特作用，顺势而为，加大土地资源、环境容量支持。比如在推动长江经济带发展中提出，依托上海、杭州、南京、武汉、重庆、成都等中心城市建设现代化都市圈，支持都市圈中小城市和小城镇发展，形成功能互补、协调发展格局。将"三大两小"城市群发展作为长江经济带城区区域发展的重要任务之一。支持宜昌、襄阳、赣州、遵义、绵阳、泸州等探索建设战略性腹地城市。

积极融入新发展格局。从全国大局谋划流域发展，推动上中下游经济对接国内重大区域战略，积极融入服务新发展格局。推动与国内其他地区合作，积极推进与海南自贸港对接合作，在上海自贸试验区临港新片区建立海南自贸港制度创新经验复制推广机制。加强与京津冀、粤港澳大湾区等地区的创新和产业合作，有序承接产业转移，形成差异化分工的产业链格局。继续实施好中部崛起战略，推进长江中游城市群与中原城市群、关中城市群协调联动，夯实中部地区"两基地一枢纽"地位，加快培育特色优势产业集群。

开展多尺度区域合作。重点包括几种类型的区域合作，一是同城化，开展沪苏、沪通、杭绍、甬舟、宁扬、武鄂、长株潭、昌九、成德等都市圈内同城化试点，鼓励城市群内各级政府的跨行政区合作。二是区域一体化，推动省际跨界地区融合发展示范，比如支持长三角（青嘉吴）、川渝（万达开、泸永江）生态绿色一体化发展示范区建设等。三是上中游的合作，支持中上游地区精准承接下游地区产业转移，设立一批东西互助产业园区，部署建设若干国家产业战略基地，逐步形成一批新的制造业集聚中心。

增强县城发展能力。以中上游地区为重点，实施县城补短板强弱项行动，重点补齐县城基础设施、公共服务、物流仓储、产业平台短板。支持县城公共卫生防控救治设施建设，开展县城消费中心建设，推动京东、美团、滴滴等数字消费下沉，促进文化、体育、餐饮、娱乐等消费提档，推动家装、婚庆、旅游等消费升级，发展直播带货等新业态。增强县城创新平台建设，布局一批新型研发机构、测试中心、中试基地，支持一批县城布局大学、职教园区。

推动城乡融合发展。促进城乡土地、劳动力、资本、技术、数据等生产要素双向流动。提高农业转移人口市民化质量，深化"人地钱挂钩"配套政策，完善超大城市、特大城市户籍管理制度、积分落户制度，推动城镇基本公共服务覆盖未落户常住人口，实施新生代农民工职业技能提升计划。推进浙江嘉湖片区、江苏宁锡常接合片区、江西鹰潭、四川成都西部片区、重庆西部片区国家城乡融合发展试验区改革探索。

实施乡村振兴战略。推动农村一二三产业深度融合，支持长江经济带地区农村率先开展宅基地制度改革试点，推广浙江"千村示范、万村整治"工程经验，加强古镇名村的整体性保护，打造一批具有历史、地域、民族特点的特色小镇和美丽乡村。

补齐老少边穷、生态脆弱地区及三峡库区发展短板。加快赣南等原中央苏区、大别山、湘赣边、湘鄂渝黔、川陕等革命老区振兴发展，保护传承利用红色文化。巩固提升武陵山区、乌蒙山区、秦巴山区、大别山区、罗霄山区、滇西边境山区等集中连片特困地区脱贫攻坚成果，加快建立长效机制。增强民族地区自我发展能力。推动云南边境地区开发开放，加强澜沧江—湄公河国际次区域合作。继续实施上海、江苏、浙江对上游省区和三峡库区对口支援合作。以滇桂黔石漠化区治理为重点，开展生态功能系统性修复。

（四）将对外开放作为流域高质量发展的强大推力

开放是一个区域发展的强大推力，推动长江经济带发展过程中，将扩大对外开放作为一个重点，充分发挥东西陆海双向开放优势，不断推动商品和要素流动型开放，更加注重规则等制度型开放，努力打造横贯东中西的双向开放走廊、联结南北方的开放合作高地、融入"一带一路"建设的战略支撑地带。

深化长三角在制度型开放中的引领示范。建设好发展好上海自贸试验区临港新片区，对标国际上公认的竞争力最强的自由贸易园区，建立与洋山特殊综合保税区相适应的贸易监管模式，创新资本技术密集型服务贸易和跨境电商服务模式，开展自由贸易账户本外币一体化功能试点。完善临港新片区人员出入境以及外籍人才工作、签证、停居留、互联网等一系列特殊政策。实施江苏开放型产业链供应链升级行动，支持浙江、安徽自贸试验区深化国际贸易和科技创新体制改革。加快长三角大通关一体化，建设具有国际先进水平的国际贸易"单一窗口"，实现物流和监管等信息的全流程采集。加快长三角跨境电子商务综合试验区建设，合力打造全球数字贸易高地。依托长三角一体化对外投资合作发展联盟，携手打造面向全球的综合服务平台，鼓励企业联合"走出去"。全面对接国际高标准市场规则体系，共同加强国际知识产权保护，打造稳定、公平、透明、可预期的市场环境。

提升内陆和沿边开放发展水平。深化云南面向南亚、东南亚的辐射中心建设，以云南自贸试验区为引领，建立各类开放平台协同联动机制。推动云南跨境公路建设，加快落实与周边国家的跨境汽车运输协定，完善航运合作机制，建设昆明国际航空枢纽和面向南亚、东南亚的国际通信枢纽。支持云南与周边国家合作建设一批国际物流园区，建立促进自由贸易的合作新模式。支持云南企业建设海外仓、境外展销中心、国际快件监管中心。推进澜沧江—湄公河等跨境经济合作，务实推进中缅、中越、中老跨境经济合作区建设。加快内陆开放型高地建设，加强对中欧班列的规划和调控，在重庆、成都、武汉等中心城市鼓励发展服务贸易等"轻型贸易"。支持安徽、江西打造内陆开放高地。

深入推进与"一带一路"融合发展。加强与"一带一路"战略通道的衔接，深化西部陆海新通道建设，打造重庆、成都至北部湾出海口大能力铁路运输通道，大力发展多式联运。深入培育重庆、成都、连云港等"一带一路"战略支点城市，加强上海、宁波—舟山海上合作重要战略支点建设。推进"一带一路"高质量经贸合作，以工程机械、成套设备出口带动标准和服务输出，探索建设面向"一带一路"市场的中医药等特色服务出口基地。深入推进"丝路电商"发展，支持在"一带一路"市场创新"海外仓"、体验店、配送网店等境外零售模式。在长江经济带建设区域性人民币结算中心。鼓励与"一带一路"沿线国家加强教育、文化、艺术、科技、环保等人文交流与合作，吸引沿线国家的游客和留学生。

增强上中下游对外开放的协调性。在长江经济带深入开展"飞地经济"合作，鼓励沪苏浙到中上游地区共建产业园区，探索主体结构、开发建设、运营管理、利益分配等的新模式。建立覆盖长江经济带自贸试验区的信息共享、创新共推、模式共建合作机制，探索建立长江经济带自贸试验区制度创新经验推广至国家级新区、国家级开发区和边境经济合作区等其他特殊区域的机制。推动上海国际航运中心提质增效升级，强化宁波—舟山港域海上门户功能，促进长三角与中上游地区港口联动和港航合作。提升上海国际金融中心对长江经济带的服务功能，鼓励长三角金融机构到中上游中心城市开设分支机构。在具备条件的内陆和边境地区按程序增设综合保税区、跨境经济合作区和跨境旅游合作区。

（五）将综合交通作为流域高质量发展的重要支撑

航运是大江大河的一个重要功能，也是一个巨大优势，长江拥有世界上最繁忙的黄金水道，运能大、成本低、能耗少。在推动长江经济带发展过程中，将提升综合交通能力作为重要基础，着力推进长江干线航道系统治理，优化港口功能布局，加强集疏运体系建设，发展江海联运和干支直达运输，取得了比较好的成效和经验。

把增强长江黄金水道能力作为重中之重。加快实施重大航道整治工程，下游重点实施12.5米深水航道延伸至南京工程；中游重点实施荆江河段航道整治工程，加强航道工程模型试验研究；上游重点研究实施重庆至宜宾段航道整治工程。加快推进内河船型标准化，研究推广三峡船型和江海直达船型，鼓励发展节能环保船舶。

把优化港口功能布局作为工作重点之一。促进港口合理布局，加强分工合作，推进专业化、规模化和现代化建设，大力发展现代航运服务业。加快上海国际航运中心、武汉长江中游航运中心、重庆长江上游航运中心和南京区域性航运物流中心建设。提升上海港、宁波—舟山港、江苏沿江港口功能，加快芜湖、马鞍山、安庆、九江、黄石、荆州、宜昌、岳阳、泸州、宜宾等港口建设，完善集装箱、大宗散货、汽车滚装及江海中转运输系统。

将集疏运体系建设放在突出位置。着力推动江海联运、铁水联运，加快铁路、高等级公路与重要港区的连接线建设，强化集疏运服务功能，提升货物中转能力和效率，有效解决"最后一千米"问题。推进港口与沿江开发区、物流园区的通道建设，拓展港口运输服务的辐射范围。

优化过江通道布局。统筹规划建设过江通道，加强隧道桥梁方案比选论证工作，充分利用江上和水下空间，推进铁路、公路、城市交通合并过江；优化整合渡口渡线，加强渡运安全管理，促进过江通道与长江航运、防洪安全和生态环境的协调发展。

（六）将文化弘扬作为流域高质量发展的精神内核

大河流域是一个国家和民族文明的摇篮。长江作为中华民族的母亲河，造就了从巴山蜀水到江南水乡的千年文脉，是中华民族的代表性符号和中华文明的标志性象征，是涵养社会主义核心价值观的重要源泉。如何保护好、传承好、弘扬好长江文化，是决定长江大保护成败的重要内核，也是提升长江流域乃至全国在全球的竞争力、影响力、吸引力的关键所在。我国在推动长江经济带发展实践中，提出了要保护传承弘扬长江文化，制定了一系列具体举措，为流域经济发展注入了新的内涵。

深入研究长江文化内涵。加强长江文化系统研究，实施长江文化保护传承弘扬工程，系统梳理长江文化脉络、文化基因特征，突出创新、包容、开放、共享的精神血脉，把握长江自然与人文融为一体的特质，挖掘长江文化的时代价值，彰显中华民族人与自然和谐相处、山水与人文毓秀交融的宝贵精神财富。创建一批长江文化保护传承示范市县，构建维系长江文化认同感的有效载体。

保护好长江文物和文化遗产。大力实施长江文化遗产保护系统工程，开展长江流域文化资源普查，全面摸清文物古迹、非物质文化遗产、灌溉工程遗产、农业文化遗产、古代典籍等重要文化遗产底数，建立长江文化遗产资源库。系统梳理总结长江文化发展脉络和特征，充分挖掘长江文化的时代价值，促进长江文化的时代化展示。实施长江文化保护传承弘扬工程，加强对文化遗产的整体性保护和修复，推动非物质文化遗产的保护与弘扬。构建长江文化标识体系。

推动历史文化与自然山水、城乡发展相融合。历史文化和自然山水交相辉映是长江流域的一大特色，长期形成了独具特色的城乡格局、聚落形态，山水江城融于一体，一城一镇、一楼一园成为历代文人墨客竞相诗赋讴歌的典范。推动长江经济带发展中提出要促进历史文化与自然山水、城乡发展相融合，就是希望能够促进历史文化的时代化传承转化，焕发古老长江文化的生命力，提出加强保护历史文化风貌街区、城市山水肌理保护、沿江文化廊道建设和视觉廊道改造，把好山好水好风光好文化融入城市，促进旧城活化，发展文旅产业等，努力擘画山水人城相融合的新画卷。

参考文献

［1］Sun Y.The International Development of China［M］．New York: G.P.Putnam's Sons, 1922.

［2］蔡武进，刘媛．长江流域文化遗产保护的现状、价值及路径［J］．决策与信息，2022（1）．

［3］曾小凡，翟建青，姜彤，等．长江流域年降水量的空间特征和演变规律分析［J］．河海大学学报（自然科学版），2008，36（6）．

［4］曾小凡，翟建青，苏布达，等．长江流域年平均气温的时空变化特征［J］．长江流域资源与环境，2009，18（5）．

［5］陈修颖．长江经济带空间结构演化及重组［J］．地理学报，2007（12）．

［6］陈秀山，孙久文．中国区域经济问题研究［M］．北京：商务印书馆，2005.

［7］程民生．北宋商税统计及简析［J］．河北大学学报（哲学社会科学版），1988（3）．

［8］丁光勋．长江文明的起源与开发［M］．上海：格致出版社，2011.

［9］段进军．长江经济带联动发展的战略思考［J］．地域研究与开发，2005（1）．

［10］段文超，李筱琳，何坦．长江流域第一次河湖基本情况普查成果浅析［J］．人民长江，2014，45（2）．

［11］段学军，邹辉，王晓龙．长江经济带岸线资源保护与科学利用［J］．

中国科学院院刊，2020，35（8）.

［12］［德］恩格斯.英人对华的新远征［A］.马克思恩格斯全集第12卷［M］.北京：人民出版社，1962.

［13］方创琳，周成虎，王振波.长江经济带城市群可持续发展战略问题与分级梯度发展重点［J］.地理科学进展，2015，34（11）.

［14］方子云.保护水环境促进长江经济带的可持续发展［J］.人民长江，1998（1）：38-40+48.

［15］葛剑雄，杜非.共同迎接长江文明的第三次崛起［A］//.长江流域经济文化初探［M］.上海：上海人民出版社，1999.

［16］国家发展改革委介绍"十四五"长江经济带发展"1+N"规划政策体系有关情况专题新闻发布会.http://www.ndrc.gov.cn/fggz/fgzy/shgqhy/202111/t20211122_1304650_ext.html.

［17］国家科学技术委员会.中国科学技术蓝皮书第5号：气候［M］.北京：科学技术文献出版社，1990.

［18］国务院参事室，中国宏观经济研究院.长江经济带高质量发展研究报告［M］.北京：社会科学文献出版社，2019.

［19］郝媛，李潭峰，徐天东，等.长江经济带战略下成渝城市群交通发展研究［J］.城市交通，2019，17（5）.

［20］和燕杰.长江流域经济一体化：文献综述及其引申［J］.改革，2012（4）.

［21］胡春宏，阮本清，张双虎，等.长江与洞庭湖鄱阳湖关系演变及其调控［M］.北京：科学出版社，2017.

［22］黄成，吴传清.长江经济带综合立体交通走廊绿色发展研究［J］.区域经济评论，2018（5）.

［23］黄强，唐冠军，文德明，等.长江航运60年感怀［M］.武汉：武汉出版社，2009.

［24］黄庆华，周志波，刘晗.长江经济带产业结构演变及政策取向［J］.

经济理论与经济管理，2014（6）．

［25］黄忠恕．长江流域历史水旱灾害分析［J］．人民长江，2003（2）．

［26］贾若祥．全面推动长江经济带高质量发展［N］．经济参考报，2021-11-08（001）．

［27］江苏省交通运输厅．《江苏省长江经济带综合立体交通运输走廊规划（2018—2035年）》出台［J］．改革与开放，2018（17）．

［28］蒋媛媛．长江经济带战略对长三角一体化的影响［J］．上海经济，2016（2）．

［29］姜加虎，黄群，孙占东．长江流域湖泊湿地生态环境状况分析［J］．生态环境，2006（2）．

［30］交通运输部办公厅印发《深入推进长江经济带多式联运发展三年行动计划》［J］．集装箱化，2018，29（8）．

［31］孔令桥，张路，郑华，等．长江流域生态系统格局演变及驱动力［J］．生态学报，2018，38（3）．

［32］李伯谦．长江流域文明的进程［J］．考古与文物，1997（4）．

［33］李琴，陈家宽．长江大保护的理论思考：长江流域的自然资本、文明溯源及保护对策［J］．科学，2017，69（2）．

［34］李小帆．长江经济带城镇化空间效应研究［D］．武汉：中国地质大学，2016.

［35］李长安．多管齐下 多措并举 构建长江湿地保护网［J］．湖北政协，2017（3）．

［36］李忠，等．践行"两山"理论 建设美丽健康中国：生态产品价值实现问题研究［M］．北京：中国市场出版社，2021.

［37］李忠，刘峥延，金田林．未来一段时期推动长江经济带绿色高质量发展的政策建议［J］．中国经贸导刊，2021（9）．

［38］李忠．长江经济带生态产品价值实现路径研究［J］．宏观经济研究，2020（1）．

［39］刘保奎，郭叶波，张舰，等．长三角地区服务引领新发展格局的战略重点［J］．宏观经济管理，2022（2）．

［40］刘保奎，张舰．长江经济带同一带一路统筹衔接的战略重点［J］．开放导报，2022（3）．

［41］刘保林．国家发展改革委举行新闻发布会介绍"十四五"长江经济带发展"1+N"规划政策体系有关情况［J］．中国产经，2021（23）．

［42］刘沛林．历史上人类活动对长江流域水灾的影响［J］．北京大学学报（哲学社会科学版），1998（6）．

［43］卢纯．"共抓长江大保护"若干重大关键问题的思考［J］．河海大学学报（自然科学版），2019，47（4）．

［44］陆大道．建设经济带是经济发展布局的最佳选择——长江经济带经济发展的巨大潜力［J］．地理科学，2014，34（7）．

［45］陆大道．我国区域开发的宏观战略［J］．地理学报，1987（2）．

［46］陆玉麒，董平．新时期推进长江经济带发展的三大新思路［J］．地理研究，2017，36（4）．

［47］马建华．完善流域防洪工程体系 加快推进安澜长江建设［J］．中国水利，2021（15）．

［48］马水山．新时期安澜长江建设的思考［J］．长江技术经济，2021，5（4）．

［49］秦年秀，姜彤，许崇育．长江流域径流趋势变化及突变分析［J］．长江流域资源与环境，2005（5）．

［50］秦月，秦可德，徐长乐．流域经济与海洋经济联动发展研究——以长江经济带为例［J］．长江流域资源与环境，2013，22（11）．

［51］沈玉芳，罗余红．长江经济带东中西部地区经济发展不平衡的现状、问题及对策研究［J］．世界地理研究，2000（2）．

［52］生态环境部长江局与水利部长江委签署长江流域跨省河流突发水污染事件联防联控协作机制．http://cjjg.mee.gov.cn/xwdt/jnyw_1/202012/

t20201228_815136.html.

［53］生态环境部召开3月例行新闻发布会. http://www.mee.gov.cn/ywdt/zbft/202203/ t20220330_973154.shtml.

［54］盛朝迅. 创新体制机制 推进长江经济带产业联盟建设——湖北、江苏两省的调研［J］. 中国经贸导刊, 2017（18）.

［55］石铭鼎, 栾临滨, 等. 长江［M］. 上海：上海教育出版社, 1989.

［56］水利部长江水利委员会. 长江流域［DB/OL］. 长江水利网 http：//www.cjw.gov.cn/zjzx/lypgk/zjly/.

［57］孙尚清. 长江开发开放［M］. 北京：中国发展出版社, 1996.

［58］孙威, 李文会, 林晓娜, 等. 长江经济带分地市承接产业转移能力研究［J］. 地理科学进展, 2015, 34（11）.

［59］滕磊. 长江流域经济地位的历史变迁［J］. 中国统计, 2020（1）.

［60］推动长江经济带发展领导小组办公室, 长江经济带绿色发展试点示范成效初显. http://cjjjd.ndrc.gov.cn/gongzuodongtai/bangongshi/202002/t20200205_1219970.htm.

［61］推动长江经济带发展领导小组办公室. 2020年长江经济带发展报告［M］. 北京：人民出版社, 2021.

［62］万绳楠, 等. 中国长江流域开发史［M］. 合肥：黄山书社, 1997.

［63］汪达汉. 论长江流域生态环境的恶化与生态建设之策略［J］. 环境科学动态, 1992（2）.

［64］王波. 推动长江经济带新型城镇化发展研究［D］. 成都：四川省社会科学院, 2014.

［65］王超俊. 长江流域生态平衡面临的若干问题［J］. 生态学杂志, 1983（4）.

［66］王丰龙, 曾刚. 长江经济带研究综述与展望［J］. 世界地理研究, 2017, 26（2）.

［67］王树华. 长江经济带跨省域生态补偿机制的构建［J］. 改革,

2014（6）.

［68］王振.长江经济带发展报告（2016—2017）［M］.北京：社会科学文献出版社，2017.

［69］魏后凯.现代区域经济学（修订版）［M］.北京：经济管理出版社，2011.

［70］文化和旅游部.文化和旅游部关于推动国家级文化产业园区高质量发展的意见［DB/OL］. http://zwgk.mct.gov.cn/zfxxgkml/cyfz/202112/t20211227_930079.html.

［71］吴传清，黄磊，万庆，等.黄金水道——长江经济带［M］.重庆：重庆大学出版社，2018.

［72］吴志强，甘筱青，黄新建，等.国外大河大湖流域综合治理开发的启示［J］.江西科学，2003（3）.

［73］习近平：在深入推动长江经济带发展座谈会上的讲话. http://baijiahao.baidu.com/s?id=1643367036882764159&wfr=spider&for=pc.

［74］肖金成，黄征学，刘保奎.长江经济带升级机遇［J］.中国投资，2018（15）.

［75］新华社.习近平主持召开全面推动长江经济带发展座谈会并发表重要讲话［DB/OL］. http://www.xinhuanet.com/politics/leaders/2020-11/15/c_1126742780.htm.

［76］杨桂山，徐昔保，李平星.长江经济带绿色生态廊道建设研究［J］.地理科学进展，2015，34（11）.

［77］杨桂山，徐昔保.长江经济带"共抓大保护、不搞大开发"的基础与策略［J］.中国科学院院刊，2020，35（8）.

［78］杨晋超.长三角引领长江经济带建设的思考［J］.江南论坛，2015（9）.

［79］杨开忠.改革开放以来中国区域发展的理论与实践［M］.北京：科学出版社，2010.

［80］杨长湧．推动长江经济带更高水平对外开放［EB/OL］．中国发展网，http://baijiahao.baidu.com/s?id=1727540600579300942&wfr=spider&for=pc.

［81］姚瑞华，王东，孙宏亮，等．长江流域水问题基本态势与防控策略［J］．环境保护，2017，45（19）.

［82］姚锡荣．浦东崛起与长江流域经济发展［M］．上海：上海科学技术出版社，1995.

［83］叶书宗．长江文化与中华民族［M］．上海：上海书店出版社，1996.

［84］叶书宗．长江文明史［M］．上海：上海教育出版社，2001.

［85］张迪祥，孙平．长江流域人口与环境关系的历史变迁［J］．经济评论，1992（6）.

［86］张国强．新时代长江经济带综合交通运输体系规划的使命与逻辑［J］．中国产经，2022（1）.

［87］张国雄．长江人口发展史论［M］．武汉：湖北教育出版社，2006.

［88］张家驹．两宋经济重心的南移［M］．武汉：湖北人民出版社，1957.

［89］张玥．长江经济带三个核心城市产业同构问题研究［D］．重庆：重庆理工大学，2018.

［90］长江流域发展研究院课题组．长江经济带发展战略研究［J］．华东师范大学学报（哲学社会科学版），1998（4）.

［91］长江流域规划办公室《长江水利史略》编写组．长江水利史略［M］．北京：水利电力出版社，1979.

［92］赵济．中国自然地理［M］．北京：高等教育出版社，2004.

［93］郑学檬，陈衍德．中国古代经济重心南移的若干问题探讨［J］．农业考古，1991（3）.

［94］中共中央关于制定国民经济和社会发展第十四个五年规划和二〇三五年远景目标的建议［N］．人民日报，2020-11-04（1）.

［95］中共中央 国务院印发《交通强国建设纲要》［N］．人民日报，2019-09-20.

［96］中国数字科技馆．长江禁渔为何需要十年之久？ http://kepu.gmw.cn/2019－2/30/content_33439475.htm.

［97］中国长江三峡工程历史文献汇编编委会．中国长江三峡工程历史文献汇编（1918-1949）［M］．北京：中国三峡出版社，2010.

［98］钟业喜，冯兴华，文玉钊．长江经济带经济网络结构演变及其驱动机制研究［J］．地理科学，2016，36（1）.

［99］周成虎，刘毅，王传胜．长江经济带重大战略问题研究［M］．北京：科学出版社，2019.

［100］周国兰，龙强，周吉．长江沿江地区开放型经济发展水平评价与比较［J］．开发研究，2017（2）.

［101］朱海滨．长江流域上的中华文明［J］．人民论坛，2019（S1）.

［102］邹辉，段学军，陈维肖．长江自然岸线分类划定、空间分布及保护状况研究［J］．长江流域资源与环境，2019，28（11）.